中国历代宫廷之谜

求实 桑行之 范英·编著

陕西新华出版 三秦出版社

图书在版编目（CIP）数据

中国历代宫廷之谜 / 陆求实，桑行之，范英编著
2版. -- 西安：三秦出版社，2008.04（2024.1重印）
（国学百部文库）
ISBN 978-7-80628-116-1

Ⅰ．①中… Ⅱ．①陆… ②桑… ③范… Ⅲ．①宫廷－史料－中国－古代 Ⅳ．① K220

中国版本图书馆 CIP 数据核字（2008）第 032701 号

书　　名	中国历代宫廷之谜
作　　者	陆求实 桑行之 范英 编著
责　　编	高峰等
封面设计	新华智品
出版发行	三秦出版社
社　　址	西安市雁塔区曲江新区登高路 1388 号
电　　话	（029）81205236
邮政编码	710061
印　　刷	北京一鑫印务有限责任公司
开　　本	680×1020　1/16
印　　张	9
字　　数	188 千字
版　　次	2008 年 4 月第 2 版
印　　次	2024 年 1 月第 2 次印刷
标准书号	ISBN 978-7-80628-116-1
定　　价	39.80 元
网　　址	http://www.sqcbs.cn

前　言

在漫长的中国历史长河中，建立过几十个大大小小的王朝，有数百名人物登上皇帝宝座。他们把自己封闭在重重包围下的皇城宫廷内，在过着天堂般生活的同时，又时刻处于钩心斗角、你死我活的争斗之中。

宫廷，是封建帝王的政治统治的中枢皇权，代表着封建社会的最高权力。历朝历代，围绕皇权之争、后妃之争、权利之争，手足之间、君臣之间，还有宫中奴仆之间相互攀比、相互倾轧、相互排挤、相互争斗，甚至相互残杀，在宫廷生活中，演出了一幕幕宫廷秘史，奇闻异事。这些奇闻异事，有的被编为戏曲，有的被写成小说，有的作为故事在民间广为流传，但是，它们的历史真实如何？皇帝在宫廷中的生活是个什么样子？还有那些宫廷之谜究竟是怎么回事？……

基于以上诸多疑惑，我们编了这本《中国历代宫廷之谜》，意在为历史爱好者提供一些有价值的史料知识以及我们的一些拙见。

宫廷史是中国历史的组成部分，研究的对象主要是帝王将相、后妃们的宫廷活动，而这些活动又经常和当时国家、社会发生的重要事件有关。所以，了解宫廷史对更好地认识中国古代社会的发展有一定意义。

至于书名所说的"谜"，只是一种叙述的方法，作者提供的还是"谜底"——历史真相。其实有的谜早已不成其谜，已有公认的答案；有的却不只一个谜底，还有的至今尚无谜底，或许永远不会有谜底。这不是作者偷懒，或故意留一手，历史就是这样——是千古遗憾，也是永恒的魅力。读者有兴趣，不妨自己也去找找谜底！但历史本来就是个大迷宫，小心别走进死胡同。

我们此次编写过程中，以历史文献的记载为依据，用通俗的语言、生动的文笔、曲折离奇的情节，阐述每一个故事，并配以插图。图文并茂，再加上它的可读性和知识性，相信您一定会喜欢。

由于编者水平、学识有限，不足之处敬请批评指正。

编　者
2008 年 8 月

中国历代宫廷之谜

目 录

秦始皇身世之谜……………………………………………… 1
项羽火烧阿房宫之谜………………………………………… 3
吕后残害戚夫人母子之谜…………………………………… 6
汉成帝皇后赵飞燕之谜……………………………………… 9
隋炀帝弑父之谜……………………………………………… 12
"玄武门之变"起因之谜…………………………………… 14
唐太宗废太子承乾之谜……………………………………… 16
武则天扼死亲生女儿之谜…………………………………… 19
武则天长住东都洛阳之谜…………………………………… 21
武则天晚年宠幸男侍之谜…………………………………… 24
太平公主悲剧一生之谜……………………………………… 27
杨贵妃荒淫之谜……………………………………………… 29
宋太祖赵匡胤暴崩之谜……………………………………… 32
宋仁宗"狸猫换太子"之谜………………………………… 34
宋高宗禅位之谜……………………………………………… 37
明建文皇帝逃亡之谜………………………………………… 40
明成祖屠杀宫女之谜………………………………………… 43
明英宗"南宫复辟"之谜…………………………………… 45
东宫"梃击案"之谜………………………………………… 46
明光宗"红丸案"之谜……………………………………… 49
乾清宫"移宫案"之谜……………………………………… 52
明孝宗出生冷宫之谜………………………………………… 54
明代妃嫔殉葬之谜…………………………………………… 56
明清"午门斩首"之谜……………………………………… 58
明清两朝皇帝婚礼之谜……………………………………… 60
明清宫中接生哺乳之谜……………………………………… 62
顺治继位之谜………………………………………………… 64

孝庄皇太后下嫁多尔衮之谜……………… 66
顺治殉情出家之谜……………………… 69
雍正"金头下葬"之谜…………………… 72
乾隆身世之谜…………………………… 75
传说中的香妃真伪之谜………………… 78
乾隆女儿嫁入孔府之谜………………… 81
天理教攻打紫禁城之谜………………… 83
嘉庆遇刺之谜…………………………… 85
道光继位之谜…………………………… 87
道光踢死皇长子之谜…………………… 89
光绪称慈禧为"亲爸爸"之谜…………… 91
光绪悲逝之谜…………………………… 93
光绪爱妃珍妃容貌之谜………………… 96
慈禧太后私通情人之谜………………… 98
清末"垂帘听政"之谜…………………… 100
慈禧陵寝随葬珍宝之谜………………… 102
清慈安太后暴毙之谜…………………… 104
李莲英身首异处之谜…………………… 107
清朝中期秘密立储之谜………………… 110
古代皇帝沐浴之谜……………………… 112
古代后妃美容之谜……………………… 114
古代皇帝妻妾人数之谜………………… 116
古代皇后被废之谜……………………… 118
皇帝如何临幸后妃之谜………………… 120
古代皇后"婚前体检"之谜……………… 123
古代宫廷性生活之谜…………………… 125
古代小皇帝性启蒙之谜………………… 128
皇帝婚前性生活体验之谜……………… 130
古代皇帝避孕之谜……………………… 132
宦官性需求之谜………………………… 133
太监娶妻生子之谜……………………… 135

秦始皇身世之谜

秦始皇之母赵姬原是卫国商人吕不韦的妾,后被吕不韦献给子楚。有的史书说赵姬当时已经怀有身孕,而《史记》说她是怀孕足月产下秦始皇的。因此,秦始皇究竟是子楚的儿子,还是吕不韦的儿子,后世为此争论不休。

秦始皇是以太子身份继秦庄襄王(子楚)之位,登上王位的。秦始皇之母赵姬原是韩国商人吕不韦的小妾,后被吕不韦献给子楚,子楚继位后,她被封为皇后。有的史书上说赵姬被献给子楚时已经怀有身孕,而司马迁在《史记》中说她是怀孕足月才产下秦始皇的。那么,秦始皇究竟是子楚的儿子,还是吕不韦的儿子呢?后世为了这个问题一直争论不休。

吕不韦原是卫国濮阳(今河南濮阳)人,后举家迁居到韩国阳翟(今河南禹州)。吕家是远近闻名的富商,靠贩贱卖贵投机倒把积攒了千金家产。但吕不韦并不满足这种富甲一方的生活,他野心勃勃,对皇权垂涎三尺。《战国策》记录了他与其父一段精彩的对话。吕不韦问:"种田的收益几倍?"父答:"十倍。"又问:"贩卖珠宝,收益几倍?"又答:"百倍。"再问:"扶立一个国君,掌握一国权柄,收益几倍?"其父笑答:"那就千倍万倍,算不清了。"吕不韦意味深长地笑着说:"是呀!辛辛苦苦耕田种地还不一定能暖衣饱食,但是扶立一个国君,不仅可以荣华富贵,还可以泽及子孙后代呀!"

于是,吕不韦打点行装,来到赵国国都邯郸,精心谋划从事政治投机。当时,秦昭王的太子安国君之子异人被羁留在赵国当人质,吕不韦认为"奇货可居",便前往拜访,与其密谋,由吕不韦出资千金,为其打通关节,过继给很受安国君恩宠却无子女的华阳夫人,立为嫡嗣,更名为子楚,在二十多个兄弟中争得太子继承人的地位。秦昭王五十六年(前251),秦昭王去世,安国君继位为孝文王,立子楚为太子,成为未来王位的合法继承人。吕不韦的宠妾赵姬容貌秀丽,能歌善舞。有一次,子楚与吕不韦饮酒,赵姬为其歌舞助兴,子楚见到她后非常喜欢,便起身向吕不韦祝酒,请求吕把此女赐给他,吕不韦遂献出了赵姬。她隐瞒了自己有孕在身的事实,后来生下儿子名政,就是后来的秦始皇,赵姬因此被子楚立为夫人。秦孝文

秦始皇

王在位一年便死了，子楚顺理成章地继位当了国君，称秦庄襄王。庄襄王自知这一切全仗吕不韦出谋划策，因此知恩图报，一上台便任命吕不韦为丞相，封为文信侯，食邑河南洛阳十万户。庄襄王即位三年后去世，太子政继立为王，尊奉吕不韦为相国，称他为"仲父"，生母赵姬则成为太后。

以上是司马迁《史记·吕不韦列传》中的大概内容。根据《史记》的记载，则秦始皇为吕不韦的后裔无疑。千百年来，民间传说秦始皇为私生子，也是起源于此。

然而，也有人对此持不同的看法。首先，有的史学家注意到，成书早于《史记》的《战国策》当中没有吕不韦献赵姬的记载，而《战国策》一向喜欢辑录个人隐私，既然没有关于这件事的记载，说明当时并无这种传闻。其次，《史记》的记载本身也有点含糊不清：前面说"姬自匿有身"，也就是隐瞒了有身孕的事实，后面却又说"至大期时，生子政"，说她足月而产。这里可以有两种理解，一是嫁给子楚后有孕足月而产，一是原先已有孕至足月而产。如果是后一种情况，那么子楚当然知道孩子不是自己的，又似乎不必立其为夫人，也不会让这个孩子当太子并继承王位的。因此认为司马迁其实表达的是前一种情况，即赵姬嫁了子楚后怀孕并足月产下政，也就是后来的秦始皇。最后，从后来秦始皇对吕不韦说的话中也可以找到一些证据，来证明他不是吕不韦的儿子。秦始皇九年（前238），秦始皇平息嫪毐（lào ǎi）之乱，车裂嫪毐，灭其三族，将协同作乱的二十多名官吏枭首，并杀死嫪毐与太后所生的两个儿子，第二年，又免去吕不韦的相国职务，彻底粉碎了把持国政大权的吕嫪集团。秦始皇写信怒斥吕不韦："秦国封你在河南，食邑十万户，可你对秦国有何功劳？你号称仲父，可你跟秦王有什么血缘关系？你和你的一家子都给我迁到蜀地去！"

争论者各执一词，谁也没有有力的证据否定另一派的论点。

有人分析为什么会把秦始皇说成是吕不韦的儿子。其一，认为秦灭六国后，原来的六国贵族为了发泄他们的愤恨，自我安慰，便对秦始皇的身世进行攻击，其潜台词是："六国虽然灭亡了，但秦始皇是吕不韦的私生子，因此秦国实际上灭亡了。"假如嬴政确是吕不韦的儿子的话，那么秦始皇统一中国之举，就不是灭六国，而变成齐、楚、燕、韩、赵、魏"六国灭秦"了，因为吕不韦不动千军万马，只靠一条诡计，就能把自己的儿子弄上秦国的王位，夺了秦的江山，六国的亡国之恨也不必耿耿于怀了。类似的情况在明成祖朱棣身上也出现过。明灭元后，元朝的遗老遗少便说朱棣是元顺帝的儿子，以此说明江山还是元人的。其二，据郭沫若研究分析，刘邦死后，吕后为了给自己的篡汉行为披上合法的外衣，便制造"秦始皇是吕不韦私生子"的说法，目的想说明天下原本就是吕家的，汉王朝夺了吕氏的天下，现在吕氏夺回江山也就名正言顺了。

秦始皇究竟是谁的儿子直到现在仍然是个未解之谜，不过单就上面列举的史料来看，一口咬定秦始皇就是子楚的儿子而不可能是吕不韦的儿子，论据似乎有点勉强。因为司马迁学识渊博，见闻广达，他少时即学习《尚书》和《春秋》，20岁游历天下，后任太史令，有机会读遍皇家收藏的文史经籍、诸子百家及各种档案资料，在著《史记》时，司马迁是非常严谨的，他善于广征博引，并不拘泥于某一部参考书。因此《战国策》中没有记载的事情，不代表就不存在。况且《史记》一向被奉为正史的经典，而《战国策》在历史上曾被列入别史类，也就是杂史，可信度要低得多。此其一。其二，司马迁明明写道，"吕不韦……与居，知有身"，然后才"至大期时，生子政"，可见赵姬嫁与子楚之前就已经怀了孕，而且这个胎儿就是后来产下的嬴政。子楚知道赵姬所生儿子非自己的儿子，也完全仍有可能立赵姬为夫人，并立政为太子，因为所有的一切本来就是一场阴谋，是一笔交易，吕不韦将赵姬献给子楚时就曾提出条件：将来要立赵姬为后，生子要立为太子。子楚不见得会那么自恃清高，因为知道孩子不是己出便违背约定不立其为太子，况且当时的人根本还没有"当冤大头"的概念。其三，至于秦始皇斥责吕不韦的话，更不能当作有力的证据，因为众所周知，秦始皇非常痛恨其母与吕的淫乱行为，当然不愿意承认自己是吕不韦的私生子，他从感情上不能接受这一事实，并且不想让天下人都知道这件事情，试想，除此他还会怎么说呢？

项羽火烧阿房宫之谜

2000多年来，关于项羽火烧阿房宫的故事一直在民间流传。2003年，考古工作者找到了传说中阿房宫前殿的遗址，然而挖掘的结果却出乎人们的意料：原来项羽根本没有烧过阿房宫，甚至阿房宫本身根本就没有建成过。

"六王毕，四海一；蜀山兀，阿房出……楚人一炬，可怜焦土。"这是人们耳熟能详的句子。2000多年来，关于项羽火烧阿房宫的故事一直在民间流传。

秦阿房（ē páng）宫是一处规模宏大的宫殿建筑群，也是我国历史上规模最宏大的建筑之一。唐代诗人杜牧在《阿房宫赋》中这样描写："复压三百余里，隔离天日……五步一楼，十步一阁。廊腰缦回，檐牙高啄，各抱地势，钩心斗角。盘盘焉，囷囷焉，蜂房水涡，矗不知其几千万落也。"它由两处建筑群组成，一处是阿房宫前殿建筑群，《史记》记载其"东西五百步，南北五十丈，上可以坐万人，下可以建五丈旗。周驰阁道，自殿下直抵南山，表南山之颠以为阙"。另一处是上天台建筑群。

根据记载，阿房宫始建于秦始皇统一六国后第九年，是秦王朝拟建的行政中心，秦始皇打算用它来显示新王朝的气魄和威严，并在这里容纳六国前来朝

见的旧贵族。西汉时，阿房宫遗址被划入上林苑，因其东、北、西三面有厚重的宫墙，史称"阿城"，后来被逐步夷为农田。1961年，阿房宫遗址被国家公布为第一批全国重点文物保护单位。

项羽

为了彻底弄清楚阿房宫当时的样子，2003年，考古工作者对遗址进行了挖掘。然而，挖掘的结果却出乎人们的意料：阿房宫前殿遗址没有发现一丝被大火焚烧的痕迹。这是怎么回事呢？难道挖掘的地点有误，或者挖的面积不够广，从而偏偏错过了被焚毁的宫殿遗迹？如果考古挖掘没有任何疏漏的话，是不是项羽的一把火真的将一切都烧得不留痕迹，或者是因为旷隔时间太久，这些痕迹已被无数次的风霜雨雪抹消了，又或者是遭到人为的损毁，如农民挖地将其挖掉了？

战国时期秦上林苑遗迹根据史书记载，为了修建阿房宫，秦始皇曾经请来无数的巫师，踏勘了咸阳附近的风水宝地，最后才定址在周朝两个都城之间的一处地方。考古工作者们根据文字记载和实地勘测，再加上利用前人所做的勘测结果，对遗址的地点把握绝对是万无一失，不可能搞错地点。随后又扩大勘探面积至20多万平方米，挖掘了约1000平方米，并在每平方米范围内打了五个探测孔，用大面积密探的方法进行搜索，探眼一直打到地下数十米深处原来台基的夯土地面，结果仍然一无所获。

距离阿房宫不太远的汉长乐宫，曾是汉代都城长安最富丽豪华的宫殿之一，东汉末年，长乐宫和其他汉宫一样也难逃"楚人一炬"。然而2000多年过去了，长乐宫被火焚毁的痕迹仍历历在目，发掘出厚厚的红烧土，整个汉代长安城遗址36平方公里范围内，发掘时遍地都是焦土和黑灰土，当年的古建筑已不见踪影，但却化成木炭深埋在地下。这说明无数次的风霜雨雪并没有将历史的痕迹抹消掉，可两座年代相差并不遥远、同样是被烧毁的建筑，留给人们的考古痕迹为什么如此不同呢？

考古工作者们经过调查得知，中华人民共和国成立后曾有农民在这一带平整过土地，然而从来没有在阿房宫前殿遗址上动过大土，平整土地是在上天台遗址一带，距前殿遗址的最东边沿还有一公里多远。经过钻探也发现，在前殿遗址的地下有汉代文化堆积层和唐代及以后各代的堆积层，这些堆积层都在前殿遗址的顶部。农民平整土地只能是先取最上面的土，后取下面的土，不可能出现上面汉代和唐代以后的土层留着，却偏偏取走了下面秦代土层的事情。因此，阿房宫被焚烧后留下的堆积层遭到人为损毁被挖走了的可能性也不存在。

既然发掘的地点准确无误，发掘方法也很科学，不存在疏漏之处，遗址下若有大规模焚烧痕迹的话，也不可能因旷隔时间长久而灰飞烟灭毫无遗留，更没有遭到过外来的人为损毁，可是却毫无发现——这些都向人们说明什么呢？考古工作者经过精心勘察和发掘，然后进行严密的推理，最后得出了一个令人吃惊的结论：项羽并没有焚烧阿房宫。

可是，唐代大诗人杜牧留下的千古佳赋《阿房宫赋》中不是写得清清楚楚吗？难道杜牧咏错了？诗人的诗词文章固然华美生动，但毕竟只是文学创作，不具有史料意义。况且杜牧作赋目的在于规劝唐敬宗李湛，不要像秦国那样因营造阿房宫，劳民伤财而导致亡国，所以极尽铺陈夸张之能，以达到寄托讽喻的目的，究其根本，是不可作为史料来依据的。而司马迁的《史记》千百年来一直被人们认为是研究古代历史的最佳典籍，我们不妨来看看《史记》是如何记载的。《史记·项羽本纪》中说："项羽引兵西屠咸阳，杀秦降王子婴，烧秦宫室，火三月不灭。""秦宫皆以烧残破。"而在《史记·高祖本纪》中则表述得更加明确："项羽遂西，屠烧咸阳秦宫室，所过无不残破。"可见，项羽并没有火烧阿房宫，而只是在咸阳大肆焚烧虐杀，烧毁了所有的秦宫殿建筑。考古工作者经过实地发掘验证，在咸阳都城一、二、三号遗址确实发现了厚达一米的红烧土、炭灰和硫渣，证实这里曾经被火焚烧过，发生过类似"三月不灭"的大火灾。

随着进一步的挖掘，一个更加令人震撼的事实被揭示出来：项羽非但没有焚烧阿房宫，而且连诗人笔下那富丽无比、巍峨壮阔的阿房宫根本就没有存在过，它从来就没有建成过！

2003年底，考古工作者在阿房宫周围14平方公里范围内的60余处夯土基址上反复探察，在挖掘的过程中，不断发现秦代和汉代的土层及汉代碎瓦，秦代在下，汉代在上，说明所有的历史遗迹都原封不动地保留在这里了，因为如果后来的人们挖去下层约20万平方米的秦代土层的话，它上面的汉代土层及土层表面的汉代建筑物倒塌堆积层就不可能仍然保存。但是人们在阿房宫前殿遗址里却始终没有发现秦代的瓦当或瓦当残块，这些迹象说明，在阿房宫前殿的遗址台基上根本就没有秦代建筑存在过，换句话说，所谓的阿房宫根本就不存在，秦代并没有建成阿房宫。

根据史料记载，秦二世即位时，阿房宫"室堂未就"，便因秦始皇病死而停工了，将70余万劳力全部调去赶修始皇陵，等到这年四月"复作阿房宫"，七月就爆发了大规模的陈胜吴广农民起义，"天下云集响应，赢粮而景从，山东豪俊遂并起而亡秦族矣"（《史记·陈涉世家》）。可见从重新开工修筑阿房宫到秦灭亡（前206），一共只有短短的三四年时间，如此宏伟庞大的阿房宫显然是不可能建成的，它只不过是秦始皇的一个未尽的梦想而已。通过最新的钻探发掘和科学检测结果证明：阿房宫前殿遗址土台基上三面围墙内没有任何秦代建筑遗迹，对地下的试掘也证实，在其周围约3000平方米范围内，没有任何秦代宫殿建筑中的墙、殿址、壁柱、明柱、柱础石及廊道和散水及窖穴、排水设施等，前殿台基建成后的相当长一段时间都被一米多高的野草覆盖。阿房宫没有建成已成为不争的事实，诗人笔下富丽堂皇的阿房宫实际上仅有一个前殿。这一结果与《史记·秦始皇本纪》"……阿房宫未成；成，欲更择令名名之"，以及《汉书》"（秦）复起阿房，未成而亡"等记载是完全吻合的。

阿房宫前殿遗址夯土台基东西长1270米，南北宽426米，相当于十个国际标准足球场，高度十几米。单是这样一个庞大的宫殿台基，在短短三四年时间内堆起来，已经很了不起了。

吕后残害戚夫人母子之谜

> 汉高祖刘邦的夫人吕后不仅野心勃勃，一心想做女皇帝，还干过不少令人痛恨的事情：在密室里诛杀开国功臣韩信，杀害刘邦爱妃戚夫人，尤其是杀害戚夫人的手段可谓惨绝人寰。吕后是怎样残害戚夫人母子的？

吕后的本名叫吕雉，生于公元前241年，死于公元前180年。她的祖籍是单父县（今山东单县），后来因避仇，一家迁居到江苏沛县。吕雉的父亲和沛县县令是好友，一次酒宴上遇见泗水亭长刘邦，立刻就被刘邦的面相震住了，暗想此人了不得，于是酒宴结束后拉着刘邦对他说：我有个女儿，我想把她嫁给你做"箕帚妾"，意即拿扫帚扫地的，刘邦遂娶吕雉为妻。

刘邦起兵与项羽争夺天下后，出征在外，吕雉则留在家乡，结果项羽将刘邦的父亲和吕雉俘虏，成了人质。汉高祖四年（前203），楚汉停战谈判，以鸿沟划界，刘邦的父亲和吕雉才被释放。第二年，刘邦战胜项羽，当上了大汉的皇帝，封吕雉为皇后，史称"吕后"。吕后虽出身贫寒，但为人有谋略，而且性情残忍。高祖十年，陈豨(xī)谋反，刘邦率兵亲往平定，吕雉与丞相萧何商议，将大汉的开国功臣韩信诱至长乐宫钟室，把韩信杀了，并夷三族。韩信曾与刘邦有约：见天不杀，见地不杀，见铁器不杀。吕后就将韩信用布兜起来，然后用竹签刺死，杀他个不见天，不见地，不见铁器，可见其手段之狠毒。

吕雉与刘邦育有一男一女，儿子名刘盈，后来被立为太子，女儿嫁给宣平侯张敖为妻。

戚夫人是刘邦的宠妃，今山东定陶人，生年不详，死于公元前194年。她能歌善舞，从后世出土的汉画石像中还可以见到她"翘袖折腰"的优美舞姿。史籍中记载，戚夫人经常鼓瑟操琴，陪侍在刘邦身边，刘邦则与戚夫人随声唱和，高兴时拥着戚夫人开怀大笑，忧伤时则两人相对唏嘘。

戚夫人和刘邦是在战争中相识并结合的，也算是患难夫妻了。据资料记载，公元前205年楚汉争霸正酣的时候，项羽率领精锐骑兵三万人马突袭彭城（今江苏徐州），大败刘邦。刘邦保得性命一条，落荒而逃。逃至定陶，见路边有一口枯井，便跳入井中藏身。恰好附近住着戚氏父女二人，等项羽的追兵过去后，将刘邦从枯井里救出，并带回家歇息。在攀谈中，戚老汉得知来人便是汉王刘邦，诚惶诚恐地下拜，刘邦扶起老人，问他家世。老汉道："老朽姓戚，世居戚庄。因为连年战乱，妻子流离，俱已不在人世，现家中只有我和小女相依为命。"说话间，刘邦感觉饥肠辘辘，便向老汉求食，老汉连忙起身入内，叫女儿备酒备饭。不一会，一位姑娘端着酒饭款步来到跟前。刘邦一看，虽然衣单衫陋，长得倒是眉清目秀，体态轻盈，浑身上下有着一股子灵气，不知比自己的老婆要好多少倍。戚老汉命女儿放下酒饭向汉王行礼，刘邦也起身还礼。姑娘行毕礼，又转身返入内屋。

这边刘邦与戚老汉连连举杯，边吃边聊。几杯下肚，刘邦渐渐放松起来，话题竟扯到戚女的婚事上来。戚老汉看出汉王对自己的女儿有意，不禁喜出望外，连忙说："小女今年十八岁，尚未订婚，大王如不嫌弃，就让小女伺候大王吧。"刘邦说："我逃难至此，得蒙留宿，已是感激不尽，怎好再委屈令爱做我的姬妾呢？"戚老汉说："只怕小女配不上大王，大王何必过谦？""既承老丈美意，我领情便是了。"刘邦说罢，当即解下玉带，算是给戚家姑娘的聘礼，当夜便与她成了婚。一夜夫妻戚姬就怀了身孕，后来产下一子，就是赵王如意。

次日吃过早饭，刘邦便辞行要走，戚老汉父女俩苦劝汉王多住几日。刘邦说："我军溃败，将士们不知所在，我怎能在此久留。请让我回去收集散卒，待有了大城可住，定来迎接老丈父女，决不失言！"戚老汉不好强留，只得送别汉王，而戚姬却格外伤感，刚做了一夜夫妻，便要天各一方，怎能不愁肠百转，依依惜别呢？刘邦此时也是英雄气短，儿女情长，握着戚姬的双手，恋恋不舍。

刘邦当了皇帝后，封吕雉为皇后，戚姬为贵妃。由于刘邦宠爱戚夫人，招来吕后妒忌，处处刁难戚夫人，但因有刘邦百般呵护，才免受其害，而吕后则看在眼里，恨在心里，怒火中烧。本来，吕后生的儿子刘盈被立为太子，但是刘盈天资平常，生性软弱，加上如意的母亲戚夫人能歌善舞，年轻貌美，很得刘邦恩宠。子以母贵，于是渐渐地刘邦看刘盈是越看越觉得不满意，而看如意则是越看越喜欢。他曾不止一次对戚夫人说："这个孩子像我，甚合我心意。"萌生了废黜刘盈，改立如意为太子的想法。谁知从此便埋下了祸根。

吕后毕竟很有心计，她找刘邦的谋士张良，请张良帮忙，张良被逼得没有办法，便向吕后面授一条计策。他说刘邦生平最敬重四个人：一个叫东园公，一个叫绮里季，一个叫夏黄公，还有一个角里先生，合称"商山四皓"。刘邦自坐江山以后，便想把这四人找来为他治理国家，但他们怕刘邦不尊重读书人，不愿意为刘邦出谋划策，隐居在山里。只要派人将这四人找来，时时地伴随在太子左右，刘邦就不会打废立太子的主意了。吕后听从了张良的计策，依计行事。

不久，刘邦在宫里摆宴邀群臣聚会，只见太子刘盈身后站着四位长者，发须皆白，气宇不凡。刘邦问，这四人是谁？四人分别报上自己的名字，刘邦一听非常惊讶，问他们："朕曾经请你们出山，你们不肯，现在怎么肯帮助太子了？"四位贤老回答："太子仁厚，礼贤下士，我等甘愿为他效命。"刘邦闻听此话，半晌没说话，最后才说了一句：请你们好好地护佑太子吧。随后召来戚夫人，指着四位贤老的背影，无奈地告诉她："我本欲改立太子，无奈他已得四皓辅佐，羽翼已丰，势难更动了。"从此以后，刘邦就再也未提改立太子的事情。

因为改立太子风波，吕后对戚夫人及如意嫉恨在心。刘邦一死，刘盈即皇帝位，但因年幼，便由吕后掌握大权。她首先把戚夫人罚为奴隶，命人将戚夫人的头发全部剃光，穿上粗布烂袄，天天舂米做苦力。戚夫人歌道："子为王，母为奴，终日舂薄暮，常与死为伍。相隔三千里，当谁使告汝……"吕后又派人把如意从封地召到长安，伺机下手。刘盈知道吕后想害同父异母的弟弟，就亲自到灞上将如意接到宫里，吃饭睡觉都寸步不离，使吕后无从下手。一天清晨，刘盈起床外出练习射箭，他本想叫如意一起去，但如意年轻贪睡，刘盈不忍心叫醒他，就独自去了。谁料刚一离开，吕后马上派人拿鸩酒强行给如意灌下。刘盈回到宫里，如意已七窍流血死在床上。刘盈抱着弟弟的尸体大哭了一场。

戚夫人闻听如意被害，万念俱灰。吕后仍不罢休，她又给戚夫人灌下哑药，熏聋耳朵，挖去眼珠，割去舌头，断其手足，然后扔到后宫花园的茅坑里，叫她"人彘（音zhì，意为猪）"。这简直是天底下最为残酷狠毒的杀人方法，还拉着刘盈前去欣赏。当刘盈知道茅厕中那血肉模糊的怪物就是戚夫人时，吓得脸色大变，失声哭叫："这不是人做出来的事！我为太后之子，没脸再掌管天下了！"从此刘盈不理朝政，并吓得害了一场大病，很快死去，吕后就名正言顺地开始处理朝政。

戚夫人眼睛既看不见，耳朵也听不见，欲骂骂不出，欲动动弹不得，在茅坑里爬了三天，悲惨地死去。

吕后独揽朝廷大权后，公然违反刘邦临死时定的"白马之盟"，将吕姓亲属大肆封王封侯，同时更加专权和残暴，引起众大臣的不满和愤怒。公元前180年，吕后病死，周勃、王陵等汉室元勋抓住机会，一举诛灭了吕氏集团，拥立刘恒为帝，即汉文帝，恢复了刘氏政权。公元前179年，即文帝登极后的第一年，便在戚夫人的故乡定陶建祠祭奠，祠院内古树参天，每到夜晚，乌鸦归巢，绕祠飞鸣，好像在恸哀戚夫人的惨死，当地人有"戚崮晚鸦"之说。

汉成帝皇后赵飞燕之谜

赵飞燕原名宜生，出生在江南姑苏，是汉代著名的舞蹈家。因其身材最为苗条，姿容最为秀丽，舞姿轻盈如燕飞凤舞，故人们称其为"飞燕"。久而久之，人们渐渐忘记了她的本名，而把她叫作赵飞燕。

唐代诗人李白歌颂杨贵妃的艳美时，曾有句云："借问汉宫谁得似，可怜飞燕倚新妆。"看来赵飞燕的美是历代公认的。唐末诗人徐凝有《汉宫曲》说："水色箫前流玉霜，赵家飞燕侍昭阳。掌中舞罢箫声绝，三十六宫秋夜长。"赵飞燕精美绝伦的舞蹈技艺，人们一直在广为传诵。

赵飞燕母亲是江都王的女儿，嫁给中尉赵曼，暗中与舍人冯万金私通。冯万金是一个对音乐颇有造诣的音乐家，他编制的乐曲十分优美动听，自称是"凡靡之乐"，有它的独到之处。赵飞燕和她妹妹合德是一对双胞胎，姊妹都姿色超人。传说赵合德风姿迥异，生得体态丰腴，玉肌滑肤，美艳妩媚与赵飞燕不相上下。人们还传说她家有"彭祖分脉"之书，"善行气术"，穿着单薄的衣服，在风雪严寒的夜晚，露天站着，闭上眼睛"顺气"，不但毫无冷缩之态，还全身热乎乎的。

赵飞燕姊妹从小就接受音乐熏陶，与歌舞容易结缘。不幸的是父母亲早亡，她便同妹妹一同流落长安，沦为官婢，后被送入阳阿公主府，开始学习歌舞。她天赋极高，学得一手好琴艺，舞姿更是出众，一时名满长安。

汉成帝刘骜喜欢游乐，经常与富平侯张放出外寻欢作乐。成帝与张放年纪相若，情趣相投，原本就是极为要好的朋友。虽然在公开场合要顾到君臣之礼，然而在寻欢作乐时，却放浪形骸，彼此了无拘泥。张放时常应召陪汉成帝在宫中宴乐，自然也不时怂恿汉成帝微服出游，以领略宫廷之外的长安风月。汉成帝有一次微服出行，来到阳阿公主家。公主召歌伎为成帝助兴。赵飞燕勾人魂魄的眼神、清丽动人的歌喉、婀娜曼妙的舞姿，一下子就倾倒了成帝。汉成帝将她带回宫后，大为欢喜，极为宠爱。

赵飞燕能歌善舞，通音律，晓诗书，妖娆媚艳，是一个天生的人间尤物，进宫没多久就封为婕妤。其时后宫议论纷纷，都认为她只不过是个惯于蛊惑的货色，难登大雅之堂。而赵飞燕一味地谨言慎行，对皇后很恭

赵飞燕

谨地执婢子礼，从而消除了皇后的戒心，待之如姐妹。她又刻意低声下气地与宫中粉黛结好，也逐渐减轻了后宫佳丽对她的敌意。为了打破形单势孤的局面，她有计划地在枕边进言，终于在进宫半年之后，妹妹赵合德也被引进宫来，受到汉成帝的宠幸。赵合德入宫数日，也被封为婕妤，两姐妹轮流承欢侍宴。不但后宫莺莺燕燕被抛诸九霄云外，就连原先宠爱有加的许皇后与班婕妤，也被冷落一旁。成帝后又废了许皇后，立飞燕为后，赵合德亦被立为昭仪，两姐妹专宠后宫，显赫一时。

赵氏姐妹虽得专宠，但从未怀孕，她们害怕别的嫔妃怀孕生子，威胁后位，就疯狂地摧残宫人。"生下者辄杀，堕胎无数"。当时，民间就流传着"燕飞来，啄皇孙"的童谣。一位姓曹的宫女生一男孩，竟被逼死，皇子也被扔出门外。许美人生一子，赵合德哭闹不已，逼迫成帝赐死母子。色迷心窍的汉成帝，年已不惑，膝下尤虚。为讨好赵氏姐妹，竟两次杀子，置江山社稷于不顾。

绥和二年（前7）汉成帝死，哀帝刘欣立为皇帝，哀帝的即位是得到赵飞燕支持的，故封为皇太后。哀帝没过几年就死了，汉平帝刘衍即帝位后，就有朝中大臣指责赵飞燕"失妇道，淫乱宫闱，不生育，断了皇室的后代"，故贬皇太后为孝成皇后，迁居到北宫，过了一个多月，又废之为庶人，被迫自杀身死。

当时民间曾流传有这样一首童谣："燕燕尾涎涎，张公子，时相见。木门仓琅琅，燕飞来，啄皇孙，皇孙死，燕啄矢。"说的就是赵飞燕，"燕燕尾涎涎"说的是赵飞燕的美貌，"木门仓琅琅"说的是她将当皇后。

关于赵飞燕的舞蹈艺术，《赵飞燕别传》中有这样的描述："赵后腰骨尤纤细，善踽步行，若人手执花枝颤颤然，他人莫可学也。""踽步"是赵飞燕独创的技巧，据说人走起来好似手执花枝，轻微的颤动。可见其舞蹈功底深厚，并能控制呼吸。赵飞燕为了讨汉成帝的欢心，她把单人舞逐渐发展为群体舞，各种舞姿的变化时有新招。由于赵飞燕"善行气术"，传说她"身轻若燕，能作掌上舞"，可见其轻功极好，且可能她已能在空中做高难度的技巧，轻盈飘逸，挥洒自如。传说汉成帝曾为她举行舞技表演，设在后宫太液池中瀛洲高榭上。成帝以玉环击节拍，冯无方吹笙伴奏。赵飞燕跳起《归风送远曲》。一阵风起，赵飞燕险些跌入池中，多亏冯无方抓住她薄如蝉翼的云水裙，才有惊无险。汉成帝又命宫女手托水晶盘，令飞燕盘上歌舞助兴，赵飞燕的绝妙舞技，前无古人后无来者，给汉成帝带来全新的视觉享受，成帝对她十分迷恋。

明朝艳艳生的小说《昭阳趣事》有幅木刻《赵飞燕掌上舞图》，是赵飞燕站在一个太监的手上，挥袖回首而舞的姿态。当然，汉、明两代相去1000多年，这也只是古人所作的臆想而已，带有夸张的性质，却也来源于生活的真实。明代著名画家仇十洲作《百美图》，画历代美女100个，其中就有赵飞燕舞姿图。画面上的赵飞燕盛装披巾，在一小方毯上起舞，她平展双臂，翻飞长袖，右腿微屈而立，左腿屈膝轻提，头部微倾，表情温婉。这是明代画家想象中赵飞燕的一个舞蹈场面。所有这些，都反映了赵飞燕在古代舞蹈上的惊人成就。

赵飞燕不仅是位舞蹈艺术家，也是位出色的琴家，她有一张琴名为"凤凰宝琴"。当时长安有一位少年音乐家名叫张安世，自幼习琴，15岁时便名满天下，后入宫为汉成帝和赵飞燕演奏了一曲《双凤离鸾曲》，其出色的技艺和优美的音乐令皇帝夫妇如痴如醉，赵飞燕尤为激动，令人取来她的琴奏了一曲《归风送远》，飘逸逍遥，令张安世惊叹不已。赵飞燕爱惜张安世之才，特求成帝允其随便出入皇宫，并给他一个侍郎的官职，还送给他许多礼物，其中包括两张名贵的琴，一曰"秋语疏雨"，一曰"白鹤"。

除舞蹈外，人们对赵飞燕姐妹两颇有微词的是在房事上的特别之处。据传赵飞燕家有"彭祖分脉"之书，因而她会配制一种助阳兴的春药。她将这种秘制的春药丸供汉成帝吞服，结果汉成帝的死就与这件事有关。也有人传说赵氏姐妹把一种叫作香肌丸的药丸塞入肚脐。这种药丸确实功效显著，用后肤如凝脂，肌香甜蜜，青春不老。撩人的香气更令汉成帝不能自持，不施云雨绝不罢手。成帝精力耗尽，就服补药满足淫乐。为取悦成帝，方士们争献丹药。汉成帝起初服食一粒丹药，即可精神亢奋临幸美人，好似恢复了青春活力。汉成帝长期服用，不断增加剂量，后来竟连服十丸丹药淫乐，结果泄阳为血而亡，最后死在赵合德的床上。

一些人不同意这种说法，认为这是后人演义上去的。赵飞燕的确有淫乱宫闱的事实，但不是指她有造春药这样的事情。

有人说，赵合德体态丰腴，汉成帝对赵合德特别感兴趣，冷落了赵飞燕，宫槐秋落，孤雁哀鸣，青灯映壁，衾寒枕冷。于是赵飞燕诱使心腹太监把一些年轻力壮的美男子，暗地里引进宫来。初时还躲躲闪闪，一方面为了享受青春，另一方面也期望借以生育一男半女，日后承继皇家香火，好永葆富贵尊荣。日子久了，她就变本加厉，肆无忌惮，明目张胆地与一些男宠在宫内饮酒作乐，甚至白昼宣淫。汉成帝发现后，派人夜搜东宫，捉住了几名美俊壮硕的男子斩首了事。但不久赵飞燕便又找来一批，白昼掩窗行事，淫声浪语溢于户外，宫廷之中，尽人皆知。朝堂上下，也窃窃私议。光禄大夫刘向看到赵皇后如此秽乱，实在忍无可忍，但又不便明白指出，只好费了许多功夫，引经据典，搜罗昔时贤后贞妇兴国保家之事，写成了一册《列女传》，呈献汉成帝作为讽劝，盼望朝廷有所警悟。

还有人说赵飞燕的淫秽主要与当时生不出子嗣有关，所以与侍郎、宫奴中生子多者私通。其妹赵合德知道成帝一旦知道就会发怒，所以就对成帝说："我姐姐性格刚烈，如果被人陷害，则赵氏无种矣。"汉成帝对这句话深信不疑，后来有人告发赵飞燕与人通奸，都被成帝处死。

一个绝顶美貌的女皇后，因为私生活的不检点，使得后人有这么多的传说和演义，这在中国历史上是一种通病。因此关于赵飞燕的传说，必定是真真假假纠合在一起，其实后人是很难分辨得清楚的。

隋炀帝弑父之谜

> 仁寿四年，隋文帝驾崩，太子杨广继位登上了皇帝的宝座，即隋炀帝。隋炀帝不光因为荒淫无道、奢侈残虐而遗臭万年，并且他的登基也极不光彩：没等病重的文帝咽气，一心想当皇帝的他就迫不及待下了毒手，杀死了自己的父亲。

581年，杨坚废北周静帝自立，改年号为"开皇"，建立隋朝，随后消灭各地的割据政权，结束了魏晋以来三百多年的分裂局面，励精图治，使政治、军事、经济、文化各方面都取得了很大的发展。因此，有人将他与灭六国统一中国的秦始皇相提并论，并将他在位时的繁荣盛世誉为"开皇之治"。

隋文帝仁寿四年（604）七月，文帝驾崩。关于文帝之死，史书给后人留下了一个谜。正史《隋书》、《北史》载："帝疾甚，与百僚辞决，握手欷歔，崩于大宝殿。"但是《隋书》中关于隋文帝宠妃宣华夫人的一段记述，却隐约其辞地提到文帝死因蹊跷："素以其事白太子，太子遣张衡入寝殿，遂令夫人及后宫同侍疾者，并出就别室。俄闻上崩，而未发丧也。夫人与诸后宫相顾曰：'事变矣！'皆色动股栗。"这段记载虽未明指文帝死于谋杀，但字里行间嗅得到一股宫廷事变的味道，令人遐想，不排除太子（即杨广）、杨素、张衡等人合谋害死文帝的可能。而《十八史略》、《通历》、《隋唐演义》等稗史、演义，则认定文帝是被儿子杨广所弑。后人经过细心考据，翻遍各种文书记载，终于还原出杨广弑父杀兄、篡夺帝位的真相。

隋文帝共有五子。太子杨勇生性豪迈不拘小节，与独孤皇后为其选择的夫人元氏感情不和，又生活铺张，喜欢华贵衣饰。次子杨广巧于辞令又十分阴险狡诈，他一心想夺取太子之位，便虚情矫饰，迎合文帝和皇后，伪装成俭朴规矩的正人君子。他将浓妆艳抹的姬妾藏起来，王府中只有几个又老又丑、穿着无华的妇人抛头露面，所有华丽陈设全都撤掉，换上陈旧的家什，还故意将琴弦弄断，浮尘不掸，并置于醒目之处。有一次，杨广外出狩猎时下起大雨，侍卫给他送上油布雨衣，他拒绝道："士兵们都在大雨中淋着，我岂能穿上雨衣独自遮雨呢？"文帝听说此事后大为赞赏，认为杨广具有仁爱之心，日后能成大事。后来，杨广又诬陷杨勇，说他巴不得父皇早死，终于

隋炀帝杨广

让文帝下决心废掉杨勇，改立杨广为太子。

仁寿四年七月，隋文帝病重，杨广便迫不及待想登极了。杨广给与他狼狈为奸的越国公杨素写信，讨论登基接位的程序以及即位后如何铲除异己，尽快掌控政局的预案来。不料杨素的回信被误送到文帝手中，文帝阅后大怒，顿时手脚发抖，气急痰塞，侍疾的妃嫔赶忙捶背抚胸，半响方才缓过气来。不一会儿，文帝的宠妃宣华夫人衣衫不整地跑进来，哭诉杨广无礼调戏她。

原来杨广得知杨素的回信被送至文帝手上，心想大事不好，急忙入宫探听消息，在侧殿的回廊，正好撞见宣华夫人。杨广早就对幽妍清倩、娇媚无比的宣华夫人垂涎三尺，但一直没敢亲近，如今父皇重病在身，便尽可放肆了。只见杨广眼睛直勾勾地盯着宣华夫人，问道："敢问夫人，方才杨仆射的来书，父皇可曾拆看？"回曰："拆看了，殿下往后尚需谨慎才是。圣上春秋已高，又在病中，何必急在一时，反伤了圣上的心？"杨广听了，口中唯唯称是，又进一步挑逗道："承蒙夫人关心，不知怎样报答才好。"宣华夫人正色道："贱妾只是顾全圣上的病体，深恐殿下再有不知轻重的事情做出，原要殿下谨慎些，说不到报答。"

杨广嘻皮笑脸地说："父皇风烛残年，已是朝不保暮了，夫人若是替父皇着想，有何益处？若夫人替我着想就对了，替我着想，也就是替夫人自己着想。"

宣华夫人不禁变颜："殿下此话怎讲？"

杨广道："夫人冰雪聪明，难道还不知？"

宣华凛然道："生性愚笨，倒是不知。"

杨广奸笑着说："夫人正在盛年，父皇一旦去世，我便会替夫人着想的。"

宣华听了声色俱厉说道："殿下错矣。贱妾忝为殿下的庶母，殿下怎能如此说话。要是给圣上知道，殿下的干系可小不了。"

"夫人爱我，怎会使父皇得知？"杨广说着，见四下无人，竟伸手去撩宣华夫人的衣裳。宣华夫人又急又恨，叫了一声："请太子自重，那边有人来了。"乘杨广慌乱中手一松，宣华夫人赶紧离开了侧殿。

听了宣华夫人的哭诉，文帝猛然醒悟自己受杨广多年蒙骗，气得拍床大叫："如此畜生，怎能担当治国大任，皇后误了我的大事啊！"急忙命在旁的兵部尚书柳述和黄门侍郎元岩拟就一份敕谕，召废太子杨勇前来议事，准备废黜杨广，复立杨勇为太子。这头杨广调戏宣华夫人不成，已知闯下大祸，马上与杨素商量，派兵包围皇宫，柳述和元岩刚出殿便被绑了起来，东宫卫队布满殿上，守住各处门户。

杨广又派心腹右庶子张衡闯进文帝寝殿，命宣华和容华两位夫人出去，说："两位夫人只顾留在这里，不宣召大臣面授遗命，不知想图什么？自古以来，只有面授遗命的王公大臣，从来没有面授遗命的妃嫔。请不要耽误国家大事！"两位夫人只得含泪退出。过了一会儿，张衡走出来，朝杨广点了点头。稍顷，文帝驾崩的消息便传了出来。紧接着，杨广又假传文帝遗嘱，要杨勇自尽，未等杨勇作出回答，派去的人便直接动手将杨勇杀死。就这样，杨广不惜弑父杀兄，提前登上了皇位。

《隋书》中记述道："夫人与诸后宫相顾曰：'事变矣！'"宣华夫人等闻听文帝猝然驾崩的消息，马上就意识到宫中发生了事变。后来第一个明确指出隋文帝死于被杀的是隋末唐初的赵毅，他在《大业略记》中记载了这样一件事：隋炀帝征辽东还，张衡之妾告发他诽谤朝政，炀帝便赐他自决。张衡临死时大声喊："我为人做灭口等事，而望久活！"监刑者吓得捂起耳朵，赶紧将他弄死。由此可见，杨广弑父的事情确实不假。

"玄武门之变"起因之谜

唐高祖武德九年，秦王李世民发动"玄武门之变"，杀死太子李建成和齐王李元吉，然后逼迫父皇诏立自己为皇太子，军国庶事无论大小均由他一手处理。不久，高祖让位，李世民登极，开始了长达二十余年的贞观盛世。究竟是什么原因，使得李世民冒险发动这场宫廷政变呢？

据《旧唐书·隐太子建成传》记载，唐武德九年（626）六月四日，长安城内刀光剑影，血流满地。秦王李世民发动宫廷政变，杀死其兄太子李建成、四弟齐王李元吉及其部下和家属数百人。随后，李世民派尉迟恭领兵直入太极殿，启奏李渊："太子和齐王举兵作乱，秦王将他们杀了，恐惊动陛下，所以派臣来此守卫。"实际上是逼宫，让李渊交出军权并接受既定事实。生死之际，李渊无可奈何只好改立秦王李世民为太子，并发布诏书曰："自今军国庶事，无大小悉委太子处决，然后闻奏。"由于这场政变发生在宫城的北门玄武门，故史称"玄武门之变"。两个月后，高祖又被迫让位，李世民登极，开始了长达二十余年的贞观盛世。

关于"玄武门之变"的起因，历来都认为是由于李世民雄才大略，"功盖天下，中外归心"。而太子李建成因为是嫡长子而"无大功以镇海内"，他疑忌李世民，不能容忍李世民对他继承皇位所存在的巨大威胁，于是采取种种手段，先诬李世民手下大将尉迟恭谋反，后又借出征突厥为名，妄图直接掌握李世民的兵马，最后干脆招李世民入宫宴饮，在酒中做手脚，谋以鸩毒，致其"暴心痛，吐血数斗"。在这样一再忍让直至忍无可忍的情况下，李世民终于决定以攻为守，先发制人。

但事实上，这里有不少难解的谜：首先，历史上的李建成是否真如我们现在读到的史书中记载的那样小气险诈，恶叉白赖一个？因为李世民即位后亲自监看和篡改史料记录，于是从他开始，中国的史书开始失实，以上说法大多从《贞观实录》而来，而新旧《唐书》基本上也是照搬《贞观实录》，美化李世民，贬低李建成。像"鸩毒事件"，早有人指出疑点多多，显系编造。而成于李世民即位之前的《大唐创业起居注》，许多地方说法就完全不同。另一个谜则是，根据史书记载，事变过程非常惊险，李世民的秦王府兵面对东宫兵和齐王府精兵几乎不敌，幸亏他妻子长孙氏的舅舅高士廉从监狱释放出一批囚犯，授予兵甲赶来助阵，才好不容易控制住局面。照李世民的机智和谋略，既然要先发制人，怎会准备得如此仓促，拿自己的性命去搏呢？看来"玄武门之变"一定另有原因，才导致李世民不得不背水一战，匆忙起事。

李世民从小随父亲演习弓马、驰骋猎场，并且读过不少兵书。隋朝末年，李渊起兵，历时七年，打了六次大的战役才平定各地割据势力，统一中国。这其中，李世民率部进行了四大战役，消灭薛仁杲、王世充，镇压窦建德、刘黑闼等农民起义军，战功卓著。尤其是虎牢一战，更成就了李世民善用奇兵的美名。但李建成也不失为一个勇猛而具有全局战略眼光的杰出人才，在战争初期即夺取长安，使唐军声威大震，为问鼎中原奠定了军事和政治基础，各地割据势力不得不依附于唐，也使得当时蠢蠢欲动的突厥不敢轻举妄动。建唐之后，由于礼制约束，作为太子的李建成长期留守京师，以太子身份帮助高祖安定后方，处理国事，李世民则统兵在外，驰骋沙场。在用血汗为大唐打下一片又一片疆土，巩固李唐的天下后，无论是李世民本人，还是他麾下的将士们，都渐渐滋生了不甘俯首称臣的思想。

据记载，武德四年（621），在攻打洛阳途中，李世民拜访了远知道士，道士预言他"将作太平天子"。李世民从此"眷言风范，无忘寤寐"，可以肯定，此时的李世民夺取太子位以继大统的想法已经非常明确了。同一年攻下洛阳后，他招贤纳士，设天策府、文学馆，闲则共话古今，纵谈天下，俨然君臣气派。当时的中书令封德彝便注意到："秦王恃有大勋，不服居太子之下。"于是，在李世民与李建成之间，一场你死我活的残酷斗争便不可避免了。并且李世民也并不是一味忍让，而是主动出击，抓住时机为抢班夺权做准备。武德七年，太子私募散兵游勇2000人"为东宫卫士，分屯（东宫）左右长林，号长林兵"，齐王李元吉"募壮士，多匿罪人"，李世民也于秦府兵之外募养了近千名勇士。这些私人武装都是为双方最后摊牌、流血斗争做准备的。李世民还收买了太子手下的一些关键人物，如玄武门守将常何，在后来的"玄武门之变"中，就是有常何为内应，李世民才能够埋伏精兵，一举杀死太子李建成和齐王李元吉。

但是，一来李建成是长兄，身为太子，他正统的储君地位为其赢得一定优势，连父皇李渊也多少向着他，尤其是武德七年发生"杨文干事件"（李世民诬太子造反的事件）后，李渊已决心牺牲掉李世民；二来李建才有内宫妃嫔和多数外廷大臣及各地都督的支持，深得

唐高祖李渊

宠爱的张婕妤、尹德妃等人经常在李渊面前为李建成游说，而最受高祖信任的宰相裴寂公开支持太子，封德彝等人是表面见风使舵，实则"潜持两端，阴附建成"；三来李建成有四弟李元吉做他的坚定盟友。由于太子一派在政治影响、组织人脉上都要胜过秦王一派，李世民处于弱势，所以即便他有时显出一些示弱退让的姿态，也不能不令人怀疑是故作假象。

这时，发生了"傅奕星谏"事件。史书记载：六月一日、三日，太白金星白昼划过长空，据古书上的说法，这是政权更迭的征兆。于是，太史令"傅奕密奏：'太白见秦分，秦王当有天下。'上以其状授世民。"李渊大怒，认定李世民要起兵谋反，于是将密奏转交李世民，其用意是暗示李世民身处无君无父之境，要他自杀以澄清嫌疑，毕竟作为有功的皇子，李渊不愿意亲自下诏处死他。李世民马上回应道："臣于兄弟无丝毫负……今枉死，永违君亲，魂归地下，实耻见诸贼！"同时还密奏了李建成、李元吉一本。密奏的内容已经无从知晓了，有人说是太子淫乱后宫等事情，但从后来的事态发展来推测，恐怕类似于"杨文干事件"，所以李建成才会入宫对质。李世民算准了这一步，引蛇出洞，然后实施伏击。

如此，"玄武门之变"的真正起因是兄弟两人无休无止的继位之争，使李渊失去耐心，并且怀疑李世民谋反篡位而动杀心，"傅奕星谏"则是直接导火线。

李世民具有旷古的经世之才，远见卓识，雄心奋发，识人善任，的确是中国历史上少有的杰出帝王。但是在"玄武门之变"中，他弑兄、杀弟、逼父，又实在称得上是凶狠无比。难怪明朝的王夫之评论他："亲执弓以射杀其兄，疾呼以加刃其弟，斯时也，穷凶极惨，而人心无毫发之幸存者也。"

唐太宗废太子承乾之谜

> 太子称为储君，是皇位的继承者，是国家未来的领导者，因而立太子是各朝最重要的大事。唐太宗与历代帝王一样，十分重视太子的选择和培养。然而当他挑选了长子承乾为太子后，麻烦就接踵而至，不久又陷入了废立太子的烦恼之中。那么唐太宗为什么立了太子又想要废太子呢？

李承乾是唐太宗的嫡长子，武德二年（619）生于长安承乾殿，所以因殿起名。武德九年十月，登上皇位的唐太宗立承乾为太子，而这年承乾只有8岁。

幼年的承乾十分聪慧，唐太宗看在眼里，特别喜欢。贞观四年（630）七月，唐太宗挑选了德高望重的李纲为太子太师，负责承乾的教育。李纲是个老夫子，每每以儒家君臣父子之道灌输给承乾，上课时"辞色慷慨，有不可夺之志"。年幼的承乾好像是真的懂了，"未尝不耸然礼敬"，对他十分敬重。唐太宗看到师徒俩这样的认真劲，心中十分满意。为了让承乾从小培养执政的能力，太宗还让承乾处理一些简单的政事，而承乾解决起来十分果断，颇识大体。

然而承乾生长于皇家深宫之中，没有接触民间疾苦，眼光短浅的毛病渐渐显现。皇太子无比尊贵的地位，加上他自我感觉很好，日渐染上奢侈、散漫的纨绔恶习。他张口闭口忠孝，人前也显得十分沉稳，但背地里却十分喜好声色，与一帮小人浪荡无度。由于他很会伪装，许多朝臣都受他蒙骗，根本不知道他到底是怎样的一个人，只有唐太宗严厉的目光盯住他时，才感到有所畏惧。唐太宗这时也发觉他问题很大，不过并没有想放弃他，认为他还很年轻，尽管身上有一些劣习，但还可以改掉，毕竟他还有可塑性，只要有好的老师指点，应该会成为一个好太子的。

唐太宗李世民

李纲病逝后，唐太宗将教育的重任落到了太子左、右庶子于志宁、李百药的肩上。李百药发现承乾颇为留意典籍及爱好嬉戏，曾写了一篇《赞道赋》，以古代太子成败之事讽谏承乾，得到唐太宗的赞同。然而要让承乾真的听李百药的劝导，已经不太可能了，他依然故我。两年后，李百药灰心离职。贞观七年，唐太宗挑选了中书侍郎杜正伦为太子右庶子。杜正伦以直谏而闻名朝野，唐太宗想让他与于志宁一起共同辅导太子。唐太宗最初还亲临东宫，了解承乾的学业进展。这时承乾得了脚疾，不能上朝，就避开了唐太宗对他的直接监督，一批小人乘机来到他身旁，引诱他更加嬉戏荒诞。杜正伦、于志宁的直言相劝都无济于事，承乾根本听不进他俩的话了。唐太宗知道后，十分不满。尽管如此，他还是没有丧失对他的希望，又挑选了名儒孔颖达为太子右庶子，想加强教育，让承乾改正缺点。孔颖达十分负责，一见到承乾有问题，马上板了脸进谏，可承乾却嬉皮笑脸，习性如故。太宗无奈，只得再次更换老师，于贞观十二年任命张玄素为太子右庶子。

承乾一次又一次地辜负了父宗的期望，看着儿子的这副模样，唐太宗内心十分焦虑，父子骨肉亲情日趋淡漠，日子一长，太宗生出了厌恶之情。更为重要的是，唐太宗发现太子与他在政见上差距更大。唐太宗一直标榜以文治国，尊贤礼士，而承乾毫不理解父亲为什么要这样做，更不懂太子守成重在守文的道理，一味嬉戏废学，对突厥的尚武风习十分爱好。唐太宗即位后，大力倡导纳谏，也希望太子能像他一样，想不到承乾不喜谏臣，不纳善言，对父亲派给他的老师都是阳奉阴违。唐太宗思贤若渴，一旦发现贤才，必礼贤下士，而承乾不闻有爱贤好善之举，反而"私所引接，多是小人"，令太宗十分反感。

唐太宗对承乾十分失望，并渐渐有了废掉太子的念头。这时他发现皇子魏王李泰聪敏绝伦，开始对他宠异起来，并在各方面给李泰不少优待，每月给魏王李泰经济上的供给超过了承乾。李泰被封为相州都督，却不赴任，可以留在京城。后来为了往来方便，太宗让李泰移居皇宫大内的武德殿，还特令魏王府设置文学馆。之所以要这样做，唐太宗主要是想渐渐树立李泰的威信，为有一天更换太子作好准备。

其时承乾也发觉了父皇对自己的日渐疏远和对李泰的偏爱，知道自己已经失宠，太子的地位岌岌可危，心中恼怒不已。前途的黯淡使他心灰意冷，萎靡不振，干脆破罐子破摔，自暴自弃，终日沉湎于酒色。他在东宫招来上百人扮作突厥人，奏胡乐，跳胡舞，挥舞着胡人的狼旗，还搭个胡人的毡帐，模仿胡人的军事布阵，手中拿着胡人的短剑厮斗，甚至还让人烧柴烤着全羊，拔出佩刀一点点割着吃。他自己还比作是可汗，假装突然死了，让众人依胡人风俗在死尸边上嚎啕大哭，将东宫弄得一片乌烟瘴气。他私下收养了一个小乐伎，整日和她寻欢作乐，对她十分宠爱。唐太宗知道，派人将小乐伎杀了，这使承乾伤心无比，在东宫为她设灵堂，筑坟凿碑，早晚祭奠，痛哭流涕，还装着身体不舒服几个月不上朝，其实是不愿见父皇。

为了保住自己太子的位子，承乾开始行动了。他与党羽商量对策，准备了两个计划。他们首先派出刺客纥干承基暗杀魏王李泰，认为只有除掉嗣君的竞争对手才能保证自己的地位，但想不到这一计没有成功。第一个计划不行，退而求其次，就着手第二个，即在万不得已的时候孤注一掷，发动宫廷政变，让唐太宗退位当太上皇，用武力登上皇位。

承乾的不轨行为令唐太宗十分痛心，他在更立太子问题上犹豫不决。他仍幻想承乾能改过自新。直到贞观十六年，他还派出魏徵为太子太师，以加强对承乾的教育。魏徵是一个坚决主张立嫡长子继承皇位的人，所以唐太宗想让他对承乾作最后的努力，因为只有魏徵还会全心全意想让承乾走向正路。

贞观十七年，魏徵病亡，挽救承乾的最后努力破灭。魏王泰眼见自己在接近皇位了，就露出了咄咄逼人的态势，承乾无法可想，只能加快谋反的步伐。与承乾一起的汉王元昌、吏部尚书侯君集、驸马都尉杜荷等人，本来只是与唐太宗有点小的不愉快，在承乾的影响下，同病相怜，几个人凑在一起一谈，决意反叛。大家都割臂起誓，用帛拭血，烧成灰后和着酒一起喝下去，嘴上念了几句同生死的话，决定到合适的时机偷偷奔袭唐太宗的寝宫。

想不到这时发生了一件事。贞观十七年二月，在齐州的齐王李祐谋反。消息传来，承乾十分高兴，对手下的纥干承基说："我宫西墙，离大内只有二十多步，如果我和你要弄点事情出来，难道是齐王可比的？"齐王的叛乱很快被平定了，一干人等被带到长安审问，想不到事情牵连到纥干承基。四月，纥干承基受不住审讯中的用刑，供出了承乾密谋发动政变的方案。唐太宗立案审理，让长孙无忌等众大臣组成专门法庭审理这件事，在觉得证据齐全之后，太宗派出禁军以迅雷不及掩耳之势快速拘捕了承乾及其党羽，一场还未发动的政变就这样流产了。汉王李元昌被赐死，侯君集以下众人都被处以极刑。几天后，太宗下诏废太子承乾为庶人，关押在右领军府。几个月后，又流放承乾到黔州。到了黔州没多久，承乾就不明不白地死了。

一个皇太子，走向了可悲的结局。

武则天扼死亲生女儿之谜

说起中国历史上唯一的女皇帝武则天，她总是脱不了集残忍与聪明、疯狂与冷静于一身的形象，她有着超人的智慧和政治手腕，同时又心狠手辣，非但任用酷吏以强硬手段经营着她的武周王朝，甚至就连尚在襁褓中的亲生女儿也可以残忍地扼死……

说起武则天，她漂亮，有野心，工于心计，醉心权势，胸怀机谋，信奉佛教，荒淫奢靡……然而最令人毛骨悚然的就是她的残忍无情。为了争权夺利，为了巩固她的统治，她可以将爱情、亲情等全都抛诸脑后。

武则天属于那种早熟的女孩，年方14岁便已开启"花解语、玉生香"之女性情怀。就在这一年（贞观十一年，637年），唐太宗选美，结果武则天被选入后宫。临行时，母亲杨氏痛哭不已，她却显得非常平静，对母亲说："见天子庸知非福，何儿女悲乎？"果然，唐太宗见到武则天立即就被她迷住了，一连临幸三夜，被封为"才人"。按照唐初的后宫制度，在皇帝的121位妻妾中位列第30，虽不算高，也不算太低了，况且是"打破常规"越级升补的。

太宗比武则天年龄大两圈还不止，武则天自然知道自己不可能跟唐太宗过一辈子，她和那些有机谋的妃嫔一样，开始为太宗死后预做准备，在皇子中寻找靠山。据明人詹詹外史所评辑的《情史·情秽类》记载："高宗为太子时，入侍太宗疾，见武氏，悦之，遂即东厢烝焉。"也就是武则天跟还是太子的唐高宗勾搭上了。说起来这里面还有一个相当精彩的故事。当时皇子中最得太宗宠爱的是魏王李泰，宫中有不少妃嫔都巴结他，和他暗结私情，但武则天可谓别具慧眼，她选中的目标是性格懦弱、忠厚老实的晋王李治，为的就是将来可以随心所欲地操纵和摆布李治。一天，李治入厕，武则天跟进去，用金盆盛水捧给李治洗手，颔首半跪，做出一副娇滴滴风情万种的样子，进行挑逗。李治终于按捺不住那一团热烘烘的欲火，情不自禁以手蘸水向武则天脸上弹去，并戏吟道："乍忆巫山梦里魂，阳台路隔恨无门。"武则天马上回应道："未曾锦帐风云会，先沐金盆雨露恩。"两个人一拍即合，遂即做了男女苟合之事。据说武则天还怀了李治的孩子，所以《情

武则天

史》中说李治"烝",意思是同母辈发生性关系。

武则天摸透了太宗的脾性,在她的调教下,李治极力投太宗所好,终于被立为太子。唐太宗驾崩后,李治继位当皇帝,即唐高宗。按照唐代后宫的规矩,武则天离开内宫来到长安感业寺水仙庵出家为尼,待了近五年,当时她二十五六岁,正是青春勃发的年龄。

这年,高宗和后妃一行驾临感业寺,为太宗五周年忌辰拈香祈福。《情史·情秽类》记载:"王后疾萧淑妃之宠,阴令武氏长发,纳之后宫,欲以间淑妃。"说王皇后见了武则天后,暗中派人把她重又接进宫里,蓄发换装,悄悄送入唐高宗的怀抱,图谋借她的力量来使萧淑妃失宠。当时王皇后与高宗的另一个宠妃萧淑妃之间一直明争暗斗,怎奈王皇后太过方正,而萧淑妃能变换各种手段与皇帝打情骂俏,给皇帝刺激而新鲜的感觉,再加上会吹箫,会做料理,皇后自然争宠不过,于是便想利用武则天来对付萧淑妃。

武则天"一朝重入帝王宫",刚开始时她卑辞屈礼,千方百计笼络王皇后,两人联手,很快便将萧淑妃打败。但武则天并不满足,她处心积虑地想取代王皇后的地位。她不惜广散财物结交宫中的内监女官,让她们刺探王皇后的言行,有什么风吹草动立即报告,但却迟迟找不到下手的机会。

武则天不愧是个人物,早在她身为唐太宗才人的时候就发生过一件事情:西域进贡给唐朝一匹宝马,但性情暴烈,许多年轻力壮的骑士都驯服不了它,骑术精湛的唐太宗还曾被它掀翻在地。大家束手无策之时,只见武则天拨开人群,站出来自请驯马。她说:"臣妾只需三样东西:一铁鞭,二铁锤,三匕首。先用铁鞭子打得它皮开肉绽,死去活来;还不听话,就用铁锤敲它的脑袋,使它痛彻心肺;如果还不能制服它,就干脆用刀子割断它的喉咙。"唐太宗虽闯荡半生,杀人宰畜不在话下,却也从未见到过如此心狠手辣的女人,不由得暗暗对她有了戒心。其实武则天岂止是心狠手辣,简直是蛇蝎心肠。俗话说,"虎毒不食子",可武则天这头凶残的母老虎非但"食子",而且"食"起来不吐骨头渣。她经过深思熟虑,想出一计狠招。

正好不久前武则天刚生下一个女儿,长得伶俐可爱,高宗疼爱无比,王皇后自己没有生育,也非常喜欢这个孩子。一天,王皇后来到武则天房里看望她,武则天假装亲热地与皇后聊天,瞅机会让宫女把小公主抱来,王皇后高兴地逗引着孩子玩,一直等孩子睡着,才起身离去。皇后刚走,宫女报告说皇帝要来,武则天一看千载难逢的良机来了,于是一狠心将亲生女儿扼死在襁褓里,还捧着女儿幼小的尸体说:"可惜你生在帝王之家。为了母亲的前途,你只好死。"然后将被子盖好。高宗进来掀开被子,见女儿暴死,忙问刚才谁来过。武则天哭着说只有王皇后来过。高宗悲愤地仰天叹道:"是皇后杀了我女儿!"于是下诏废掉王皇后,立武则天为皇后。没过多久,又在武则天的挑唆下,将王皇后和萧淑妃赐死。

当上皇后之后,武则天便把自己的四个兄长一一提拔起来。不想四个亲哥哥并不认同她的做法,而是责怪武则天搞乱了朝政。武则天大怒,于是把他们发配边地，并在途中逼迫其中两个哥哥自杀，另两个也险遭毒害。

武则天的亲姐姐韩国夫人丧夫，带着女儿来到宫中。高宗见到美貌的母女俩，一并收入后宫，就有点冷淡武则天了。武则天好不容易登上皇后宝座，独占恩宠，怎容别人与她分享？过了一个月，韩国夫人忽然莫名其妙死了。高宗怀疑是武则天干的，但又找不到证据，只好小心翼翼地保护好韩国夫人的女儿魏国夫人。不久，武则天那两个幸免于难的哥哥进宫朝圣，武则天在后宫设宴招待，在座的还有高宗和魏国夫人。武则天亲自下厨，在哥哥送来的鱼里下了毒，结果魏国夫人吃后当场七窍流血而死。武则天马上拍案而起，诬赖哥哥送来的鱼有毒，立刻命侍卫把他们推出去斩了。她这是一箭双雕：既除掉了眼前的情敌，又把有可能反对她的哥哥也收拾了。

高宗晚年身体病弱，想把皇位传给武则天，无奈群臣们坚决反对。高宗不敢激怒武则天，只好把帝位传给她的亲生儿子李弘。但武则天不甘心即将实现的皇帝梦被人搅坏，哪怕他是自己的亲儿子，于是一杯毒酒毒死了李弘。后来高宗立武则天的次子李贤为皇太子，并令李贤监国，武则天又先下手为强，把李贤逼死。高宗一死，武则天一手遮天，中宗和睿宗先后都只象征性地当了55天和半年的皇帝，便被武则天废掉，她自己革唐为周，当上了女皇帝。

根据史书记载，单是至亲，武则天前后共杀死了一个女儿，两个儿子，四个哥哥，两个姐姐，一个亲甥女，而这一切，只不过是为了争宠争权，实现她的皇帝梦，可见其人险毒至极矣。不过平心而论，她当上皇帝以后，确实也采取了一些进步的改革措施，包括广开科举，知人善任，抑制豪门垄断；她奖励农桑，兴修水利，使得社会稳定，经济发展，为后来的"开元盛世"打下了良好基础。史家本着"不没其实"的记史原则，对她的一生作出了客观评价："掩鼻之谗……人彘之酷………夺嫡之谋，振喉绝襁褓之儿，菹醢（zū hǎi，将人剁成肉酱，是古代的一种酷刑）碎椒涂之骨，其不道也甚矣。然犹泛延谠议，时礼正人，遵时宪而抑幸臣，听忠言而诛酷吏。有旨哉！有旨哉！"（《旧唐书·本纪第六》）

武则天长住东都洛阳之谜

洛阳是唐帝国的两都之一。武则天执政时期，洛阳取代长安的政治地位，成为名副其实的都城。作为一位独特魅力的政治家，武则天这样做有她的道理吗？难道洛阳的政治、经济、军事地位发生了变化？我们且听历史学家的回答。

唐朝都城在长安，长安从唐高祖起一直是第一政治中心。此外，唐朝还有一个陪都，那就是东都洛阳。从唐高祖至高宗，主要政府机构和办公地点均在长安。武则天登上帝位之后，除了长安元年（701）十月到三年十月这段时间住在长安以外，其余时间一直住到洛阳去了。

两《唐书》记载，武则天于684年九月改嗣圣元年为光宅元年，并且"改东都为神都，宫名太初"。改东都为神都，看来是想抬高洛阳的地位；而"太初"则意味着一切从新开始。与此同时，武则天又在洛阳立武氏七庙。688年二月还在洛阳建立了明堂。七庙是古代帝王权力的象征，明堂是帝王举行祭祀、朝会、庆祝各种大典的场所。武则天把七庙和明堂建在洛阳，无疑是想要以洛阳代替长安了。此外，691年七月，也就是武则天登上皇位还不到一年的时候，就把关内十万户居民迁到洛阳，至此，武则天要以洛阳为全国新的政治中心的用意已显露无遗了。那么，究竟是什么原因促使她长住洛阳，并以洛阳代替长安呢？

来自传统史书的记录一般来说是比较原始可信的，关于这件事却有着一种独特的说法。《资治通鉴》和两《唐书》等史书上都记载，武则天曾与王皇后和萧淑妃争宠，王、萧失势被囚，高宗恻然伤之，对二人表示即将重新处置。武则天知道后，令人杖二人各一百，截去手足，投于酒瓮之中，还骂道："令此二妪骨碎。"二人数日后死去。此后，武则天便经常在梦中见到她们"被发沥血如死时状"。为了摆脱噩梦的困扰，她先是移居蓬莱宫，但眼睛前面还是经常出现两人身影，不得已，就直接迁居到洛阳。这种说法自司马光开始已流传了很久，但是它看似顺理成章，却有许多漏洞，引起了不少怀疑。

首先，武则天常住洛阳并把洛阳作为政治中心，是高宗死后的事，距离王、萧二人之死有二十多年了，把二者联系起来成为因果关系，不免有些牵强。其次，就武则天一贯的行为和性格来看，她不像是那种惧怕厉鬼报复的人。移居洛阳之后，她也没有少杀人，有学者甚至认为她杀人杀得"手滑"。因此，史书的说法难以成立。

另一种说法认为，武则天之所以长期住在洛阳，"无非为其曾在长安出家，避洛阳可以纵情荒淫享乐起见"。这种说法也有待商榷。因为武则天先后任皇后、皇太后和皇帝，她的一举一动均受人瞩目。她要享乐也好，要掩盖曾在长安出家为尼也好，简单地靠迁居洛阳的方式并不能掩盖过去。更何况徐敬业起兵时，骆宾王起草的檄文中就有"洎乎晚节，秽乱春宫"的词句，可见她的过去早已为天下人所共知，再怎么迁都也于事无补。至于她要享乐，就更不用避人耳目了。且不说薛怀义、张易之、张昌宗为其面首一事是否属实，光看武氏的作风，她在平定叛乱和治理朝政上，手段之强硬与任何一位男性帝王相比，都是有过之而无不及的。如果她要贪图享乐，还会惧怕舆论的制约吗？

有人认为武则天长住洛阳主要是经济上的原因。早在隋炀帝时，留在东都的时间比长安为多。入唐后，唐太宗曾三幸洛阳。其时关中屡遇天灾，农产品供应不足，所以帝王往往移居洛阳，等到关中农产丰收，然后再回到长安。唐高宗曾七次到洛阳去，也主要是这个原因。至武则天，干脆就长住洛阳了。长安的运输远不及洛阳来得方便，而洛阳地处南北运河的中点，交通漕运便利，因此洛阳得到武则天的看重固然不排除有政治及帝王私欲上的原因，但主要是因其经济地位决定的。

还有一种说法，较前面几种而言更为新颖，即认为武氏迁居洛阳是出于政治的需要。她的目的在于改朝换代，以周朝代唐朝。在封建社会以男子为中心的传统继承制度的局限下，一个女人要夺取王位，做真正意义上的皇帝实属不易，而武则天先后作为皇后、皇太后、皇帝，这一路走来更是比别人多了几分尴尬。虽然她最后成为了一国之君，拥有至高无上的权力，但是作为李氏之妇，其子为李氏之后，她和李氏之间始终存在着千丝万缕的关系，无法改变"男尊女卑"、"夫为妻纲"的传统思想和以男子为中心的帝位继承制度。她不能与李唐皇朝彻底决裂，不论是贬低或是抬高李氏王朝对她都是极为不利的，在这种进退两难的情况下，她只能选择另起炉灶，建立新的政治中心，这样一来，既不会侵犯李氏在长安的原有地位，也显示了武氏在洛阳的另一番至高无上。无疑，这一举动对于协调李氏和武氏的矛盾也是有利的，显示了武则天的政治才能和智慧。

更有一种观点认为，武则天长居洛阳的原因是高宗时期开始的独特的军事和政治原因造成的。高武时期周边地区军事形势较初唐有很大变化，唐朝与东北方、西方、北方的战事不断。唐高宗为了便于指挥与高丽的战争，多次来到洛阳。与吐蕃发生战争后，唐朝面临着东西两条战线，高宗就在两京之间来回奔走。从当时实际来看，洛阳正好位于全国几何中心的战略位置，较之长安更加便于应付各方的种种战事。武则天上台后，在制度上标新立异，别立系统，政治原因遂成为与军事原因并行不悖的长驻洛阳的又一因素。她想抛弃长安，摆脱李唐王朝的大本营和政治、礼仪氛围。当高宗死后，她连高宗西葬都不愿回长安一趟。

那么，武则天要另外建立一个政治中心，她为什么不选别的地方，而是偏偏对洛阳"情有独钟"呢？持这种观点者认为这是由洛阳自身的各方面条件所决定的。

长安处于关中平原的中部，虽然土地肥沃，农业生产比较发达，但是由于它屡屡为各朝代的都城，城市人口日益增多，所以随着时间的推移很难满足城内的粮食需求。为了解决这一问题，早在西汉年间，政府就大力发展漕运事业，然而由于路途的遥远，加上三门峡一段的黄河河道狭窄，多暗礁，所以漕运要付出很大代价，往往得不偿失，而位于三河交汇中心的洛阳却与长安截然不同，洛阳尉杨齐哲曾在给武则天的奏书中称洛阳"帑藏储粟，积年充实，淮海漕运，日夕流行，地当六合之中，人悦四方之会"。可见，当时洛阳在经济发展上的条件的确优于长安。

自古至今，洛阳的地理环境决定了它具有经济和军事两大方面的优势，历代帝王都对它非常重视。汉高祖称道："吾行天下多矣，唯见洛阳。"隋炀帝也说洛阳是："天地之所合，阴阳之所和。"这一切都说明洛阳在帝王心目中的地位，实际它具备了作为一个都城的条件。到了武则天，她特别青睐洛阳，把洛阳作为新的政治中心，应该说是不足为奇的。武则天之后的中宗、玄宗等，又将神都改成东都，重新回到了长安，洛阳的重要性之后渐渐失去，从这点上看，笔者的观点认为武则天长驻洛阳可能是特殊环境下的特殊人物的特殊举动，洛阳本身的地位没有变化，只不过因为武则天的原因才发生了变化。

武则天晚年宠幸男侍之谜

武则天是中国历史上唯一的女皇帝，人们在肯定她杰出政治才能的同时，也对她荒淫糜烂的生活颇多批评，说她广置面首，宠幸男侍等。那么，历史上的武则天究竟是怎样宠幸男侍的？

"初唐四杰"之一骆宾王曾写过一篇《为徐敬业讨武曌檄》，檄文中称："伪临朝武氏者……昔充太宗下陈，曾以更衣入侍。洎（jì）乎晚节，秽乱春宫。潜隐元帝之私，阴图后房之嬖。入门见嫉，蛾眉不肯让人；掩袖工谗，狐媚偏能惑主。践元后于翚翟，陷吾君于聚麀。加以虺蜴为心，豺狼成性。近狎邪僻，残害忠良。杀姊屠兄，弑君鸩母……"据说武则天读了这篇将她骂得狗血喷头的檄文，却一点也奈何不得他。

武则天是中国历史上唯一的女皇帝，她的工谗善媚手段无人可比，而她宰制天下的气概和能力也是前无古人，后无来者。武则天14岁时被唐太宗选入宫内为才人，太宗死后，她出家当了尼姑，不久又被继位的高宗召回为昭仪，后立为皇后。后来，武则天参预朝政，自称天后，与高宗并称"二圣"。高宗死后，武则天先后废了中宗、睿宗两个皇帝，自己做皇帝，并改唐国号为周，立武氏七庙。这年是690年，她专门造了一个字，给自己取名为"曌（zhào）"，意思是日月当空，目无一切。

武则天称帝以后，先是定纪元为"天授"，后来又用"天册万岁"、"万岁登封"、"万岁通天"等帝号，在中国古代历史上，还没有一位皇帝如此豪气干云，称得上前无古人，后无来者。武则天不仅在政治上豪奢专断，而且在生活上也显露出惊人的一面，她像男性皇帝一样纳妾封宫，成天与面首鬼混在一起，让男侍陪寝，过着荒糜淫荡的生活。据文字记载，当时先后有薛怀义、沈南璆、张易之、张昌宗、柳良宾、

武则天

侯祥、僧惠范等人因"阳道壮伟"而成为她的男侍。她还专门设置"控鹤监",搜罗天下美男,对外号称专门研究儒佛道三教,实际上就是供其放纵情欲、淫乱享乐的"后宫面首院"。

薛怀义,原名冯小宝,本是个市井卖药郎,身材魁梧,能说会道。据《旧唐书·薛怀义传》载:他先是与高宗的幺女千金公主勾搭成奸,后被武则天横刀夺爱。武则天从冯小宝身上尝到了未曾有过的闺房欢乐,脸上重现光泽,焕发出清新的朝气,整个人充满生机活力,连宫女们都能感受到她那久违的令人轻松的温和及体贴。当时宫中经常举行佛事活动,为了掩人耳目,让冯小宝方便出入宫中,武则天命他剃度为僧,任命为白马寺主,并改名换姓,"令与太平公主婿薛绍合族,令绍以季父事之",让薛绍称其为叔父,冒充大族,朝廷上下则呼为"薛师"。薛怀义仗着武则天的宠幸,无法无天,大行不法之事,曾因武则天宠幸御医沈南璆,他便气急败坏地将明堂一把火焚毁。武则天明知是薛怀义干的,但也自觉难堪,没有追究,反而命薛怀义主持重修明堂,薛越发骄纵嚣张,树敌益多。一天,薛怀义擅自闯入只有宰相可以出入的南衙,宰相苏良嗣瞧不惯他的嚣张气焰,喝令左右结结实实搧了他几十个耳光。薛怀义捧着红肿的脸向武则天哭诉,不料武则天反而告诫他:"这老儿,朕也怕他,阿师以后当于北门出入,南衙乃宰相往来之路,不可去侵犯他。"

为了这事,武则天的女儿太平公主曾当面说过她母亲:"为什么不选择姿禀秾粹的人来帮助游赏圣情,排遣烦虑,何必去宠幸那些市井无赖之徒,为千秋万世所讥笑呢?"武则天颇为感慨地答道:"你讲的确实不错,前些时候苏丞相打薛怀义的嘴巴,就是欺侮他是市井小人啊!假如是公卿子弟通晓文墨的,南衙又岂敢随便侮辱他!"于是太平公主就趁机把自己的情人、太宗时凤阁侍郎(相当于宰相)张九成的儿子张昌宗推荐给武则天,先是夸赞张年近弱冠,玉貌雪肤,眉目如画,身体是通体雪艳,瘦不露骨,丰不垂腴,接着悄悄地描述床笫之间的旖旎风光:那味道就像南海的鲜荔枝,入口光嫩异常,婉转如人意,使人神飞魄荡。说得武则天心花怒放,便把被人称为"面如莲花"的张昌宗纳为男侍。张昌宗又引进其兄张易之,一同入宫侍奉武则天。张氏兄弟"俱侍宫中,皆傅粉施朱,衣锦绣服,俱承辟阳之宠……每因宴集,则令潮戏公卿以为笑乐。若内殿曲宴,则二张诸武侍坐,樗蒲笑谑,赐与无算"。这就是骆宾王檄文中所指的"洎乎晚节,秽乱春宫"之事,这在《旧唐书·外篇列传》中也有记述,当时武则天已经是七十多岁的老太婆了。武则天不光自己与张氏兄弟昏天黑地胡搞,还替二张的母亲牵线搭桥找情人。而此时的薛怀义,因到处张扬武则天的私事,在武则天授意下,终被太平公主率人缢杀。

武则天以为张氏兄弟是公卿之后、世家子弟,大臣们该没人说闲话了,但忠心耿耿的内史狄仁杰偏偏不买账。狄仁杰先前就曾力谏武则天撤除秽乱深宫的"控鹤监",现在又梗着脖子对武则天说:"昔臣请撤'控鹤监',不在虚名而在实际，今'控鹤监'之名虽已除去，但二张仍在陛下左右，实在有累皇上的盛名。皇上志在千秋，留此污点，殊为可惜，愿罢去二张，离他们越远越好。"右补阙朱敬也劝谏武则天："志不可满，乐不可极。嗜欲之情，愚智皆同，贤者能节之，不使过度，则前贤格言也……"

武则天煞有介事地解释道："我嬖幸二张，实乃为了修养身体。我过去躬奉先帝，生育过繁，血气衰耗已竭，因而病魔时相缠绕，虽然经常服食参茸之类的补剂，但效果不大。沈南璆告诉我：'血气之衰，非药石所能为力，只有采取元阳，以培根本，才能阴阳合而血气充足。'我原也以为这话虚妄，试行了一下，不久血气渐旺，精神渐充，这绝不是骗你的，我有两个牙齿重新长出来就是证明。"狄仁杰一时无话可说，只得顺着台阶就势而下："游养圣躬，也宜调节适度，恣情纵欲，适足贻害，希望陛下到此为止，以后不能再加添男侍了。"朝堂之上，君臣之间竟讨论起男侍的事情，真是千古少见。不过，武则天晚年因保养得法，年高而不衰，却也是事实，她还为此将专门下诏改元为"长寿"呢。

神龙元年（705），宰相张柬之等五位大臣趁武则天病重，在玄武门发难，迎太子李哲斩关而入，斩杀张易之、张昌宗兄弟，逼令武则天退位，把皇位传给李哲，即唐中宗。这年冬天，武则天病死。她以皇后身份预政24年，以太后身份临朝称制7年，称帝15年，前后共掌政46年。她死后谥号"大圣则天皇后"，以高宗皇后的名义和高宗埋在一起，故后人称她为武则天。

清朝著名史学家赵翼在《廿二史札记》中说："人主富有四海，妃嫔动千百，后既为女王，而所宠幸不过数人，固亦未足深怪，故后初不以为讳，而且不必讳也。"意即历代皇帝都可以嫔妃成群，而武则天身为女皇，宠幸的男侍前后不过数人，即使与历史上不荒淫的皇帝相比，也是少之又少，没什么好指责的。应该说，这算是比较公正的评论。

武则天具有治国才能，统治了数百万臣民，成为中国历史上空前绝后的女皇帝，当然便有足够的理由去追求奢华生活，她要的是和男性皇帝平等的情爱。另外，这也和当时的社会风气开放有很大关系。唐代时理学尚未盛行，封建礼教还没有完全建立，两性关系并不像后世那么禁锢与封闭，有些后人认为荒淫无耻的事情，当时人可能并不以为耻。例如，当时像韦后和太平、高阳、襄阳、安乐、郜国、永嘉等公主以及上官婉儿等人，在私生活方面都非常放纵，畜养着一群男宠。因此，我们在谈论武则天宠幸男侍时，应该更加客观地将她放在当时的环境中来评判。

太平公主悲剧一生之谜

电视连续剧《大明宫词》描写了太平公主和武则天母女二人的亲情和斗争，爱恨情仇交织在一起，着实缠绵悱恻。历史上的太平公主其实是个悲剧人物，她美貌、聪敏，很有政治智慧，差一点成为"武则天第二"，然而非但没能步她母亲的后尘，反而落得个悬梁自尽的结局。

太平公主是历史上赫赫有名的人物，她差一点就步母亲的后尘，成为"武则天第二"。她是唐高宗李治和武则天的小女儿，上面有四个哥哥，其中三哥李显即后来的唐中宗，四哥李旦即后来的唐睿宗。武则天曾说太平公主"类己"，这里面有两层含义，一是说女儿长得像自己，二是说女儿的性格爱好与自己类似。太平公主"多权略"，喜爱政治，这与武则天非常相像，她在武则天晚年将张昌宗介绍给母亲作男宠，这种情趣也与武则天不谋而合。

太平公主幼时常到姥姥杨氏家去。当时表哥贺兰敏之因和杨氏私通，也常在姥姥家。《旧唐书·贺兰敏之传》说："时太平公主尚幼，往来荣国（指武则天母亲杨氏）之家，宫人侍行，又尝为敏之所逼。俄而奸污事发，配流雷州，行至韶州，以马缰自缢而死。"即太平公主曾受到表哥的强奸，武则天可以容忍外甥与自己的母亲私通，但不能容忍他奸污自己钟爱的小女儿，因此武则天毫不客气地除掉了贺兰敏之。此时的太平公主大约年仅8岁，这一伤害对她的影响可想而知，在以后的岁月中，太平公主私生活上的混乱既来自家族和社会风气的影响，也与她幼时的经历不无关系。

太平公主的一生并不太平，她更多的是作为一个政治人物活跃在历史舞台上的。她一生参与了三次重大的政治斗争，并且卷入的程度一次比一次深，所起的作用也一次比一次更大。

早在武则天执政时期，太平公主就对皇朝政务很感兴趣，常常"预谋议"，但武则天没有允许她公开从政。到了武则天晚期，为了除掉给自己制造麻烦的男宠薛怀义，武则天曾借助太平公主之手，她"密诏太平公主择健妇缚之殿中，命建昌王武攸宁、将作大匠宗晋卿率壮士击杀之，以畚车载尸还白马寺"。太平公主虽参与了这件事，但抛头露面的是别人，从这件事情中也可以看出太平公主非常精明，她只在幕后谋议，而不公开出面参政。这种做事方法可能是因为武则天的干预，使她无法充分地展示身手，但也很可能是出自太平公主本人的政治智慧。太平公主不但秉承了母亲的睿智与美貌，同时也继承了母亲刚毅果断的政治才能，她辅助武则天成为中国历史上唯一的女皇，还推动废除噩梦般的酷吏制度，为此武则天封她为监国大公主。

太平公主参与的第一次重大政治斗争是张柬之等起兵诛杀张易之、张昌宗兄弟。武则天晚年，二张倚仗武则天的宠爱，无法无天，大有顺之者昌、逆之者亡之势。武则天长安元年（701），张氏兄弟将邵王李重润、其妹永泰郡主、妹夫魏王武延基下狱逼死，这不仅得罪了李氏，也得罪了武氏，迫使他们联合起来反对二张。神龙元年（705），宰相张柬之联合右羽林卫大将军李多祚起兵诛杀二张，逼迫武则天让位于中宗，还政于李唐。太平公主也参与了这次斗争，但只是"预诛张易之谋"，并没有什么实际行动，后来她被封为"镇国太平公主"。后人分析太平公主参与此事的动机可能有两个：其一是她作为李氏女、武氏媳，不能容忍张氏兄弟掌权；再一个可能是私人原因，即张昌宗诬陷她的情人高戬，把高戬投入了监狱。

唐中宗即位后，皇后韦氏想效仿武则天，不断拉帮结伙，图谋干政。这时太平公主也从后台走到前台，神龙二年，她开府置官属，并建立起自己的势力集团，发展到与安乐公主"各树朋党，更相谮毁"。由此，太平公主及其四哥相王（即后来的唐睿宗）、相王之子李隆基都成了韦后和安乐公主图谋掌权的最大障碍。景龙四年（710），韦后与女儿安乐公主合谋毒死了唐中宗，立温王李重茂为皇帝，自己临朝摄政，并密谋害死小皇帝，除去相王和太平公主，革掉唐朝之命。在这种情况下，李隆基联合万骑果毅陈玄礼等起兵，杀死了韦后和安乐公主，拥立相王即位，为唐睿宗。在这次斗争中，太平公主态度积极，不仅参与了事先的谋议，而且派儿子薛崇简直接参加了行动。这其中的道理也很简单，即太平公主可以让李氏掌权，也可以让武氏掌权，就是不能允许韦氏占有天下。太平公主在这次斗争中还起了一个重要作用，即在处理小皇帝的问题上，是她出面将小皇帝从御座上提下来，让四哥李旦坐上了帝位。

太平公主参加的第三次政治斗争则是她与太子李隆基之间的斗争。唐睿宗面临的政治焦点，是唐睿宗联合太平公主要保皇位，而太子李隆基要争皇位，唐睿宗、太平公主为了保皇位，就必须抑制太子李隆基的势力。为此，太平公主极想选一个弱小者为太子，于是制造种种事端意图废掉李隆基。她不仅造舆论说李隆基不是长子，不该立为太子，甚至要求宰相出面将太子换掉。一次，唐睿宗召宰相韦安石，说他担心大臣都心向太子，韦安石当即反驳道："此必太平之计。"当时，"太平于帘中窃听之"，顿时火冒三丈，立即想将韦安石治罪下狱。再到后来，"宰相七人，五出公主门"，朝廷内外只闻有太平公主，不闻有太子，左右羽林将军也都投靠了公主。先天二年（713），太平公主准备以羽林兵、南衙兵起兵，一举除掉李隆基。在这种情况下，李隆基先发制人，首先诱杀左右羽林将军，然后迅速除掉了参与阴谋的宰相。太平公主本人逃入山寺，"三日乃出，赐死于第"，用李隆基赐给的一尺白绫，于大明宫内悬梁自尽，绝望地离开了人世。

太平公主的血管里流动着极不安分的母亲的血液，她从小骄横放纵，长大后野心勃勃地觊觎高高在上的皇位，梦想有朝一日像母亲一样君临天下。然而，正如一位先哲所预言的，历史往往会发生惊人的重复，但如果第一次是以喜剧面目出现，第二次则以悲剧结局告终。太平公主纵横捭阖，最后以悲剧了结的一生，仿佛为这句预言做了一个最好的注解。她的失败，除了有她因过分注重情感使其难以应付冷酷险恶的政治斗争的一面外，其实也是历史的必然。

　　首先，太平公主的生活非常奢侈，她家中有男女仆人千人，"田园遍于近甸膏腴"，享受着一万户户丁交纳的租税，每年聚敛的财产可敌国家收入的一至二成，因此招致无数人的反对。太平公主后来的失败，与她骄奢淫逸、暴敛财物有着很大的关系。其次是因为太平公主政治腐败。唐中宗时，后宫一批女人干预政治，破坏任人制度，大搞权钱交易，通过"打条子"封授了一大批"斜封官"，即花钱走后门买来的官员。睿宗即位后废止了这一做法，但不久在太平公主的干预下，又恢复了"斜封墨敕"。这种腐败政治自然难得人心，所以当时便有"姚宋为相，邪不如正；太平用事，正不如邪"的说法。还有，自从武则天篡位称帝以后，人们对女人干预政治有一种本能的警惕，在这种背景下，任何女人干政的企图都不会得逞的。所以说，太平公主注定难以摆脱悲剧人物的命运。

杨贵妃荒淫之谜

　　杨贵妃和唐明皇的一场另类爱情，导致了大唐王朝从鼎盛走向衰落，后人遂将这一切罪过归向了杨贵妃。红颜祸水，很多古人坚信亘古不变的这一道理。而且人们还发现杨贵妃是个淫妇，她和安禄山之间有着特殊的关系。在一首据说是李白的诗中，杨贵妃被比作妲己、褒姒、汉祖吕后、秦皇太后和赵飞燕。

　　唐玄宗多内宠，即帝位后专宠武惠妃。武惠妃病死，玄宗思念武惠妃，视后宫三千嫔妃中没有一个中意的。有人说寿王妃杨氏美艳绝代，唐玄宗看见后大为爱悦，就说王妃自己要求，入寺观为女道士，号称"太真"。随即他为寿王另娶了一位妻子，暗中将杨太真接入宫中。

　　杨妃是隋朝梁郡通守杨汪的四世孙。自幼丧父，在叔父家养大。杨妃入宫后，深得玄宗宠爱。她善歌舞，通晓音律，而且聪颖机智，善于迎合玄宗心意，所以得到专房之宠，有皇后之待遇。其兄妹也贵盛起来，冠绝一时，杨妃的三个姐姐可以随意出入宫廷见玄宗，连睿宗女玉真公主也不敢和她们并起并坐。杨氏姐妹奢侈豪华，十分惊人。

自有了杨妃后，唐玄宗就纵情声色，追求享受起来，军政大事交付宰相处理，自己怠于政事。到了天宝后期，政乱刑淫，社会矛盾激化。平卢、范阳、河东三镇节度使安禄山看到玄宗春秋渐高，不理政事，纲纪废毁，遂罗致了一大批文臣武将，于范阳筑造雄武城，贮藏了大量兵器，又从少数民族中精选了8000强健者作为假子。天宝十四载（755）十一月九日，安禄山率领十余万大军南下，以诛杨国忠为名，发动了武装叛乱。

"渔阳鼙鼓动地来，惊破霓裳羽衣曲。"大梦中初醒的玄宗组织不起有效的抵抗，只能仓皇向蜀中逃窜，使唐朝的半壁河山陷入了兵荒马乱之中。"国破山河在，城春草木深"，繁盛的都市变成了废墟，社会经济遭到了严重的破坏。大唐帝国从此由盛变衰。

安史之乱中，杨贵妃的确是有不能推卸的责任。不过古代史书中出现了一个问题，有很多人把安史之乱全推到杨贵妃身上，认为是他惑乱了玄宗才导致了这一切。一些人甚至把杨贵妃与夏末的妹喜、商末的妲己、周末的褒姒并列，认为这几个美女都是祸国殃民的源头。宋代乐史的小说《杨太真外传》上，把杨贵妃过分受宠及其亲属过分受恩，以及得到超常地位后的越轨行为都作了详细的描述。杨贵妃和唐玄宗对安史之乱果然都有责任，但用今天眼光来看，主要责任当然在玄宗身上。不能把男性喜爱女性当作一种罪恶，更不能把女性长得艳丽漂亮作为一种罪过。

不过，把杨贵妃作为安史之乱"祸水"的人却是有一定依据的，因为他们认为杨贵妃曾经和安禄山私通，是一个淫妇。李白曾作过一首《雪谗诗赠友人》，内中说到："妲己灭纣，褒女惑周，天维荡覆，职此之由。汉祖吕氏，食其在旁；秦皇太后，毐亦淫荒。"宋代一些人根据这首诗，认为李白在在揭露杨贵妃的淫荡。

宋人有个叫洪迈的人，在他的《容斋随笔》中是这样说的："李太白以布衣入翰林，既而不得官，唐史言高力士以脱靴为耻，摘其诗以激杨贵妃，为妃所沮止。今集中有《雪谗诗》一章，大率言妇人淫乱败国。"他又说："余味此诗，岂非贵妃与禄山淫乱，而太白曾发其奸？不然，则飞燕在昭阳之句何足深怨也！"

杨贵妃和安禄山有什么关系？安禄山原为平卢节度使。每次朝廷派使者到平卢巡视，他就进行贿赂，连使者身边的人也厚给金帛。得到好处的官员回到朝廷，在皇帝面前拼命地夸奖他，玄宗信以为真，让他兼任范阳节度使。安禄山骗一些契丹人来喝酒，喝醉后把人家的脑袋砍下来送到朝廷，说是战场上斩获的，使玄宗觉得他很会打仗。安禄山知道玄宗宠爱杨贵妃，就到处搜罗奇禽异兽，珍宝玩物，派人送到皇宫。每次见到杨贵妃，尽管比杨贵妃大十多岁，却厚着脸皮要做她的干儿子。见到杨贵妃和玄宗在一起的时候，他总是先拜杨贵妃，后拜玄宗。玄宗问他为什么不先拜皇帝？他说："我们胡人都是先母后父的。"杨贵妃听了十分高兴。安禄山生日，杨贵妃和玄宗送给这位干儿子大量的衣服器物。三天后，杨贵妃又召安禄山进宫，要为他做洗儿礼。于是宫女们用锦绣做了一个大襁褓，把安禄山包起来，用彩车抬着走。安禄山丑态百出，宫中一片嬉戏欢笑声。就这样玄宗允许安禄山随便出入宫中，宫人们都和他混得很熟，亲热地称他为"禄儿"。不久，玄宗把河东节度也给了安禄山，使他身兼三镇，控制了唐朝北方边境大部分地区。这里，无论是正史还是杂史笔记，似乎都很少提到杨贵妃和安禄山之间有什么淫秽的关系，只看到安禄山为了骗到三镇节度在低头哈腰地装人家的儿子。

不过宋朝人根据李白的诗认为这里面真有问题。刘克庄《后山诗话》说："史言明皇欲官太白，为妃所沮。余观飞燕在昭阳之语不足深憾。《雪谗诗》自序甚详。略云：'汉祖吕氏，食其在帝。秦皇太后，毐亦淫荒。'时妃以禄儿为儿，史云宫中有丑声，而白肆言无忌着此。他人于玉环事皆微婉其词，如云：'养在深宫人不识，'又云'薛王沉醉寿王醒'，又云'不从金舆惟寿王'。白独倡言之，可见刚肠疾恶，坡公疑其以此名怨力士，因借此以报脱靴之辱。岂飞燕之句能为祟哉？"宋朝人认为李白作诗是针对了杨贵妃和安禄山之间的私情。

至清朝，赵翼在《瓯北诗话》中怀疑这首诗不是李白所作，他认为李白胸怀磊落，不屑于个人恩怨，不可能对这件事诽谤的。

当代人瞿蜕园、朱金城为李白诗作校注时认为如果李白此诗作于在长安时或出长安后，在杨妃势盛的时候不可能写诗雪谗的。如果作于杨氏已败之后，那么此诗就没有必要写了。而且此诗"语浅而庸，不与李诗风格相类"。他们认为此诗不是刺淫乱败国。

郭沫若在《李白与杜甫》中指出，前人认为李白骂的是杨贵妃实是"异解"。诗中提到妲己、褒姒、吕后、秦始皇的母亲，但转语是"万岁尚尔，匹夫何伤？"是侧重在"匹夫"，而非侧重在皇室。他认为李白的妻子刘氏和李白离异后，向李白的友人到处搬弄是非，所以李白要雪谗自辩。

一些人认为安禄山的升迁与被信宠与杨妃无关。天宝元年杨妃专宠时，李白于天宝三载离京东去，而这时杨妃还没有认识安禄山。直到天宝六载，安禄山才与杨妃相识。天宝九载杨贵妃忤旨，送归外第。玄宗让中使张韬光赐御馔，杨妃边哭边说："妾忤圣颜，罪当万死。衣服之外，皆圣恩所赐，无可遗留，而发肤是父母所有。"于是用剪刀剪下一缕头发，让中使献给玄宗。玄宗看后，十分"惊惋"，遂让高力士召杨妃回宫。杨妃和玄宗的关系当时处在这样一种境地，杨妃怎么可能有其他的恋情？而玄宗能忍受杨妃有这样的恋情？

史书记载安禄山和杨妃相见，只有天宝六载正月和天宝九载十月两次。李白这个时候与宗氏结婚，离开了长安，很少知道朝廷的事情，即使知道，也是过了很长时间之后的小道消息。宫闱秘事，本来外面就很少传闻，如果辗转传到他人的耳朵，肯定已是很长时间了。李白诗中说"五十知

杨贵妃

非"，知李白作诗时是50岁，在安禄山第二次入朝前，所以此诗与安禄山和杨妃没有任何关系。

安禄山拜杨贵妃为母，本意在固宠而暗藏祸心，故乘入宫之机，做出种种怪相，以博取欢心，而宫内全是女性，所以见到禄山躯体肥胖，腹垂过膝，体重300余斤，外若痴直，如此丑怪模样，令人大笑不止。倘两人果真有私，宫中耳目众多，无从隐蔽，左右供奉伺候周到，严密如此，何敢妄为？

持这种观点者认为，野史捕风捉影，无中生有，人人乐闻隐私，谰言因而泛滥。史传采之，本失严谨，讹传既广，附会滋多，遂使千百年来，杨妃地下蒙垢，而人莫之白也。

照笔者看来，《雪谗诗赠友人》是否为李白所作，仍然是个悬而未解的问题。如果承认为李白所作，那李白讲的什么意思恐怕后人在理解上也还不能统一。如此，关于杨妃是否荒淫的确很难说"是"还是"不是"。

宋太祖赵匡胤暴崩之谜

宋太祖赵匡胤不愧为乱世枭雄，他纵横天下，终于创建了大宋王朝。然而，他最后却死得不明不白，正史的记载语焉不详，野史的记述又像一部惊险推理小说，使得历史上留下一件"烛光斧影"的疑案。

宋太祖赵匡胤原是后周的殿前都点检，只能算是个不大不小的官儿。建隆元年（960），赵匡胤率兵出征时，于陈桥驿（今河南开封东北陈桥镇）发动兵变，"黄袍加身"，夺取后周政权，并在开封自己称帝，建立了宋朝，史称北宋。随后他采取各个击破的战略，纵横天下，先后攻灭荆南、后蜀、南汉、南唐等割据政权，除北汉之外，基本统一了十国，并巩固了中央集权统治。

开宝九年（976）十月二十日夜里，赵匡胤突然暴崩于万岁殿，次日天亮，其弟赵光义继皇帝位，是为宋太宗。关于赵匡胤的死，《宋史》的记载语焉不详，只有寥寥几笔，结果留下一个"烛光斧影"的谜案。而野史《湘山野录》则较为详细地描述了赵匡胤临死时的情形。十九日晚，忽然平地起风雷，阴霾密布，雪雹骤降，宋太祖赵匡胤心中顿感不祥。他从太清阁上下来，传令守宫的太监速召晋王赵光义入宫，当时已是深夜，晋王入宫后即被延入寝殿。太祖将所有人都屏之门外，与晋王斟酒对饮。侍者听不见他们密议的内容，只能透过寝殿的窗棂，看到两人的身影。只见烛光之下，晋王时不时离席起身，似乎在辞让什么。大约禁漏三鼓时分，太祖饮下一杯酒后，拿起柱斧，挥了一下，像是朝什么东西戳击，然后回身对晋王大声说道："好做！好做！"说罢，便解带就寝，很快寝殿中就传出如雷的鼾声。到了五鼓时，寝殿内忽然变得寂然无声了，此时人们才发现太祖已经崩逝，他的头上、身体上大汗淋漓，像刚刚洗了澡似的，好像有中毒的迹象。天亮后，晋王赵光义即位登上了皇帝宝座。

根据这段描述，赵匡胤似乎是死于其弟赵光义之手。然而，《续资治通鉴》的记载却是这样的：

开宝九年十月十九日，晋王应太祖召见入宫议事，一直到晚上才退出。二十日深夜，太祖阖然去世，而在此之前，太祖已经患病颇重。太祖去世后，不知是皇后自己作主张还是太祖生前的遗命，皇后命内侍王继恩召皇次子德芳进宫，言下之意就是要让德芳在皇帝灵前继位。但是王继恩并没有遵照皇后命令去召德芳，而是径直来到了晋王府，因为他知道太祖生前就决定传位于晋王赵光义。赵光义闻知皇帝驾崩，犹豫不定，没有进宫的意思。王继恩催促道："延误太久，会被人夺去天下的！"赵光义这才动身进宫。来到值班房门口，王继恩对赵光义说：王爷且在此稍候片刻，待我进去禀报。一同前来的卫官程德元却道："还等什么，直接进去！"于是一行人直奔寝殿。皇后见王继恩回到宫里，急问："德芳来了吗？"回答却是："晋王来了。"皇后见此情形，先是惊愕，随即什么都明白了，她对赵光义哀求道："我们母子的性命都托给你了。"赵光义含着眼泪回答："共保富贵，不必担心。"等天一亮，赵光义便继承了皇位。

宋太祖赵匡胤

从以上的记载中，看不到赵光义加害赵匡胤的直接"罪证"。两相对照，使人如坠云里雾中，弄不清楚究竟是怎么回事情，正如俗语所说：天道玄远。许多事情是说不清楚的。

另据《宋史》说，赵匡胤有两个兄弟在世，一个是晋王赵光义，另一个是后来任开封府尹的赵光美，兄弟之间手足情深，赵匡胤尤其对光义关爱至极。赵匡胤的母亲杜太后非常精明，她鉴于前朝的历史教训，病逝前嘱咐赵匡胤：世宗（柴荣）因为立年幼之子为皇帝，才使得赵家夺得后周的天下，如果世宗立一个年长的皇帝，天下哪会到你手里？你百岁以后就传位给弟弟，不要传给年幼的儿子！赵匡胤品性孝友，不敢违背母命，他顿首道：一定遵命。老臣赵普在场，按照杜太后之嘱，在榻前写下誓约书。内容是：赵匡胤死后传位给光义，光义死后传位给光美，光美死后再传给赵匡胤的长子德昭。赵匡胤忠实地遵循太后的既定方针，封光义为晋王，并且不时向身边的近臣们灌输："晋王龙行虎步，乃太平天子，福德我所不及也。"赵匡胤自己的两个儿子却没有封任何王爵，明显是逐步树立赵光义的地位和威信，扶掖其继位的做法，对此赵光义自己也心知肚明。

如此却让后人不得不疑云丛生：假如赵匡胤确实到临死时一直有心传位给赵光义的话，为什么不按照正规的仪式立光义为皇太弟，以便无论何时自己发生意外，赵光义都能顺理成章地继承皇位？既然赵光义迟早要继位当皇帝，怎么会忍心加害亲哥哥，迫不及待地篡位呢？真的是他害死了赵匡胤？又是如何害死的？因为《湘山野录》中也没有说明赵匡胤到底是怎么死的，按照《宋史》的说法，如果是太祖临终时嘱咐皇后召晋王入宫继位，而皇后私自篡改太祖遗命，意图让自己的儿子继位的话，为什么不召自己的亲生儿子德昭，而要召非亲生的德芳呢？这于理说不通呀。莫非这是赵匡胤临终时的意思？还有，假如说赵光义没有谋害太祖，那么接下来的一连串事情又该如何解释：宋太宗即位后，将年号改为"太平兴国"，这应是开国皇帝而非守成皇帝的年号，难道太宗真有篡位篡国之意？在他即位之后不久，太祖的皇长子德昭即自杀，皇次子德芳夭亡，太宗之弟光美因试图谋害太宗而被拘，后惶惶不可终日，以至忧悸而死。直到今天，这些都是解不开的谜。

说到赵匡胤之死，历史上还有一个奇妙的传说。赵匡胤灭后蜀之后，生擒了后蜀皇帝孟昶及其夫人花蕊夫人。赵匡胤早就仰慕花蕊夫人的"冰肌玉骨"和才华，便将她纳为自己的贵妃。花蕊夫人曾请人画了一幅画挂在房内，画中一男子挽弓射箭。当时有人告发画中男子极像孟昶，表明花蕊夫人心怀二想，念念不忘前夫，而她则辩解说这是张送子神仙的画像。后来有一次，花蕊夫人随赵匡胤狩猎时，被人从身后一箭射死，这个人就是太祖的弟弟赵光义。于是，后人就在这画上做起了文章，说花蕊夫人其实是在暗示赵匡胤，自己将会被人用弓箭射死，而这个人有朝一日将会弑君。然而，这样的"暗示"不要说赵匡胤不懂，就是我们也百思不得其解。

宋仁宗"狸猫换太子"之谜

民间传说，北宋仁宗赵祯本是其父真宗赵恒的宫女李氏所生，被皇后用"狸猫换太子"之计，将赵祯换掉。多年以后，幸亏龙图阁大学士包公断案如神，才使皇帝生身之谜真相大白。然而这段离奇的"狸猫换太子"故事虽然凄婉动人，却是文人杜撰出来的。

关于这段宫闱秘史，在旧时的戏曲和小说、话本中有多个版本，但故事的主线基本是一致的。豫剧及闽南语歌仔戏里称作《狸猫换太子》，京剧名为《打龙袍》，话本则名为《宋宫怨》。

创作于二十世纪二十年代末的系列开篇《狸猫换太子》中的情节是这样的：宋真宗时，后宫李妃生太子，刘妃以狸猫调换，并命宫女寇珠将太子装在化妆盒内抛入御花园池中，寇珠手捧妆盒，心中忐忑不安，忽闻小儿啼哭，终不忍将他残害。清朝石玉昆编著的公案小说《三侠五义》中也记述道：宋真宗赵恒中年无嗣，时刘、李二妃同时怀孕，赵恒传旨，谁先生儿子，便立谁为皇后。刘妃为争当皇后，与内侍郭槐定下毒计，在李妃生子时，用一只剥皮的狸猫将小孩换下来，然后诬陷李妃产下妖孽。真宗遂将李妃贬入冷宫。太监冒死救下太子，后由八贤王抚养成人。京剧《打龙袍》则叙述包拯奉旨陈州放粮，在一处破窑前被一双目失明的老妇拦住告状，历数当年宫闱秘事。包拯细心推求，方知她原来是宋真宗之妃李宸妃，当朝天子宋仁宗之母。包拯把她带回京城，设计以元宵观灯为名请宋仁宗前往午门，用灯戏故事旁敲侧击，然仁宗不明真情。王延龄请来老太监陈琳说破当年"狸猫换太子"、刘妃害李妃的实情。仁宗始醒悟，立即将李妃隆重迎接回宫，尊为太后。李妃眼疾治愈后，对包拯加以升赏，并痛斥赵祯不孝，命包拯将其杖责。包拯因顾忌臣不能打君，乃请仁宗脱下龙袍，以打龙袍替代责罚。

宋仁宗赵祯

其实，所有这一切都是旧时文人凭借想象创作出来的，寻根究底，都是从《宋史·李宸妃传》中关于宋仁宗生母李宸妃不敢认子的一段记载演变而来的。宋仁宗的身世确实迷离曲折，他不是刘太后亲生，生母也的确是李宸妃，不过用剥皮狸猫换太子的离奇情节，却是文人为了增强艺术感染力而虚构出来的。而且事情的来龙去脉最后是仁宗自己查明的，与包公也没有任何关系，因为包拯以龙图阁大学士知开封府是在这二十多年之后的事情，刘太后当政的时候，他还没出道呢。

宋真宗一直没有儿子，当时已经准备将侄子濮王赵允让过继入宫，迎立为太子。而李氏怀孕产下了赵祯，令真宗非常高兴，李氏因此被封为"才人"，后来又晋封为"婉仪"、"顺容"。刘皇后自己无子，见李妃生下太子，羡慕不已，她仗着自己皇后的地位，就抢了这个孩子，留在身边当自己亲生的儿子抚养，并且严禁宫里任何人泄露赵祯是李妃所生的事实。李妃本是刘皇后的宫女，虽因生子而封为妃嫔，但毕竟不敢跟她相争，只好眼睁睁地看着自己亲生儿子把刘皇后当生母而不得不忍气吞声。

乾兴元年（1022），宋真宗病死，太子赵祯继位，即宋仁宗，当时他才13岁，由刘太后垂帘听政。而他的生母李氏则被打入冷宫，眼看自己的儿子登基当了皇帝，却连跟他单独见面说句话的机会都没有，最后于天圣九年（1031）孤寂而死，刘太后下令以妃嫔之礼为她治丧。

宰相吕夷简听说此事后，请求单独面见太后。他直截了当地向太后说："臣听说，后宫死了一个妃子。"

刘太后一听，脸上顿时变色，她冷冷地说道："后宫死了一个妃子，有什么大惊小怪的？这是皇帝家的家事，与宰相何干？"

吕夷简严肃地说："皇帝的家事，就是国事！我作为宰相不能置身事外。"

刘太后发怒地说："你是想借此挑拨我们母子离心吗？"

吕夷简回答："臣不敢。臣只是提醒太后，陛下已经长大了，如果有朝一日他听说了什么事，那后果太后想过没有？"

刘太后一震，心想，现在仁宗并不知道自己的生母是李宸妃，一旦将来自己死去，仁宗得知了实情，痛感自己的生身母亲在生前死后都没有得到应有的待遇，一定会怨恨自己，肯定还会迁怒于刘氏后裔。于是刘太后吩咐以一品礼安葬李宸妃。吕夷简又建议使用水银宝棺，将李宸妃的尸身保留完整，以防有朝一日皇帝开棺验尸，并暗中吩咐内侍，给李宸妃穿上皇后服饰入殓，放进大相国寺的井里。

过了一年，刘太后也去世了。宋仁宗从小由刘太后抚养，同刘太后感情很深，因此刘太后的死让他非常伤心，他终日守在灵前，茶饭不思，大臣们都非常担忧皇帝的龙体安康。

他的叔父燕王赵元俨忍不住发话了："你这是做什么？又不是死了亲娘！"

宋仁宗闻听此话大惊失色，他抬起头来问："皇叔说什么？我不是母后亲生的？那我又是谁生的呢？"

赵元俨说："你是李宸妃所生，刘太后所养。"

仁宗心中起了疑念：会不会是刘太后害死了他的生母？于是立刻下令调查，同时派军队将刘太后娘亲的府第包围起来。显然，如果查明他的生母李氏真是被刘太后所害，他就要拿刘太后家族抵命报仇了。

这时宰相吕夷简站出来说道："李宸妃的凤棺现在大相国寺井中，请陛下开棺验看！"

棺木很快被吊了上来，打开棺盖，只见李宸妃面目如生，十分安详，没有毒杀、残害或者虐待的迹象，而且身上穿着后服，头上戴着后冠。虽然她生前并没有享得应有的尊荣，身后却是以皇后之礼入殓的。这时，吕夷简又不失时机地说出一番公道话："太后虽有不义之事，但以皇后礼仪厚葬宸妃，表明她已有自悔之心；刘虽非生母，但对陛下仍有抚育之情，不可忘。"真相大白，仁宗撤除了对刘氏家族的包围，并来到刘太后灵前向其请罪。为了弥补他对生母的愧疚之情，他一方面追尊李宸妃为皇太后，另一方面下令擢升李太后的弟弟李用和，并将福康公主下嫁给李用和的儿子李玮。

在小说与戏剧故事中，李宸妃的地位很高，堪足与刘妃争后位，所以才有"狸猫换太子"事件发生。事实上，刘氏是真宗在太子时就宠爱的美人，后两个皇后先后死去，便被扶正当了皇后。而李氏当时只是刘后的宫女，即使偶然承恩生下太子，但仍不及杨淑妃和沈贵妃受宠，更不可能与刘后抗衡，"宸妃"的位号还是她病重时，由刘太后特别加封的。

在历史上，刘太后可算是一位贤明的太后。她以太后身份垂帘听政之初，就对执政的重臣们说："为了先帝的大丧，你们都辛苦了。你们可以把亲属的名单开来，以后有机会，我也好回报。"群臣于是纷纷开了名单交给她。刘太后把这份名单贴在寝宫墙上，在大臣保举任命官员的时候，先对一下名单，看是不是这些大臣的亲属。如果是，她就另外选派，这样就避免了朝臣营私结党，培养家族势力。

曾有人上书建议她依照唐朝武后的故事，立刘氏宗庙，并有人献"武后临朝图",暗示她不妨效法。刘太后看了,生气地把奏书丢在地上,严正地说:"我不会做这样对不起祖宗的事!"在她垂帘期间,百姓安乐,天下太平,而由她一手调教出来的宋仁宗在位40余年,也是国泰民安,后人对其评价甚高。其实,这里面也不能忘了刘太后的功劳。

宋高宗禅位之谜

宋太祖在斧声烛影中不明不白地死去,当时天下就传言"太祖之后,当再有天下"。100余年后的南宋高宗果然绝后,且其近亲后裔大都已被金兵掳去,只得"广选艺祖之后宗子"。最让人百思不得其解的是:高宗居然在身体还相当强健的56岁盛年,主动让位给太祖之后的孝宗,这在中国数千年的历史上绝对是罕见的。

靖康之难,金军押解了二帝及宋宫"妻孥三千余人,宗室男妇四千余人,贵戚男妇五千余人,诸色目三千余人,教坊三千余人"等北还,其中就包括赵构康王府的三位有名位的妻妾和五个女儿,其正妻邢氏已有身孕,结果在北迁的路上"以坠马损胎"。唯有妾潘氏也已妊娠,因无名位,住在开封自己家中,独得躲过这一劫,后回到赵构身边。赵构即位一个多月之时,即建炎元年(1127)六月,其子赵旉降生,潘氏也晋立为贤妃。

建炎三年(1129),武将苗傅和刘正彦在杭州发动兵变,逼迫高宗逊位,立他的3岁幼子为帝。后韩世忠统兵历时一个月平定了叛乱,处苗、刘以磔刑。然而此事变最严重的后果是:赵构在此次事变中受惊吓而从此阳痿,才23岁就丧失了生育能力。不久,3岁太子也受惊吓而离开人世。在潘贤妃妊娠期间,正值金军破开封府前后,她成天提心吊胆,生活艰难,故所生之子先天不足,体弱多病。据说七月间一天,赵旉患病时,恰有一宫女,不惧踢翻了一只鼎,"仆地有声,太子即惊搐不止"。高宗大怒,"命斩宫人于庑下",然而仅过片刻,赵旉就停止了呼吸。两件事发生于同年,如此巧合,莫非天意。

而这时,年近60的隆祐皇太后孟氏,突然"尝感异梦",梦见太祖赵匡胤说:"只有把皇位传给我的子孙,国势才能有一线转机。"太后自24岁时被宋哲宗废黜,长期过着痛苦的幽居生活,不过也由此而没有被金兵北掳,也算不幸中的大幸,此时看到宋廷所遭劫难也时有所思,于是"密为高宗言之,高宗大悟"。

在这样的形势之下,高宗也知道自己恐无希望

宋高宗赵构

秦桧

有子嗣了，不如顺水推舟，便说："太祖以神武定天下，子孙不得享之，遭时多艰，零落可悯。朕若不法仁宗，为天下计，何以慰在天之灵。"（《宋史·孝宗纪》）于是同意"广选艺祖之后宗子"比自己低一辈者。

选太祖后裔比赵构低一辈者，就是在其"伯"字辈的宗室子弟中访求。据说太祖后裔香火还特别旺盛，其"伯"字辈约有1600人，当然朝廷只从7岁以下儿童中遴选。最后选出儿童10人，再让高宗逐一审看。据说，一次审看两人，某次一瘦一胖两个孩子出场，让高宗仔细端详，突然有一只猫走过来，胖的为童心驱使，踢了猫一脚，高宗以为，胖孩"如此轻狂，怎能担当社稷重任"。于是把胖孩淘汰，而那位瘦的，就是后来的宋孝宗赵伯琮。最后，高宗选了两个孩子：赵伯琮和赵伯玖，时为绍兴二年（1132）。

两个孩子来到妃嫔面前，张婕妤用手一招，赵伯琮便向她的怀里扑去，高宗便命张婕妤养育伯琮，命吴才人养育伯玖。伯琮后赐名赵瑗，伯玖后赐名赵璩。赵瑗天资聪颖，博闻强记，异于常人，颇受赵构钟爱，还亲自教之读书。绍兴五年（1135），封赵瑗为保庆军节度使、建国公，入资善堂上学，并诏，"建国公禄比皇子"。然而，高宗却不正式立赵瑗为皇太子，原因是对自己能否恢复生育能力，仍抱有一定的希冀，就是说心里还是不太情愿由这个太祖的后裔入继大统。绍兴八年（1138），又封赵璩为节度使、吴国公，使两个孩子处于平列的地位。由此，高宗表明自己尚无立储之意，诸大臣提出不同意见，尤其左相赵鼎竭力反对，据理力争，高宗只得收回成命。然而到第二年，依然封赵璩为保大军节度使、崇国公，"赴资善堂听读，禄赐如建国公例"。

此时，右相秦桧进谗言道："赵鼎欲立皇子，是谓陛下终无子也。宜待亲子，乃立。"此话说到高宗心里。后秦桧独相18年，是赵瑗成长中最为艰难的岁月，时或与奸相产生嫌隙。直到秦桧病死，总算扫除了立皇储的一大障碍，高宗对自己的生育能力也已不抱希望。这时，赵瑗为普安郡王，赵璩为恩平郡王，两人都已长大成人，且才能不相上下，高宗一时踌躇不决，不知立谁为皇储。

最后灵机一动，决定用女色进行试探。他给两人各赐靓丽宫女10名，过一段时间后再将20名宫女招回，进行身体检查。赵瑗听从老师史浩谨慎对待的劝告，不近女色，所以其宫女依然是处女，后"完璧归赵"。而赵璩则采尽了秀色，10名宫女都已不是处女了。高宗并未将此事公布，但心中已有定数。此事载于周密《齐东野语·高宗立储》之中，令人不解的是：高宗本人就是一个荒淫好色之徒，他怎么会在这方面严格要求子嗣呢？其所用方法，以当时的科技条件能进行比较准确的鉴别吗？周密的记载会不会想立奇而作假呢？或只是采之于无法考据的道听途说？

绍兴三十年（1160），高宗下诏："以瑗为皇子，仍改赐名玮"，进封建王。任命赵璩为判大宗正事，置司于绍兴府，并改称皇侄。至此，拖延了近30年的立储问题，终于在宋高宗54岁时得到解决，时赵瑗已34岁。高宗教导皇子说："须是读书，便知古今治乱，便不受人瞒。"实是要赵玮学习做帝王的机谋权术。

绍兴三十二年（1162）五月，大臣草拟立皇太子手诏进献，高宗下诏说："朕以不德，躬履艰难，荷天地祖宗垂祐之休，获安大位三十有六年，忧劳万几，宵旰靡惮。属时多故，未能雍容释负，退养寿康。今边鄙粗宁，可遂初志。而皇子玮毓德允成，神器有托，朕心庶几焉，可立为皇太子。"又赐名眘，宋廷举办了一系列立皇太子的典礼。六月，高宗又出御笔说："思欲释去重负，以介寿臧，蔽自朕心，亟决大计"。"皇太子可即皇帝位，朕称太上皇，退处德寿宫，皇后称太上皇后。一应军国事，并听嗣君处分。朕以澹泊为心，颐神养志，岂不乐哉！"随后在紫宸殿行内禅之礼。皇太子先不肯接受，退到大殿一侧，经赵构再三勉谕，大臣一番苦劝，太子方才答应，接受了皇帝的宝座。

可见高宗的逊位完全出于自愿，无一丝一毫勉强的成分。年初，高宗曾带太子"扈跸"建康府（今江苏南京），时值天寒，雨雪不止，父子骑马而行，"雨湿朝服，略不少顾"，而随从大臣中，反而多有乘轿者。56岁的高宗能骑马而行，说明其身体还相当强健。退位后，高宗至高寿81岁才去世，也足以说明当时的身体状况。在身体还相当健康，又处于50多岁的中年，且国事平稳的情况下，国家最高统治者自动退位，这在中国历史上是绝少有的现象。那么，是什么原因促使宋高宗主动退位呢？

有人会说，其父宋徽宗还是在44岁时就禅位于钦宗了。那是什么时候？那时金军重兵压境，国家危在旦夕，徽宗这才被迫撂担子。而高宗退位时南宋正当"边事寝宁"，去年金海陵王率军南侵，最后不但采石一战大败而退，且为部将所杀，金国政局动荡，而这时南宋正好可过略为安稳的日子。有人或说，乾隆也在晚年禅位于嘉庆。那时乾隆已多大年纪？85岁，这一年纪退位在某种程度上说，已是十分不得已。而宋高宗才56岁，且身体强健，确实令人有些不可思议。

王曾瑜《荒淫无道宋高宗》中说："他固然贪恋皇帝的尊荣，却又苦于国事之'忧勤'，故在逊位诏中还是说了一些实话。他愿意以太上皇的地位继续享受皇帝的尊荣，却又免于国事的'忧勤'。他认为在'边事寝宁'的形势下，正是自己'释去重负'之机。"或者说，赵构做皇帝已做得身倦神疲，想摆脱这国事操劳之苦，而过太上皇的清闲日子，所以就把这副担子扔给了皇太子赵眘。

这样的解释似乎颇合情理，也符合赵构自己的说法。但是太上皇并没有如其禅位时宣称的那样，从此不问朝政，在深宫颐养天年，而是一到关键时刻，就会多方掣肘，出面干涉。如新任命的宰执必须到他那儿"入谢"，面听"圣训"，尤其在与金战、和问题及恢复大计方面，太上皇更是寸步不让，说明他对权力还是有些不舍。尤其是做皇帝真是如此"忧勤"辛苦，主动退位就犹如"释去重负"吗？那为什么中国数千年的历史上绝少有皇帝做出如此举动呢？要知道"皇帝"在中国是个什么概念？那就是别人都是奴才，只有他才是主子，整个"天下"都是属于他的。在一定意义上他可以为所欲为，可以驾驭任何人、任何财物。所以上述退位即可"释去重负"的解释，总让人觉得有点勉强，不怎么到位，然而又找不到更确当的原因。

明建文皇帝逃亡之谜

明朝十六代皇帝，除了自缢而死的崇祯外，现仅存十四处皇陵（即位于北京北郊的十三陵和位于南京的明孝陵），独缺第二代皇帝惠帝的陵墓。这是因为明惠帝被其叔父篡权而逊国，最后不知是死还是逃亡、不明下落的缘故。

明洪武三十一年（1398），明太祖朱元璋死，由皇太孙朱允炆继位，即明惠帝，国号建文，所以后来人们称他为建文帝。朱允炆品性仁孝，忠厚而寡断。太祖在位时，曾将24个儿子分封为王，为中央政权建立屏藩。但是到了建文帝时，因为各地的藩王势力越来越大，勇武跋扈，甚至觊觎皇帝宝座，于是建文帝决定削藩。建文帝的四叔燕王朱棣（即后来的明成祖）以此为借口，起兵叛乱，其实是不满朱元璋传孙不传子。这场战争历时三年，史称"靖难之役"，祸及河北、山东、安徽、江苏数省。1402年，最终朱棣以胜利者的身份登上皇位，而建文帝在位仅4年。

攻下南京都城后，朱棣连续在皇宫内寻找了数天，均未见建文帝的身影，连个尸首也没找到。当时攻城的大火一直蔓延至皇宫，皇宫火光冲天，烧得只剩一片败瓦颓垣，皇后也被烧死在这场大火中。另外还有一具已被烧成焦炭的死尸，朱棣以为是建文帝，俯身对着焦尸大哭一通，但是心里却一直怀着一个疑团。他即位多年以后，还不停地派人四处打探建文帝的下落。朱棣篡位后，将建文帝所倚重的一批朝臣如兵部尚书齐泰、大常卿黄子澄及方孝孺、茅大芳等统统诛杀，还妄杀了许多无辜的宫女，一时"里落为墟，流放者更不可胜计"。

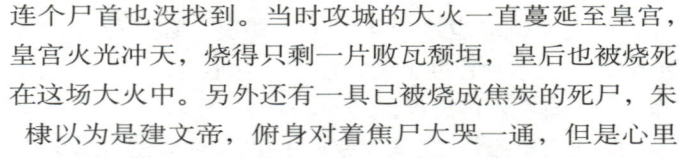

明末清初以来，人们对建文帝的下落开始质疑。有人认为建文帝被焚于攻城的大火，但更多的人则认为建文帝并没有死，他趁着大火逃出了京城。建

明太祖朱元璋

文帝的下落引起人们的种种猜测，其实是因为史籍上对其记载各不相同，互相矛盾所致。《明史·成祖本纪》和《明史·方孝孺传》都说建文帝见大势已去，于是下令焚宫，然后携皇后跃入火中自焚，妃嫔侍从等也随其蹈火而死，燕王入宫后闻宫女所言，并从灰烬中找到一具面目全非的焦尸，"以天子礼葬建文皇帝"。而据《明史·恭闵帝本纪》载："宫中火起，帝不知所终。燕王遣中使出帝后尸于火中，越八日壬申葬之。"只提到建文帝下落不明，并未肯定烧死了。而《补本》等其他一些史籍则说："棣遣中使出后尸于火，诡云帝尸，越八日壬申，用学士王景言，备礼葬之。""上入宫，忽火发，皇后马氏暴崩，程济奉上变僧服遁去。燕王遂入宫……因指烬中后骨以为上。"可见朱棣将灰烬中随便一具死尸诈称是建文帝，葬之而后自己称帝，至于建文帝其实早已换上僧人衣服逃脱了。现在，研究者们大都认为建文帝确实没有死于大火，而是在城陷之际逃出去了。

《明史纪事本末》成书早于《明史》，所辑录的资料更加原始，可信度也更高。根据《明史纪事本末》的有关记述，当日燕王军队攻入南京金川门后，建文帝见大势已去，痛哭流涕，曾想一死了之。此时，翰林院编修程济提出出亡计策，太监王钺也跪奏说，太祖朱元璋驾崩时曾留下一个铁箧，吩咐遭大难时交给建文帝，铁箧现藏在奉先殿。建文帝赶紧命人取来，程济打开铁箧一看，里面有三张度牒（僧人的身份证明），还有袈裟、僧帽、僧鞋、剃刀等工具，白银十两以及逃跑线路图，度牒上标明法名：一张是应文，一张是应贤，一张是应能。毋庸置疑，"应文"是建文帝，"应贤"是监察御史叶希贤，"应能"则是吴王教授杨应能。铁箧内还有一纸书，上写：允炆从鬼门出逃，其余人从水关御沟出逃。于是，建文按照祖父的指引，换掉龙袍，穿上袈裟，带领一众随从自地道逃出京城，为避免朱棣斩草除根，他后来还将自己的名字改为"让銮"，暗示逊国退帝位之意。

建文帝出宫后究竟逃向了何处？对此研究者也说法不一。其一认为逃到了湖北武当，其二认为是苏州穹隆，其三是云南浪穹，其四是贵州安顺，其五则认为逃到了青海瞿昙寺。民国《创新渭源县志》卷九《艺文志》中"五竹寺记"记载："建文于夏六月庚申十三日未时，由癸门出，比时愿扈驾车二十二人……君臣奔窜崎岖，昼伏夜行。历滇南、巴蜀，建文至乐都瞿昙寺……"这可以作为一项参考资料，表明建文帝有可能逃亡到了青海瞿昙寺。还有一种说法认为，建文帝等人为避人耳目，分几路外逃，他自己则与随从自长江往南，辗转来到武昌罗汉寺，甚至还有的人认为建文帝后来经泉州逃至海外，种种说法不一而足。在民间也到处流传着建文帝曾经到过某地的传闻，以及朱棣派人以寻访知名道人张三丰为名，暗查建文帝下落的故事。台湾出版的《明惠帝出亡考证》一书称，奉朱棣命外出查访的官员一直没有查出结果，为了交差，就谎称建文皇帝跑到了西洋一带。于是朱棣又派自己的亲信宦官郑和下西洋，表面上是为了通商，实则是为了暗查建文皇帝的下落。

根据史籍中提供的些许线索，以及多年来先后发现的疑为建文帝流亡避难或隐居过的故址综合分析，建文帝逃出京城后流落在西南地区为僧，曾到过湖北、湖南、四川、云南、贵州一带。其中较为确切的大概要数近年发现的蜀北广元青川县青溪镇华严庵遗址，经考古专家实地勘考，已经确认是建文帝在蜀时的避难地。

青溪古镇处川、陕、甘"鸡鸣三角地"，秦汉特别是三国以来，阴平古道、褒斜道、景谷道、金牛道等经过或紧邻这里，陆路连接秦陇十分方便，青溪水路可经白龙江入嘉陵江通达各地。华严庵就在镇南约七公里处的莲花山上，占地面积超过百亩，东西两面是草木丛生的山沟，西侧山沟内有巨石垒砌的双层中空明代石墙。庵内有明石碑、石佛、九五方圆塔、清皇历书等遗址和遗物，其中两块古碑"广佛碑"和"华严庵重建碑"记叙了建文帝于宣德六年到此，与《明史纪事本末》卷十七"建文逊国"中宣德六年文帝由西安入蜀的记载正好吻合。广佛碑立于清康熙八年，高1.7米，宽0.90米，上有《鼎建华严庵碑志序》："有古刹名曰华严庵历稽典籍启自元时又为明初建文皇上隐跸之所……"华严庵重建碑立于康熙五十八年，碑高1.70米，宽0.92米，上有《重建华严庵碑记》："华严庵之设也，其说有二，一曰肇自建文隐跸之时……盖建文钟其意于始玉峰径其□事于后也。"两碑为建文帝入蜀避难提供了实物佐证。

华严庵所处的位置颇有龙脉之象，周围簇拥着座座山峰呈莲花形状，华严庵所在的山顶却像一把巨大的椅子，两边的陡峭山脊就像椅子的扶手，庙后荫翳蔽日的丛林遮盖的龙洞岩则像椅背。同时，华严庵深藏于海拔1200米的山峰上，峰下藤缠棘绕，易守难攻，是藏身的绝好地方。庵的四周有建于明代的石墙包围，从庵内有地道与石墙相连。庙的右侧后方一座2.75米高的石塔，从上至下用大大小小五圆四方共九块石头垒成，顶上还竖着一块高帽子一样的尖石。石塔后边丛林掩映着一个占地700多平方米的大土堆，明显系外移堆积而成。专家推测，这个土堆应该是一座坟墓。联系到五圆四方的石塔，让人不能不产生这样的大胆联想：它是象征"九五之尊"吗？如果真是这样的话，那么坡林内的坟墓就很有可能是建文帝的陵寝了，也就是说，建文帝颠沛流离，最后死于华严庵。

然而，一切都必须等待发掘后才能得出确切的答案。但愿扑朔迷离的建文帝下落之谜会有一个令人信服的证明。

《明史纪事本末》"建文逊国"一章记录了据说是建文帝流落西南时作的一首诗：

> 阅罢楞严磬懒敲，笑看黄屋寄团瓢。
> 南来瘴岭千层迥，北望天门万里遥。
> 款段久忘飞凤辇，袈裟新换衮龙袍。
> 百官此日知何处？唯有群鸟早晚朝。

木鱼在手，江山非我，整首诗流露了建文帝失掉江山之后，百无聊赖、心有不甘但又无可奈何的复杂心情。

《万历二年十月实录》记载："上（明神宗）从容与辅臣语及建文皇帝事，

因问曰，闻建文尝逃免，果否？辅臣张居正对言，国史不载此事，但先朝故老相传，言建文皇帝当靖难师入城，即削发披缁，从间道走出，后云游四方，人无知者。至正统间，忽云游在云南，邮壁上题诗一首，有流落江湖数十秋之句，有一御史觉其有异，召而问之，老僧坐地不跽，曰吾欲归骨故国，方验知其为建文帝也。御史以闻，遂驿召来京，入宫验之，良是。时年已七八十，后莫知其终。上因命居正诵其诗之全章，慨然兴叹，又命书写进览云云。"

传说中建文帝经历明成祖、仁宗、宣宗三朝仍在世，至英宗朱祁镇时才道出自己就是建文皇帝。被送往京城后，当年曾服侍过建文帝的老太监吴亮尚在，建文帝一见吴便问：你不是吴亮吗？吴答：不是。建文帝说：我当年有一次在便殿时，你伺候我吃饭，我吃了鹅，有一片肉掉在地上，你手里拿着壶，趴在地上把这片肉吃了，没有这回事吗？吴于是抱着建文帝的脚伏地痛哭。

建文帝在明朝无谥号，清乾隆元年（1736），乾隆皇帝召大臣议定，正式追谥建文帝为"恭闵惠皇帝"。

明成祖屠杀宫女之谜

明成祖朱棣在历史上很有作为，但他又是一位性格固执、刚愎自用、猜忌多疑、杀人如麻的皇帝。永乐年间，他大肆屠杀宫女、宦官，在两次大屠杀中，有近3000名宫女被杀，为明朝后宫最大的惨案。如此滥杀宫女，许多人不明白明成祖此举目的何在。

明成祖（1360－1424）朱棣，1402年至1424年在位，年号"永乐"。他是明太祖朱元璋的第四子，原来被封为燕王，后通过"靖难之役"从侄儿建文帝手中夺取了皇位。即位后，五征漠北，80万大军下安南，浚通大运河，大规模营建北京紫禁城，七次遣郑和下西洋，其文治武功为其在历史上留下美名，可以说他完全有资格跻身著名帝王之列。但是他的名字不仅和郑和下西洋、奴儿干都司（明永乐时设置于东北的指挥使司，其管辖范围直到黑龙江北和外兴安岭，乌苏里江东至海，包括今库页岛在内的广大地区，对开发和巩固东北地区的治理具有重要历史意义）、《永乐大典》等联系在一起，而且也和"诛十族"、"瓜蔓抄"之类的残暴行为联系在一起。永乐末年的"怒斩三千宫女"就是其性格固执、刚愎自用、猜忌多疑、杀人如麻的最好罪证。明成祖究竟为

明成祖朱棣

何要将3000宫女杀死？对此，很多人都感到困惑。

一些人认为，明成祖之所以动此大怒是为了两个女人。永乐初年，随着国家逐渐强大，明成祖也开始滋生安逸享乐思想，后宫美女逐渐增多。但随着皇后徐氏的病死，明成祖将所有的宠爱给予了两个女人，即王贵妃和贤妃权氏。尤其是贤妃权氏，是一位来自朝鲜的美女，其姿色可谓倾国倾城，并且聪明过人，能歌善舞，尤其是善吹玉箫，因此成祖对其倍加宠爱，无论走到哪，都会带着她。永乐八年（1410），成祖率大军出征，特地带权贤妃作为随侍嫔妃，随军出塞。没想到，这位独得天宠的妃子，却在大军凯旋回宫时，死于临城，葬在峄县。贤妃权氏的死让成祖悲痛欲绝。恰在此时，宫中发生了两名姓吕的朝鲜宫人与宦官相好之事。这原本是件极其平常的事，因为历代宫中都有宫人和宦官相好之事。宫中的很多宫女嫔妃，因得不到皇帝的宠幸，便和宦官相好，虽然宦官不能行夫妻之事，但多少可以给予一些心理上的慰藉和生活上的照顾，这种现象宫中称之为"对食"，与宦官对食的宫女称为"菜户"。对此，皇帝一般是睁一只眼闭一只眼，采取听之任之的态度，有的皇帝还亲自撮合宦官和宫女结为对食。这种现象在永乐年间并不盛行，尽管不盛行，但此举应该不会招来什么杀身之祸，顶多也就是会遭到皇帝的制止。但是此次事件却使宫中遭受了一次大的震荡，数百宫女和宦官被杀。促发明成祖痛下杀手的原因可能是：一方面成祖正经历丧失爱妃之痛，心情不佳，而别人却在行好事，出于嫉妒而杀人；另一方面是因为当时宫中有人散布谣言，说贤妃权氏是被宫女吕氏下毒致死的，明成祖闻后大怒，于是将有关人员一起诛杀。究竟是谁和宫女吕氏过不去呢？其实这个吕氏就是这次相好事件的主角，另一个叫贾吕的宫女对吕氏倾慕已久，想与其交往。但是吕氏对贾吕的为人很是不屑，拒绝与她结好。贾吕心存不满，于是散布谣言说，在北征凯旋回师途中，服侍贤妃的吕氏在贤妃的茶中下毒药。这样，很多宫人成为冤魂。

此事过去没几年，又发生了另一件让朱棣十分恼火的事，这真可谓"一波未平，一波又起"。永乐十八年（1420），成祖宠爱的另一个女人王贵妃也死去，他再次经历丧失宠妃之痛，而此时又发生贾吕和宫人鱼氏私下与小宦结好之事。成祖雷霆大发，贾吕和鱼氏惧祸，便上吊自杀。成祖竟以此为由，亲自刑审贾吕侍婢，不料却牵出这一班宫女要谋杀皇帝的口供。朱棣极为恼怒，亲自下手对宫女们动用酷刑，受株连被杀的宫女近两千八百名。据《李朝实录》记载，当宫中宫人被惨杀之时，适有宫殿被雷电击震，宫中的人都很高兴，以为朱棣会因害怕报应而停止杀人，可是朱棣全然不住手。两次屠杀事件，被诛的宫女及宦官达3000人之多。

对于上述明成祖怒斩3000宫女的缘由，一些学者从病理学的角度来剖析明成祖的异常行为，认为明成祖之所以如此残杀无辜，可能和他晚年所患的疾病有关。据官修的《明史》及《实录》记载，明成祖晚年患疾病，容易狂怒，发作难以控制，甚至歇斯底里，再加上他生性残忍好杀，所以更加狂暴异常。

明英宗"南宫复辟"之谜

  在封建王朝，普遍存在着权力的博弈。皇帝与皇储、亲生骨肉之间经常会为了权力而生死相搏。帝王家庭内，经常上演父（母）杀子，子弑父，或兄弟相残的惨剧。如在隋朝有杨广弑父杀兄，唐朝有李世民"玄武门之变"，明朝有朱棣"靖难"之变，等等。发生在明朝的"南宫复辟"同样是兄弟之间为了权力而演绎的一幕惨剧。

  明宣宗病死后，太子朱祁镇即位，是为明英宗，年号正统。明英宗即位时才9岁，朝中大事在禀报皇太后以后再施行。当时有司礼太监王振在朱祁镇小时候就时常陪同其玩耍，天长日久，得到了朱祁镇的欢心。朱祁镇做了皇帝后，尊其为"先生"，并要公侯们尊他为"翁父"，又把一切军国大事交给他统管，朱祁镇落得在一边做个逍遥皇帝。而此时的北元势力在不断扩大，屡犯明朝边境。北元政权是由元朝残余势力逃回蒙古后建立的。

  随着势力的不断壮大，开始侵犯大同，此时掌管军国大权的王振想借此机会来显示威风，于是怂恿英宗御驾亲征，年轻的英宗也想率50万大军到塞外玩玩，于是两人一拍即合，决定出兵。明军进入大同，王振得知前线战事惨烈，又怂恿英宗退兵，结果部队大乱，北元也先趁机追击。撤退时，王振想绕道家乡蔚州显示威风，走了40里，忽又担心军队会对家乡的产业造成破坏，又命部队改道向东；到了土木堡，因他的1000多车财物未到，又强行命令部队在没有水源的土木堡驻扎，结果，几十万军队被北元的也先包围歼灭。王振被愤怒的将军打死，而英宗皇帝成了中国历史上绝无仅有的战地俘虏。这就是著名的"土木之变"。

  皇帝被俘一事传到京城，立即引起了轩然大波。一些大臣听到此消息后，惊惶失措，吓得六神无主，有的大臣则主张立即南迁，整个王朝处于动荡不安之中。就在这生死存亡之际，时为兵部侍郎的于谦，从国家大计出发，力主"国不可一日无君"。最后，孙太后以懿旨令英宗之弟朱祁钰为君，是为明代宗，年号景泰（故代宗又称景帝），尊英宗为太上皇，又下令立英宗的儿子朱见深为太子。明代宗即位后，升于谦为兵部尚书，授予重任。在于谦等人的主持下，明军顽强抵抗，屡败蒙古也先部于北京城下，瓦剌大军被守城的明军斩首万余，9万多溃散逃亡，也先被迫撤兵。也先大败后，势力大大减弱，再加上内部出现矛盾，因此开始向明政府求和，

明英宗朱祁镇

并主动提出送还明英宗。朝中大臣大多主张将英宗迎接回朝，代宗心中虽有千万个不愿，可是又不便说出口，最后只好派于谦等人将英宗接了回来。英宗回来后，代宗完全不顾骨肉亲情，立即将其软禁在南宫并加强防范，杜绝英宗和任何人联系。英宗所住的居室十分简陋，除了一些生活必需品外，一切从简，哪怕是纸笔都很少提供。这时的英宗名义上是太上皇，其实和阶下囚并无多大差别。

时间过了几年，相安无事。但是明英宗的儿子仍然为太子，这成了代宗的一块心病。于是他欲废太子朱见深，立自己的独子朱见济为太子。易储举措立即引起朝廷内部大臣的不满，就连自己的皇后汪氏也反对，可是代宗一意孤行，最终景泰三年五月，代宗下诏，废朱见深为王，令其出宫居住在王府，而将自己的儿子立为太子。可是这朱见济偏偏是个短命鬼，在被立为太子后不久便暴病身亡。朱见济一死，太子之位该由谁来继承？立储一事再次被提上了日程。有的大臣力主恢复朱见深太子名分，代宗听后大怒，对提出复储的官员进行打击报复。很多人害怕遭受打击报复，所以立储之事被耽搁下来。

景泰八年，代宗病危，而皇位继承人尚未确立，而代宗自己又没有儿子，谁来继位？有人提出恢复朱见深东宫名分，有人则表示反对意见。就在争论没有结果之时，石亨、曹吉祥、徐有贞等几个在朱祁钰当政时不受重用的人趁机发难，把英宗从南宫中接回金銮殿。群臣得知太上皇复位，面面相觑，无人敢反对，这样明英宗在做了七年的太上皇后，终于重登大位。这就是历史上的"夺门之变"。明英宗复辟后，立即将还未断气的代宗迁往西山，朱祁钰几天后死去，享年29岁。关于代宗朱祁钰的死，有着较大的争议，有人说他是看到皇位被夺，受刺激而死；有人说，代宗可能是被英宗派太监蒋安用帛勒死的。代宗死后，并没有葬在生前选好的皇陵，而是被葬在西山。他也成为中国历史上第一个没有葬在皇陵的皇帝。为区别于第一次当皇帝，明英宗改年号为天顺，这也使他成为明代历史上唯一拥有两个年号的皇帝。

东宫"梃击案"之谜

万历末年，围绕着皇帝宝座的争夺，紫禁城内连续发生了三件疑案，分别发生在三个皇帝在位期间，即万历皇帝和儿子光宗朱常洛以及他的孙子熹宗朱由校，这就是有名的"明末三案"——"梃击案"、"红丸案"和"移宫案"。这三案彼此牵连，影响重大，关系到明朝后期政治权力的争斗，一直被史学家们所重视。但由于这三案涉及的时间久，人物多，经纬复杂，因此其中真相一直扑朔迷离。

就在万历皇帝立太子不久后的万历四十三年(1615)，皇宫内发生了一件怪事：这天，一个中年汉子手拿一根木棍跌跌撞撞地打入太子朱常洛居住的慈庆宫，并将把守宫门的太监击伤，直到闯入前殿檐下，才被太子的内侍韩本用等人捉住。

说到这里，就有必要先对万历皇帝的情况作一些介绍，因为"明末三案"的起因，都和万历皇帝对立太子的态度和其本人的行事有关。

万历皇帝是明朝在位时间最长的一个皇帝，名朱翊钧，年号为万历，死后谥为神宗。他是明朝第十三个皇帝，在明朝十六帝中，他在位时间最久，从隆庆六年(1572)六月即位算起，至万历四十八年(1620)七月去世，身居帝位长达48年。他同时又是明朝最有争议的皇帝，据史书记载，他贪财好色，懒散拖沓，多年倦于朝政，对国事漠不关心，曾经创下二十几年不上早朝召见大臣的记录。曾有海外学者提出，在明朝，内阁制度长期以来形成的中央国家机器的自我运转，使得万历清醒地认识到作为皇帝，即使想有所为，也会受到各种掣肘，而无所行事，因此他便以不临朝为抗争。但比较客观的事实是，万历登基时年仅10岁，还是个小孩，扶植他的一个是母亲李太后，一个是太监冯保，另一个是内阁首辅张居正。这三个人互相利用、互相合作，万历就是在他们的管制下成长起来的，最高统治权旁落到这三人手中。长期的约束，使得万历在真正能够行使自己手中的大权后，却早已厌倦了朝廷的事情，反而是贪钱之心十分重，凡是朝中大臣有什么请求，他一定要索取钱物等报酬，将朝廷的事视若商人之间的交易。在这样的心态下，又碰到了在立太子问题上与朝廷大臣之间形成对立，这就更是给了万历皇帝借题发挥的机会。

张居正

说到底，"明末三案"的发生，都是万历皇帝在立太子一事上的拖延犹豫造成的。原来，万历皇帝的正宫娘娘王皇后虽然十分贤惠，却一直没有生育。让人想不到的是，万历的长子朱常洛却是他在一个偶然的机会和一个姓王的宫女生的，对此万历本人早就忘了个一干二净。这个王姓宫女原是在慈宁宫服侍太后的婢女，有一次万历去看望太后时，偶然兴起就和她有了瓜葛，结果不久就怀上了孩子，所以当太后告诉万历这个宫女怀有他的孩子时，他矢口否认。但是皇宫中对皇帝的一言一行都十分重视，每天都会有专人作起居录记录皇帝今天干了什么事情。将当天的记录拿出来，对证之下，万历皇帝不得不承认有这个事情，却因为不喜欢这个宫女，也连带着并不喜欢这个长子朱常洛。

但不管怎么说，在母凭子贵的传统观念下，王宫女最终被封为恭妃。而按照传统的皇位继承法，虽然这个宫女出身不高，但皇位的继承是立嫡立长，即皇后有子的话就以皇后的儿子为太子，如果皇后无子的话，就以妃嫔生育的庶子中的长子为皇位继承人。因此，长子朱常洛就被视为皇位继承人，得到了太后及群臣的认可。对此，万历本人起初也没有反对，朱常洛的皇位继承人身份在刚出生的头几年，也十分巩固。

这种情况到了万历十四年皇三子朱常洵出世后，发生了变化。原来皇三子朱常洵的母亲郑贵妃是万历最宠爱的妃子，她因为生下了皇三子，被封为皇贵妃，地位比生下皇长子的王恭妃还高，这样一来引起大臣们的不满，他们认为这不符合礼法，郑贵妃的地位不应该高于生下皇长子的王恭妃。大臣们不仅私下议论纷纷，还为此专门上奏折议论此事，要讨个说法。恰巧在此时，宫中又传出，皇帝与郑贵妃有了秘密约定，许诺要将皇位传给皇三子。这样更引起了大臣们的担心和议论，纷纷上疏要求早点将皇长子朱常洛的太子地位明确下来。对此，万历皇帝既想改立皇三子，但碍于大臣们的阻力太大，又不能不考虑，况且太后也反对。为了避免两边都不好交代，就将大臣的奏章统统"留中"，就是既不答复也不发还，想拖些时候再说。于是，在太后、大臣和皇帝与郑贵妃之间就形成了长达十多年的建储之争，立太子的事就这么拖了下来。时间一年年过去，万历皇帝已经40岁了，众大臣锲而不舍，要求立太子的奏章越来越多，眼看着再拖下去是说不过去了，万历皇帝只好立朱常洛为东宫太子，这时朱常洛已经20岁了。

虽然立太子最终以大臣们的胜利告终，但是郑贵妃并不死心，仍想寻找机会废掉太子，但由于当时支持太子的李太后还在，郑贵妃也不敢轻举妄动，直到万历四十二年李太后死后，第二年就发生了前面说的"梃击案"。

事件发生以后，引起了朝廷上下的关注，京师百官群情汹涌，都认为是郑贵妃在后面捣鬼，要迫害太子。万历皇帝也不能明显包庇，就一边命令刑部官员审理，一边想大事化小。审理的结果是，说闯进宫里的人叫张差，是蓟州井儿峪人，闯宫的原因是被人烧了供应差役的粮草，一气之下来到京城，要向朝廷申冤，结果误闯宫门。刑部判案的结论是，张差语言混乱，好像是个疯子，就以"疯癫闯宫"罪论处，草草了事。这个结果最符合万历皇帝的心意，因为不用再对幕后指使人进行追究了。但是，朝廷大臣们却不相信，也不答应，不能明着和皇帝对着干，有个刑部主事叫王之寀（cài）的就想办法私下去牢里审问张差，结果却让人大吃一惊：张差供称是受了宫里太监指使闯宫梃击的，指使的人是郑贵妃翊坤宫中的大太监庞保、刘成及其亲戚马三道、李守才等人。供词一出，举朝哗然，大臣们再次向皇帝上奏折要求彻底查清幕后指使人，同时大臣们明确地将怀疑的对象指向了郑贵妃及其兄弟郑国泰身上，因为在"梃击案"之前就曾经发生过针对太子的"妖书案"，当时的种种迹象表明与郑国泰有关。

大臣们要求将张差及所供称的这些人一并交给三法司重新审讯，要查个水落石出。万历皇帝被弄得没办法，只好一方面命郑贵妃向皇太子表明心迹，说她是爱护太子的，另一方面又要太子向廷臣表明态度，证明此事与郑贵妃无关。而身为太子的朱常洛长期处于担惊受怕的境况下，也希望尽快了解此案。于是，皇帝召集大臣们公开处理此案，宣布此案幕后指使人是庞保、刘成，而凶犯张差是个有精神病的人，下令将这三个人处决，与其他人无关，太子也当众向大臣表了态。这样，事情才算告一段落。

然而张差被处死后，由于郑贵妃的求情，庞保和刘成并没有被当场处决，又生出一些枝节来，但最终万历皇帝担心因此而惹来麻烦，就将庞保、刘成二人在宫内秘密处死。这反而又给此案留下了种种疑云，因为庞、刘二人被灭口，恰恰暴露了当事者心虚的一面。据说，张差本人在临刑时就曾颇感冤屈地说："同谋做事，事败独推我死，而多官竟付之不问。"确实，张差成为了争夺太子之位的一个牺牲品，成为皇帝与廷臣们斗争的一个工具，而其中反映出的却是明朝宫廷内部斗争的残酷性。

明光宗"红丸案"之谜

明光宗朱常洛的皇位得来着实很不容易，他从出生后，始终处于战战兢兢、如履薄冰的境遇之中，在他正式登基之前，曾多次发生意图谋害他的事情，"妖书案"和"梃击案"就是其中较突出的。然而，命运对朱常洛又开了个不大不小的玩笑：继位仅仅四天，就忽然病倒了，并且一病不起，在他当上皇帝仅仅一个月的时候，因为吃了鸿胪寺官员所进的红丸而一命呜呼。这就是有名的"明末三案"之一"红丸案"。明光宗为什么会忽然病倒？红丸是什么样的药呢？"红丸案"是不是有什么不可告人的内幕呢？

对于光宗在登极后即病倒的原因，《明史》中有较详细的记载。据说当时京城里都盛传，说是前朝万历的宠妃郑贵妃与光宗宠爱的李选侍相勾结，向皇帝进献了八个美女，致使皇帝过度纵欲，然后郑贵妃又暗中指使以前的贴身太监崔文昇给皇上服下让人腹泻的大黄类泻药，结果弄得光宗一天之内腹泻三四十次，躺在床上不能动弹，病倒了，并埋下了日后病死的祸根。

光宗朱常洛在未登基之前长期担惊受吓，使得他在摆脱威胁之后自然开始放纵自己的欲望，尽情享乐。而按照惯例，这位年纪已经39岁的新皇帝除了自己东宫原有的妃子外，还可以占有父亲留下的妃子，并新立妃子。因此，朱常洛在刚继位几天内，就放纵地贪恋女色，虽然史书中没有明确记载具体情形，但从有关的史书记载中却能反映出，光宗的病倒确实与纵欲相关。

再说郑贵妃，她虽然未能如愿让自己的儿子朱常洵当上太子，但仍然费尽心思想维持自己的地位，"明末三案"都与她有纠葛就说明了这一点。在朱常洛继位之前，郑贵妃就已经发现长期处于被排挤处境中的太子有着贪色纵欲之心，便想用美人计来实现自己的目的。于是她唆使自己的贴身太监崔文昇去侍奉光宗，并献八名美姬。这一招确实收到了效果，光宗很快就忘记了这是一个想害自己的女人，还十分感激郑贵妃，并让礼部议封其为皇太后。这时候，又掺和进了另外一个女人——李选侍，"选侍"是晚明时代的特产，明朝后期称入选宫内的侍女为选侍。李选侍很受朱常洛的宠爱，并为他生了个儿子，她因此梦想被封为皇后。为了达到各自的目的，郑贵妃与李选侍勾结在了一起。

明光宗朱常洛

两人勾结起来意图左右朱常洛的野心很快就被朝中的大臣们注意到了，因此光宗一病倒，很快便有人上奏劝谏皇帝。兵科给事中杨涟首先进奏折说，崔文昇给皇上乱用药罪该万死；而对于郑贵妃想当太后，皇上自己既有嫡母，又有生母，如果封郑贵妃为太后，那么如何安置嫡母和生母呢？结果，三天后，光宗就召集大臣宣布驱逐崔文昇，并停止封太后。

但是，官员们对郑贵妃等人的打击并不能抑制朱常洛自身的纵欲之心。据《明史·周嘉谟传》记载，八月二十六日那天，吏部尚书周嘉谟劝皇帝不要过度纵欲，皇帝注视了他很长一会儿，才让长子向宫外宣旨说那些都是传言不可相信，这也可见皇帝纵欲之事是众人皆知的事情，光宗本人还试图掩盖有关自己的传闻以维护帝王尊严。可是纵欲的严重后果毕竟已经显露出来了，这之后光宗的精神状态变得越来越差。八月二十九日，看到病情越来越重，朱常洛已经开始召集大臣考虑自己死后寝宫的建设之事，而大臣们则要求皇上尽快定下太子的名位，以免来不及。也就是在这一天，有个鸿胪寺官员叫李可灼的向皇上进了一种红色的药丸。这个红药丸，据李可灼的说法，是得到道士传授的"仙方"炼制而成的，吃下去就可以治愈皇帝的病。在场的大臣们心存疑问，但皇帝本人却要吃。实际上李可灼并不是医生，而是负责朝廷庆贺礼仪的官员，相当于今天的司仪。李可灼上午向皇上进了一粒，下午又进了一粒。两粒红药丸吃过后，据说当时皇帝确实感觉好些了，但到了夜里情况如何，史书没有明确记载，只是到了九月初一的早上，宫中就突然传出皇上驾崩的消息。一个不到40岁的中年人突然死去，又是一国之君，这就很自然在宫廷内外引起了轩然大波。

人们首先怀疑的就是这个红色的药丸，因为皇上才吃过它就突然死去了，确实让人怀疑。《明史》中只说这是道士提供的"仙方"，但语焉未详。有学者提出，红丸跟汉代的春恤胶属同类的药，主要功能是刺激男性的性欲，想想皇帝本来就因为纵欲而致病，再服这种药加以刺激，更是火上浇油，结果过量了，就导致了死亡。

不管这种红丸是什么药，吃死了皇帝，这可是不得了的事情，因此红丸一案的主要后继情节就是追查害死皇上的凶手，不想却演变成了朝廷大臣之间争夺权力的斗争，党争与私仇夹杂其中，牵连受死的人很多。

首先受到怀疑的就是崔文昇和进红丸的李可灼。杨涟认为在此之前宫廷内外传言说皇上纵欲，实际上是崔文昇用来掩盖他用药害死光宗的借口，皇帝就是被崔文昇下药毒死的。杨涟的说法得到了当时的御史左光斗等人的支持。当时不少正直的大臣都认同这一说法，认为崔文昇的罪比李可灼还要大，因为他懂得医药，是有意用药加害光宗，进而又指出幕后主使人是郑贵妃，要求严惩崔文昇等人。

但是，对崔文昇的指控很不顺利，一直到明熹宗天启二年，中间几经反复。原因是，除了杨涟、左光斗等人外，朝中大臣大多从一开始就把矛头指向了当时担任内阁首辅的大学士方从哲，认为是他同意李可灼给皇帝用药的，因此最有罪的应该是方从哲。这实际上掺杂了很浓重的权力倾轧，这样，大臣们攻击的重点就不在李、崔二人，反而是方从哲。

之所以会这样，和方从哲本人的处置不当也有关。最初，对李可灼进红丸导致皇帝死亡应该被治死罪，大多数大臣都同意，但是方从哲却不同意，反而下令让李可灼以疾病引退，并送给他很多钱财。这样，其他敌对的官员就抓住了把柄，纷纷引经据典，认为方从哲同意李可灼进药，虽无害君之心，却有弑君之实，要求首先处置方从哲，以泄神人之愤。一开始，熹宗还为他开脱，这应该说不无道理。有学者从与方从哲一同主政的另一大臣韩爌(kuàng)的叙述中发现，服不服红丸，都是光宗一人决定的，确实与方从哲无关。但是，在晚明时期，朝廷之中朋党互相倾轧非常厉害。既然有这样一个很好的攻击机会，方从哲的政敌自然不会放过，于是形成了一个攻击方从哲的群体。明末著名的东林党人也支持这一立场，名士高攀龙就力主惩罚方从哲，并称其为"贼臣"。结果，方从哲想逃脱罪责，慌忙上书请求退休，可说是被从首辅的位子上拉下来的。即便这样，声讨他、要求严办他的书文仍然很多，方从哲只好一面竭力为自己辩护，一面自请削职为民，远离中原。

而真正的涉案人李可灼被发配戍边贵州，崔文昇被贬到南京，都是很轻的处罚。特别是崔文昇，至魏忠贤掌权后，因为受其赏识，又被重用提拔为总督兼管河道。只是在大臣们的连连上折抨击下，明熹宗才最终判决崔文昇被杖一百，然后发往明孝陵作杂役守卫。

从红丸一案的发生过程和处理结果来看，放过了主犯郑贵妃及崔、李二人不去重判，却抓住方从哲不放，借此争权夺利，显然是不恰当的，这也正是明末政治腐败的表现。红丸一案的后果是，不久之后就导致了宦官魏忠贤集团的操控朝政。天启年间，魏忠贤当权，又为"红丸案"翻案。结果，当初声讨方从哲的一些官员被革除了官职，流放边疆，而抨击崔文昇、方从哲的东林党人也受了追罚，高攀龙被迫投池而死。到了崇祯年间，惩办了魏忠贤，又将此案翻了回来。再后来崇祯死后，南明王朝又一次以此为题材挑起党争，最终明朝廷在一片内斗之中彻底走向末途。小小的一粒红丸，却引出这么多的波折，确实是当时人难以预料的。

乾清宫"移宫案"之谜

泰昌元年(1620)九月初一,年仅16岁的皇长子朱由校继承了因服食红丸而去世的明光宗的帝位,但登基不久就发生了著名"移宫案",就是有人占据了应该由皇帝居住的乾清宫不愿意搬出来,然后官员们为了维护皇家的体制,就发动起来逼其迁出以及由此生出的一系列事端。皇帝的寝宫也有人敢占据吗?他们的目的又是什么呢?

"移宫案"紧承"红丸案",是由前案中明光宗朱常洛的爱妃李选侍引起的,起因也在光宗朱常洛身上。原来,光宗的原配夫人郭氏在他还是太子的时候就病死了,光宗做了皇帝以后,一直没有册立皇后,身边只有才人、选侍、淑女侍候。其中有两名选侍,都姓李,一个住在东面,一个住在西面,故被分别称作东李、西李。东李老实,不得宠,西李就是此案的主角,长得漂亮,受宠于朱常洛。朱常洛将失去生母的长子朱由校交由西李抚养,五子朱由检则由东李抚养,西李并跟着朱常洛一起入住乾清宫。关于李选侍,史书对其记载不详,有可能是来自民间的秀女,也有人认为她就是万历宠妃郑贵妃为了讨好光宗而送给他享乐的八个美人之一。

万历四十八年,王皇后过世,而万历本人也生起了病,郑贵妃就以照顾皇帝为理由搬进了乾清宫中,此后一直到万历去世,她也没有搬出来。乾清宫是代表最高皇权的地方,具有象征意义。御史左光斗就说,乾清宫只有皇帝才能居住,即使后宫之中有人可以和皇帝一起入住,也只能是皇后。至于其他的妃子只能短暂接受皇帝的宠幸,不能长久居住,这不仅是为了避嫌,而且是为了辨别尊卑高下。郑贵妃是想借此要挟新皇帝光宗,捞取一些利益。因为,她在万历在时没能当上皇后,现在就想能当上皇太后。于是,郑贵妃就拉上李选侍一起商量,两人互相支持,一个要当皇太后,一个要当皇后。郑贵妃以不搬出乾清宫要挟皇帝答应她们的条件。可是,新皇帝迟迟不能搬进乾清宫,是朝廷官员们所不能容忍的事情,于是很快,兵科给事中杨涟、御史左光斗,还有吏部尚书周嘉谟等人就站出来直接向郑贵妃的家人施加压力,找来了郑贵妃的侄子,通过他去警告郑贵妃尽快搬出,否则后果自负。郑贵妃吓坏了,只好灰溜溜地搬回了自己住的慈宁宫。这样,即位了几天的光宗朱常洛才得以住进乾清宫。这次事件虽然闹出来的动静不大,但可以看作是后来"移宫案"的前奏。

明熹宗朱由校

光宗一死，李选侍就觊觎起皇太后的位置来。她仗着自己曾抚育过小皇帝，就密谋和宦官李进忠（即魏忠贤）互相勾结，逼朱由校答应封她为太后，并企图依前次移宫事件之例，利用朱由校年幼，挟持他长居皇帝住的乾清宫，以独揽大权。于是，移宫一案就正式开始了。由于光宗死得很突然，身边没有大臣看守，李选侍就首先将朱由校扣留在自己身边，并命人看守宫门，以免有人将小皇帝接走，同时就等待着来给光宗哭灵的百官，准备讨价还价，索要好处。而这时候，百官们已经得到了皇帝驾崩的消息，正在赶来，周嘉谟、左光斗、杨涟等人在路上就开始讨论如何辅助新皇帝的事情，由于朱由校尚未正式登基，并且生母、嫡母都死了，大家就讨论由谁来扶持新皇帝。官员们虽有不同的看法，但多数都同意一点，就是首先要摆脱李选侍对朱由校的控制。

　　杨涟提出，当务之急是赶紧将朱由校从李选侍身边接出来，大家一起三呼万岁，然后将其拥护出宫，这才是最好的选择。结果到了乾清宫门口，官员们都被李选侍安排的太监挡住了，还是杨涟比较干练，他将太监们呵斥下去，大家一拥而入，去给过世的光宗哭灵。哭完之后一看，没有发现朱由校。这时候侍候过光宗的太监王安就将李选侍藏起朱由校的事情给说出来，并由他哄劝李选侍，说只有得到大臣们的拥立才能当皇帝，所以朱由校必须要见百官，将其带了出来。之后官员们按照既定的计划，高呼万岁，然后匆匆将朱由校扶上轿子带出乾清宫，而李选侍这时候明白过来，赶紧追出，可是已经来不及了。关于这一过程，也有的说是太监王安获悉李选侍的阴谋后，向宫外的百官传出消息，然后才有下面的事情。总之，朱由校被护卫到慈庆宫暂住，并在几天之后被正式册封为太子，并着手准备登基的事情。

　　与此同时，杨涟等官员对李选侍仍居住在乾清宫也提出了看法，要求尽快将她赶出去，这样新皇帝继位才算是完全名实相符。他们用"武氏之祸"来比喻李选侍，说她想做武则天。而李选侍也很不甘心，仍想将朱由校接回自己身边，并和魏忠贤商量，想方设法要挽回败局。这样你来我往，拖了好几天。直到新皇帝登基前一天，百官们再也忍不下去了，纷纷冲到乾清宫门外大声喧叫，要李选侍快离开。在大臣们的严词逼迫下，加之有宫中太监王安等人的支持，李选侍看看招架不住了，只好匆匆决定移宫，搬了出去。到了九月初六，朱由校正式即帝位，搬进了乾清宫。由于李选侍移宫时十分仓促，还发生了宫内人员趁机盗窃宫中物品的事情，并由此牵扯出一些其他案件，这又是其余波了。

　　"明末三案"是万历末年以后最高统治集团内部争夺权力的激烈斗争的反映，反反复复，一直持续到明末。天启年间，因梃击、红丸、移宫三案的代表人物王之寀、孙慎行、邹元标、杨涟、左光斗等均系东林党人，而在魏忠贤专权后，与东林党对立的齐、楚、浙诸党官僚纷纷依附魏忠贤，结成阉党，并怂恿他汇集三案的材料，撰成了《三朝要典》，全面翻案，将涉案的东林党人纷纷打倒，三案成了魏忠贤杀人的口实。而到了明末崇祯年间，魏忠贤被惩办之后，三案又再次翻了回来。

明孝宗出生冷宫之谜

> 明朝的后宫里疑案、怪事不少。一位日后的皇帝竟然因为妃子妒忌争宠、残害其他妃嫔和宫女而不得不出生冷宫，并且被偷偷摸摸地哺养了好几年，连皇帝自己也蒙在鼓里。

明朝的皇帝大部分都是昏庸之辈，"不郊、不庙、不朝"，政治腐败，朝纲混乱，后宫中则荒淫无度，怪事连连。明成化年间（1465－1487），明宫里竟发生了一件空前绝后的咄咄怪事：宪宗朱见深的儿子朱祐樘（即后来的明孝宗）居然在一个冷宫中出生。这是怎么回事情呢？

说起来，这事也和后宫妃子的妒忌争宠有关。朱见深的父亲英宗在正统十四年（1449）的"土木之变"中被瓦剌人俘去，才两岁的朱见深被立为皇太子，后来代宗朱祁钰即位，将其废为沂王。被释回京的英宗发动宫廷政变，再复帝位，他又被立为皇太子。八年后英宗死去，朱见深即皇帝位，为明宪宗。早在宪宗小时候，其祖母孙太后派了一名姓万的宫女服侍他。万氏4岁时进入皇宫，最初在孙太后宫中服侍，她聪明伶俐，很会察言观色，侍候太后体贴入微，所以极得孙太后的宠爱，成了孙太后的心腹和不离左右的小答应。万氏长大后，出落得娇艳秀美，比朱见深年长18岁，好比他的乳妈一样。万氏的美丽聪明打动了朱见深，成了他的第一个女人，从此便深陷其中不能自拔。

由于自幼抚养的关系，宪宗被万氏牢牢地控制住了，完全听从她的摆布，万氏则仗着宪宗的宠幸颐指气使。她的第一个步骤是向皇帝进谗废掉吴皇后，将其打入冷宫幽禁起来，第二步便是离间其他妃子，不让其他妃子有机会接近皇帝，目的就是想自己生一个皇子，这样不仅可母以子贵，横行宫中，还可以控制住两代皇帝。据《明史·后妃传》记载，万氏"善迎帝意，遂谗废皇后吴氏，六宫希得进御。帝每游幸，妃戎服前驱。成化二年正月生皇第一子，帝大喜……遂封贵妃"。然而美梦不长，万贵妃所生的皇子不久就夭折了，后来她再也没有怀孕。自己怀不了孕，万贵妃也不准其他妃子怀孕，只要皇帝临幸哪一个妃嫔、宫女，她便想方设法加以折磨和残害，不让其可能怀孕，即使是已怀孕的孕妇，她也绝不放过，用各种手法使之堕胎。

就这样，一方面宪宗临幸其他后妃的机会很少，另一方面因为万贵妃的迫害，宪宗年届30岁仍无子嗣，这在古代算得上是老而无子了。由于皇帝的生育问题涉及社稷永续，兹事不可谓不严重。朝中一些正直的大臣纷纷进谏，劝说皇帝摆脱万贵妃的控制。但宪宗对万贵妃除了迷恋之外还心存敬畏，怎么也摆脱不掉控制，而万贵妃则变本加厉，在宫中与一伙太监勾结起来，沆瀣一气，为所欲为，一时竟无人敢与其抗争。

恰在此时，宪宗偶然临幸一名身份卑微的纪姓宫女，那宫女竟怀上了"龙种"。不知怎么的，这事被万贵妃知道了，她非常恼怒，便命令身边的婢女用药去打掉纪宫女的胎儿。这名婢女对纪宫女很同情，没有下手，并且对万贵妃谎称纪宫女其实没有怀孕。可万贵妃仍不放心，她下令将纪宫女关到冷宫"安乐堂"里（据《明宫史》载，安乐堂在金鳌玉桥西、棂星门以北羊房夹道内）。

明宪宗朱见深

纪宫女就在冷宫里生下了一个小皇子。她知道万贵妃迟早会发现的，害怕万贵妃报复加害，于是让太监张敏将婴儿抱出去溺死。张敏苦苦恳求："皇上尚无子，怎能丢弃此婴？"他将小皇子藏在其他地方秘密地喂养，被幽禁在冷宫中的吴皇后知道后也偷偷帮着哺养。万贵妃曾在宫中搜索过几次，却一无所获，都被张敏等人躲了过去。小皇子长到了6岁，而宪宗本人还一直蒙在鼓里。

这天，宪宗照镜子时忽然叹息一声，自言自语地说道："老将至而无子矣！"一旁侍立的太监张敏伏地奏曰："奴才死罪！ 万岁已有子也。"宪宗愕然，问子在何处。张敏答："奴言即死，请万岁为太子做主。"另一名太监怀恩也在一旁顿首说道："敏言是。皇子潜养西内，今已6岁矣，匿不敢闻。"于是宪宗喜不自禁，连忙派人去接皇子。纪宫女见到皇帝来使，为小皇子穿上红袍，嘱咐说："儿见到黄袍有须者，即儿父也。"小皇子被人用轿子抬到皇帝面前，一下轿，见到身穿黄袍的宪宗，立即张开双手，跑上去扑向父亲怀抱。由于长期幽居，皇子连胎发也未剃过，因此"发披地"。宪宗抱起皇子，放在膝上，端详了好久，流着眼泪说道："像朕，是朕子也！"他立即让太监到内阁宣布了这件事，"君臣皆大喜"。第二天又颁诏天下，并将纪宫女封为淑妃，移住到紫禁城永寿宫。

可是，喜气洋洋的气氛没持续几天，纪淑妃就遭遇不幸，突然莫名其妙地暴死宫中，太监张敏也吞金自杀了。《明史》对此只闪烁其词地记道："或曰（万）贵妃致之死，或曰自缢也。"看来，还是跟万贵妃有点干系，是她妒忌纪淑妃而下的毒手。

小皇子取名为祐樘，因为系宪宗的独子，马上被立为皇太子。皇太后担心孙儿又遭暗算，于是决定亲自带养，以保证皇太子的安全，这样，万贵妃才没有下手的机会。有一次，万贵妃邀请皇太子一起进食，临去时皇太后千叮咛万嘱咐：贵妃给任何东西都不要吃。小皇子记住了祖母的话，到了万贵妃处果然什么都不吃。

后来，万贵妃在发怒追打宫女时，突然气闭昏厥，就此死去，宪宗还为之郁闷愁烦了好一阵子。后世皆对宪宗与万贵妃之间的关系疑惑不解：一个比皇帝大18岁的宫女，为何竟能令皇帝对其依恋不舍，宠冠后宫？ 但不管如何，她的妒忌和凶残却令历史上多出一桩宫廷怪事。

中国历代宫廷之谜

〇五五

明代妃嫔殉葬之谜

> 明代在中国历史上的一大倒退就是公然复活了残酷的殉葬制度，先后有五代皇帝死后都逼迫侍寝的宫妃殉葬。直到明英宗时才明令废除宫妃殉葬，因而受到了后世的称赞。

殉葬是一种古老的风俗。古人迷信，认为人死后还会同生前一样生活，因而人死后，将其生前用过的物品一同从葬。在原始社会时，人们还只是将日常生活中使用过的工具、武器、日用品等与死者埋在一起，但到了奴隶社会，奴隶主视妻妾、奴隶等为私有物品，于是便将自己的妻妾、亲信以及大量奴隶一同陪葬，甚至残酷地将奴隶活活杀死来祭祀死人，以便供其在阴间继续奴役。商周时代，人殉人祭非常盛行，人殉就是用活人殉葬，人祭就是将活人杀死用以祭祀死者。

春秋战国时期殉葬的事情也不乏见。公元前621年，秦穆公死时，竟用了170多人殉葬，除了奴隶外，还有远近闻名的秦国"三良"：奄息、仲行和针虎。秦国百姓为之哀恸，于是作《黄鸟》诗哀悼他们，《诗经·秦风》就收录了这首诗。由于殉葬的做法实在太不人道了，有良心的人对之无不痛恨、抨击，孟子曾经引用孔子的话说："始作俑者，其无后乎！"（见《孟子·梁惠王上》）意思是咒骂奴隶主和封建君王是"断子绝孙"之辈。荀子也毫不客气地斥责殉葬制度："杀生而送死者谓之贼！"到了西汉中期以后，尽管私下还不时出现"奴仆殉主、妻妾殉夫"的事例，但殉葬作为一种社会制度已经基本被废除。

然而，令人发指的是，这种起源于原始社会和奴隶社会的恶俗，到了明代居然又死灰复燃，明代皇室甚至公开推行殉葬制度。所以说，明代是中国封建王朝中最黑暗、最腐败、最荒淫无道的时期。明朝自开国皇帝朱元璋起，重开以妃嫔、宫女为死去皇帝殉葬的制度。据明人吕毖所撰《明朝小史》记载，朱元璋死后，"伺寝宫人尽数殉葬"，为他殉葬的伺寝妃嫔共有40人，全部葬于南京的明孝陵，其中只有两人先于明太祖病故，其余38人都是被勒令殉葬的。朱元璋本人出身寒微，因穷苦而出家当过和尚，后来率领下层民众起义才登上皇位，却明目张胆地复活殉葬制度，实在让人百思不得其解，从中也可以看到，下层阶级的农民意识有时候是非常愚昧、非常反动的。他的第四个儿子永乐皇帝朱棣也效仿老子，死后用了16名妃嫔（一说三十多名）殉葬。朱棣的儿子明仁宗朱高炽亦步亦趋，死后其献陵中也有5名宫妃陪葬。仁宗的儿子宣宗朱瞻基仍然子蹈父辙，在他的景陵中，共有10名宫妃被迫"殉节从葬"。宣宗的次子朱祁钰在"土木之变"英宗被瓦剌人俘去后即位为代宗（史称景帝），后英宗返回通过"夺门之变"复位，他被降为郕王，但死时仍用数名宫妃为其殉葬。还有的明朝皇帝变相地逼迫妃嫔为其殉葬，如末代皇帝朱由检。崇祯十七年（1644）三月十九日晨，李自成率领农民起义军杀入紫禁城内城，崇祯帝下诏命，后宫众妃嫔统统自缢，随后他自己也吊死在煤山（今景山），据说是为了不让后妃们遭受起义军的凌辱。

明代妃嫔殉葬大都采用缢死，其状很惨。朝鲜的《李朝实录》记述了明成祖（即永乐皇帝）死时，宫中妃嫔被强令殉葬的情形。殉葬人被处死的当日，先在庭中饱餐一顿，因为饥饿之魂是不受欢迎的。席间还有人致辞劝酒，当然都是些赞颂她们"烈举"的假话虚话。宴散后，被领至一室内，主持此事的嗣皇帝明仁宗走过来，与她们诀别，堂上早已准备好了就死的道具，殉葬者顿时哭声惨绝，但已是身不由己，除了乖乖就范之外，别无生路。这时宦官逼迫她们登上小木床，眼前荡着从梁上垂下来的绳索，妃嫔们将头伸入绳套中，宦官在后面撤走小床，妃嫔们便挣扎着气绝而亡。殉葬者中有两名朝鲜进贡的美女韩氏和崔氏，韩氏曾在仁宗与她们诀别时哀求让其回国服侍老母，但遭到断然拒绝。此刻，韩氏对乳母说了句："娘，我去了！"话还未说完，脚下的小床已被宦官撤走，一命呜呼了。

为明宣宗殉葬的宫妃中，有一名宫妃名叫郭爱，进宫不到一月，宣宗就病死，她也被迫成为殉葬人。临死时她写下一首绝命辞，含血泣泪痛诉这惨无人道的制度："修短有数兮，不可较也。生而如梦兮，死则觉也。先吾亲而归兮，惭予之失孝也。心凄凄而不能已兮，是则可悼也。"真是字字血，声声泪啊。还有个别被逼迫生殉（即活着被埋葬）的宫妃，则不惜花巨资买通营墓人，让其暗中留下活命通路，等墓封人去之后，再偷偷逃出陵墓，但这样活着逃出来的妃嫔没有几个。

明代的殉葬制实行了五朝，一直到明英宗朱祁镇时才被废止。英宗临终时，命太监牛玉执笔记录下口述遗嘱四条，其中第二条是"勿以嫔御殉葬"。当草拟的遗诏交到文臣手中润色时，大学士李贤等人阅后激动而叹：停止殉葬，真是件大好事，垂名千古！《明史·英宗本纪》赞道：废除宫妃殉葬，"此等盛事可法后事者矣"。尽管英宗一生中污点不少，如宠信和任用宦官王振，导致明朝中期宦祸兴起等，但在他复位改元之后，还是做了一些比较清明的变革，尤其是废止宫妃殉葬这一举措，使得明朝皇帝以活人殉葬的残酷制度得以结束，因而受到了后人的称赞。英宗之后，历代明朝皇帝也都一一遵循，再没有人殉葬了。

清人入关前也有殉葬的习俗，后来康熙在位时，御史朱斐上疏称"好生恶死，人之常情，捐躯轻生，非盛世所宜有"，建议彻底废除殉葬恶俗。康熙帝采纳他

的意见，于康熙十二年（1673）发布禁令，明令禁止八旗贵族以奴仆殉葬，清皇室率先做到了废除殉葬。从康熙起，再也没有出现殉葬现象，这一残酷的习俗终于被彻底革除了。

明清"午门斩首"之谜

"午门斩首"早为人们熟悉，描写明清时代故事的影视片中常出现"推出午门斩首"这句台词，以前的民间说书也常有"午门斩首"的故事情节。午门是紫禁城的正门，明清时代真的有在午门执行死刑的做法吗？

从天安门进入故宫，最先映入眼帘的就是午门。午门是紫禁城的正门，非常雄伟，它由墩台和城楼两部分构成，平面呈凹字形，形成"阙"和"观"的规制。墩台用城砖砌筑，以石灰、糯米等做胶结材料，中间砌出五个券洞，其中城台正面三个门洞，左右各有一掖门，这种样式称为"明三暗五"。文武百官出入左（东）门，宗室王公出入右（西门），两边的掖门只在朝会时打开，文武官员分别从东西鱼贯而入。中间的门洞当然是皇帝专用的御门，中间铺有青白石，门洞所对的道路从永定门一直通达钟楼、鼓楼，恰好是紫禁城的中轴线。除了皇帝，还有两种人在特定的时候也可以通过。一是皇帝大婚时，正宫皇后的喜轿可从中门入宫；二是太和殿殿试结果公布出来（称为传胪）后，殿试的前三名（状元、榜眼、探花）可从中门出宫。

城楼上的正殿，面阔九间（长60.05米）、进深五间（宽25米），这是宫殿建筑的最高形制。古代以阳数为尊，九是阳数之最，五为阳数之中，两数并用，代表"九五之尊"，只有皇帝才可使用。午门从地面到正楼顶的兽吻，通高37.95米，两翼的南北两端各建有四角攒尖的方亭，正殿与四座方亭宛如五峰突起，错落有致，所以又称"五凤楼"。

午门前是一片宽阔的广场，所谓"午门斩首"指的就是这里。然而"午门斩首"只不过是讹传而已，无论明朝还是清朝，都没有这样的做法。因为这里是国家举行重要典礼的场所，如此一个神圣之地，怎么可能作为杀人场所。实际上，明代是在西市执行斩首死刑的，清朝则是在菜市口（这个地方影视中也经常描写到），只有廷杖之刑才在午门外执行。况且，自先秦起，中国古代执行死刑就有较严格的规定，除了"立斩"的犯人外，并不是随心所欲推出去就斩的，一般须到秋季，经过秋审后再交刑部执行。

古时，每年的腊月初一要在午门隆重举行一个颁布来年历书的"颁朔"大典，皇帝会亲临午门主持大典。另外，遇到国家发生重大战争，大军凯旋时，皇帝也会亲登午门城楼接受"献俘礼"，这也是一个相当宏大的仪式。明清时代的受俘礼都安排在皇宫的正南门举行,仪仗庞大,从午门到天安门外布满皇帝的仪仗,包括法驾卤簿、丹陛卤簿、丹墀卤簿、仗马、步辇五辂宝象、乐队等。皇帝身着龙袍,从宫中登辇而出,登上午门,此时钟声长鸣,乐声大作。由刑部会同掌管文教礼仪的礼部,将敌军俘囚送赴午门下,匍匐在地。皇帝一声:"拿下!"先是离皇帝最近的两位勋臣高声接传皇帝的御旨,然后再由4位大臣接传,接下去依次是8人、16人、32人接传,最后是360名将军齐声高喊:"拿下!"声音响彻云霄,显扬出朝廷的声威。通常皇帝的指示都是"所献俘交刑部",有时候,皇帝一声"赦",便算免了他的死罪,这样就可以昭示国家的"德胜",表示文明对野蛮的胜利。明朝的献俘礼威严浩大,而清朝的受俘仪式就显得气氛比较平易一些了。

康熙、雍正皇帝都曾登临午门举行受俘礼,乾隆皇帝4次登上午门受俘,并写下受俘诗保存在午门楼上。

人们之所以以讹传讹流传着"推出午门斩首"的说法,可能是将古代的两种行刑方式混为一谈了。在古代军中,将帅拥有"将在外,君命有所不受"的特权,对于罪当处决的人可以即刻"推出辕门斩首",即推出营门外执行死刑。例如,《三国演义》中那位刚愎自用、死搬教条、兵败街亭的马谡,就是被诸葛亮痛斩于辕门外。明嘉靖年间,戚继光奉命在台州、金华两府练兵平倭。有一次,他的义子戚英擅自违命,改变作战部署,造成部队伤亡,于是戚继光设立行刑台,将戚英推出辕门斩首。

同时,从明朝中期的成化年间(1465－1487)起,开始出现了杖刑(又叫廷杖),就是皇帝命人用棍棒痛打臣下的屁股,而杖刑是在午门外执行的。被皇帝下令施以杖刑的臣下,偶有当廷施杖的,但大多都拉到午门外执行。行刑前一天,有关方面先通知受刑官员明日准备受刑,次日锦衣卫即将其绑赴午门外,在中央御道的东侧开打。午门脚下的小房子就是当年锦衣卫值勤之处,东西两厢房(现为售票处)至午门站满禁军校尉,先由军校杖打三下,算是"适应性热身",然后由上百名军士一边吆喝一边轮流执杖施刑,每打五下换一个人再打。杖刑分"着实打"和"用心打"两种,被"着实打"的,一般不死即残,轻者也要半年才能伤愈;而被"用心打"的当场被打死的事情也时有发生。军校打完,再用厚布将受刑人裹起,几个人一起用力,将其抛起,重重地摔在地上。据记载,仅明朝前后就有数十名大臣在杖刑下当场丧命或因重伤不治而死亡。

明朝后期和清朝初期,对一些影响较大的官场案件,皇帝也会特命在午门会审。例如成化年间的官员受贿案、弘治年间的科举舞弊案(唐寅等人欲得高第夤缘主考官案件)、康熙年间的陈汝弼受贿案等,都在午门展开卷宗浩繁、人员众多、激烈而耗时的审理。

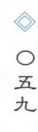

明清两朝皇帝婚礼之谜

人们也许会很感兴趣：古代的皇帝是怎样举行婚礼的？古代人认为，"婚礼者，礼之本也"。因此皇帝大婚更是遵循一整套复杂的礼仪。明清两朝的皇帝大婚礼仪是最完整和最规范的，在历代宫廷中具有代表性。

中国在数千年的文明发展过程中，渐渐形成了复杂而烦琐的典制礼仪，连皇帝大婚也无法幸免，同样必须遵循一定的礼仪原则。因为皇后是皇帝的正妻，同皇帝被奉为天的代表和"天下之父"相对，皇后是地的代表、"天下之母"，在朝廷中被尊为中宫，即后宫之首。所以，皇帝的大婚从选后、纳采、纳征到迎娶、册立等各个环节，都有一整套的礼仪，这些礼仪统称为大婚仪。

皇太后往往在选后中起着决定性的作用。明代规定，先选出一正二副三位淑女作为皇后候选人，送太后最后决定。太后相中谁，即将青纱帕罩在谁的头上，再用金玉挑脱，将青纱帕系在其手臂上。清朝时则先挑出五位淑女候选，从中选定一后二妃，由皇帝遵照太后懿意将玉如意授给其中一位淑女，她便是未来的皇后了。历史上许多皇帝对自己的第一个皇后并不满意，也不喜欢，但因为皇帝大婚时尚年轻（一般在13至18岁），对自己的婚姻大事无法做主，只有等到皇帝亲理朝政，真正掌握大权之时，才有可能废掉皇后，重新择娶一位自己喜欢的妃子，另立为后。如清朝的顺治，他的第一次婚姻便是由皇叔多尔衮为他指定的，而他不喜欢皇后博尔济吉特氏，他16岁时，将皇后降为妃子，另纳新皇后。

另外，明代的"皇明祖训"还规定，必须从民间选皇后，这主要是为了抑制后族势力的嚣张，保证后宫的安宁太平。到了清朝，皇后多数来自有势力的贵族家庭，尤其是太后，可以利用其权威，将自己一族的亲戚选定为皇后。

接下来便是择吉日行纳彩礼、大征礼。纳采就是向女家赠送订婚彩礼，一般为马匹、丝帛等。大征礼则是迎娶之前向女家赠送的正式聘礼，包括黄金、白银、绫罗绸缎、金银餐具和银盆等生活实用品。皇帝的使者来到女家"奉制纳采"，按照规定程式向女家主人宣读皇帝制书，然后奉上彩礼。之后是"问名"，即询问女家的姓名和生辰，问名后照例还要奉上一份重礼。使者回去后，由负责占卜的官员对姓名和生辰做出占卜，如结果为吉，那么数日后即举行纳吉仪式，即告知女家婚配吉祥，接着行大征礼。纳征之后，选定大婚的日期，使者再到女家举行告期仪式。每次使者到女家，都要宣读皇帝的制书，举行郑重而烦琐的仪式，并向女家赠送厚礼。

告期之后便是隆重的册后仪式。册后的前一天，皇帝要派专人在女家门口和未来皇后的阁外住守。册后仪式的当日，使者、内侍及礼仪官等齐集女家门前，女家主人一身朝服立于庭阶，使者传话："某奉制授皇后备物典册。"随后一干人等进入女家，由持案官将册宝奉授给使者，使者再将册宝授给内谒者监，后者在皇后的阁外跪置册宝于案。女官尚宫等一行人进入阁中，帮助皇后着装饰首，引导出阁。这时尚宝官引导皇后北向立于庭中，尚宫跪下取出册宝，尚服跪下取出宝绶，尚宫宣读册文：维某年月日……册命某官女某氏为皇后。皇后拜过之后，尚宫、尚服奉册宝进授皇后，皇后接过册宝，即表明她接受了皇帝的册立，自此刻起已正式成为母仪天下的皇后。然后，皇后在尚仪的赞导下升座，坐北朝南，第一次以皇后的身份接受内官们的稽拜。明朝初期规定，册立皇后为金册金宝（册即册立皇后之文书，宝即皇后的宝印），其余贵妃等有册无宝。但明宣宗因极宠孙氏，即位后册立其为贵妃，并有册有宝，待遇一如皇后，后来又晋封为皇后，始开明代贵妃有册有宝之先河。

清·金錾花如意

大婚仪的最高潮是举行大婚仪式，一般紧接着册后仪进行。大婚当日，皇帝身着衮冕，来到正殿，侍卫环立左右，文武百官五品以上的分列东西朝堂。然后命使者及女官前往女家奉迎皇后。在皇后家，使者先宣读皇帝迎娶皇后的制书，皇后的父母则对女儿告诫一番："戒之敬之，夙夜无违命"、"勉之敬之，夙夜无违命"。然后，皇后登上乘舆，奉迎队伍便浩浩荡荡地朝着皇宫而去。

明朝在英宗时制定了完整的大婚仪式，包括奉迎皇后时的奉迎制词，女家主人答表的内容，皇后父母告诫女儿的话，女官奏请皇后冠服出阁的礼仪，内执事赞请皇后升堂时的跪拜礼仪，主婚官的站立方位和位置……所有细节都规定得详尽而刻板。皇后的彩舆在奉迎仪仗的前导下，由内宫内使护卫着从大明门正门进入皇宫，至宫城正门午门外时，钟鼓齐鸣，前导宫女等簇拥着皇后彩舆由奉天门进入内廷，册宝官将册宝授给女官。到了后宫，皇后走出彩舆，由西阶进，皇帝站立东阶降迎皇后，然后同皇后一起进入内殿的洞房。

清朝皇帝大婚的册立礼、奉迎礼和大婚合卺礼是连续进行的，从而形成大婚的高潮。大婚前一天，皇帝亲祭祖宗，并由礼部官员祭告天地及太庙、社稷。到了大婚当日，宫中御道铺上红毡，午门内各宫殿门口都张挂彩灯、贴对联，太和殿、乾清宫、坤宁宫等几个主要的宫殿门口还高悬着红双喜字彩绸。在女家进行的册立仪式与明代相差无多，只不过清朝册立皇后时除了授册宝之外，还要授节（即符节）。在正堂设有香案，香案后面分别放置节案、册案和宝案，节案居中，册案和宝案左右分置，皇后在香案前跪听宣读册文、宝文。然后，以四位命妇作前导，七位命妇作后扈，在太监的左右扶护下，皇后乘凤舆一路浩浩荡荡从大清门（中华门）进入皇城，穿过午门、太和门、中左门、后左门直至乾清门。皇后降舆，迈过一个火盆（寓意蒸蒸日上）后，在近侍女官的簇拥下，从交泰殿来到坤宁宫，再跨过两具马鞍和两个苹果（寓意平平安安），才能进入洞房。洞房就是皇后的寝殿，在寝殿的东角上设置有御幄，四周张设

中国历代宫廷之谜

〇六一

屏幛，皇帝和皇后将在这里面度过他们的花烛之夜。皇帝揭去皇后的盖头，双双坐在龙凤喜床上，女官奉上祭具，皇帝和皇后先行祭礼，然后食"三饭"，吃子孙饽饽。最后在女官和侍卫们的祝福中对坐饮交杯酒，按照满族的习俗席地而坐于矮桌前进合卺宴，大婚礼仪便告结束。

明清宫中接生哺乳之谜

明清两朝的宫廷中，除了许多女官外，还有奶口、稳婆、医婆等，她们在宫里的职责是什么呢？原来她们是专为皇帝的后妃们服务的女性，明清时期，对这些人有专门的招选制度。

宫廷中除了女官以外，还有奶口、稳婆和医婆等专为皇帝的后妃们服务的女性，用通俗的话来说，就是奶妈、接生婆和照顾产妇坐月子的精通方脉的女人。明代时形成了专门的制度，每年都要从京郊民间挑选奶口、稳婆以及医婆。清朝循明制，也保留了这样一套制度，因此清宫中也有一批奶口、稳婆和医婆。

奶口的使命是哺乳皇室婴儿，因为哺乳的对象是至尊至贵的皇室子女，所以，对于奶口的挑选历来十分严格。明代在东安门外稍北设有礼仪房，俗称"奶子府"，是选养奶口以候内廷宣召之所，有提督司礼监太监管其事。奶子府每年每季都要派人外出挑选奶口，在北京近郊宛平、大兴二县以及各衙门广求军民家有夫之妇，年龄在15岁以上、20岁以下，丈夫健在，容貌端正，而且是刚生养过第三胎不足三个月的女性才能作为候选人，经反复遴选挑出40名奶口，养在奶子府内，称为"坐季奶口"；另选80名候补奶口，留下住址，命其住在自己家中随时听候宣召，称为"点卯奶口"，一旦"坐季奶口"人数有缺，"点卯奶口"立即顶上去。坐季奶口进奶子府后，还要让内官再仔细检查一遍，看皮肤是否洁白滑爽，身材是否匀称，乳房是否丰满，头发是否黑亮秀美，奶水是厚是薄是浓是稀，身体有无疾病，身上有无体味，口齿是否伶俐等。然后换上干净漂亮的衣服，住明亮宽敞、环境幽静的房子，吃美味可口的食物，为的是保证她们心情愉快，有充足而优质的奶水。内官们会将这些奶口从好到差依次排名，遇到内廷宣召，便让排名最靠前的奶口打扮一番，梳上凌空高髻，换上统一的新衣，化上宫妆，由内官引领着入内廷。如果一个季度过去了，奶口一直没有接到传唤，便只当是皇家出钱白养几十天，她们就要被放归家，因为过了一定日子，奶水便不再是最佳的了。奶子府重新物色一批奶口备选，每季换一批，如此不断地轮换，保证以最佳哺乳期的妇女供应宫廷，确保皇子皇女们能吃到充足而优质的奶水。

奶口一旦留用，哺乳过皇子皇女，便如捧上了铁饭碗。因为婴幼儿吃上乳母的奶后，就不容易再接受别人的奶水，会记她一辈子的，哪怕被哺养的皇子皇女长大成人，奶口仍然会留在宫内，与一般的仆役身份不同。假如哺乳的是皇太子、皇太孙，就更加有幸了，将来皇太子、皇太孙登上宝座，奶口就身价百倍，荣耀乡里，甚至还有可能被册封为妃子，历史上不乏这样的例子。如东汉时顺帝封乳母宋氏为"山阳君"；灵帝封乳母赵氏为"平氏君"；唐中宗封乳母高氏为"修国夫人"，元世祖封皇子的乳母赵氏为"豳国夫人"，乳母的丈夫也被封为"德育公"；明成祖封乳母冯氏为"保重贤顺夫人"。皇帝之所以待乳母好，不仅由于从小吃她的乳汁产生感情，而且也是封建礼教所要求的。

稳婆是负责为皇室家族接生的女人，又叫"收生婆"或"老娘"，通常从民间接生婆中挑选技术娴熟、相貌端庄、品行极好的充当。明清时宫廷所需的稳婆都是先在民间接生婆里预选，然后将预选出来的稳婆名字登记在册，以备需要时选用。稳婆除了为皇室女性接生外，还参与挑选奶口，查看备选的奶口"乳汁厚薄，隐疾有无"。另外在选秀女时也起着重要作用，由她们来对秀女进行裸体检查，如皮肤、乳房、阴部等，在贞节观十分盛行的明代，还要检查选入宫内的女子是否处女。

明代由于贞操观念的影响，妇女有病不请男医治，顶多也只让医生隔帐搭脉，在这种情况下，医婆便应运而生。招入皇宫的医婆都是精通医脉，懂得产后保养和各种禁忌的女人，她们的任务是负责护理产妇，防止其产后染病，并随时观察产妇，以最佳的医方让产妇尽快康复。稳婆、医婆与奶口不同，奶口是依仗自己的天生素质——健康、端庄、适合的年龄、生育状况等，而稳婆和医婆则要靠自己所掌握的知识和手艺。因此，稳婆、医婆的人选竞争比起奶口来更加激烈，也更具有戏剧性。据史书记载，有一次内廷招选医婆，一个十五六岁的女子前来应聘，内廷官员多人考试其医药、护理、调养知识，女子对答如流，众内官非常吃惊。原来，这个女子自幼研习医术，早就期盼着候选进宫。她自然很轻松地被选上了。稳婆和医婆进入内廷之前，也要收拾整齐，以宫妆打扮进入。

一般在产前三天，奶口、稳婆和医婆便已全部选好，在内廷直房等候宣召。怀孕的宫妃静养于月子房，一旦临娩，她们便立即前去伺候。稳婆来到孕妇身边，备好一应用具，帮助孕妇让孩子顺利降生。如果生下来的是皇子，就宣生女孩的奶口哺乳，如果生下来的是皇女，就宣生男孩的奶口哺乳。几位奶口先试哺一阵，加以比较，看婴儿更能接受谁，大约一个月后留下一位最佳的奶口，由她负责喂养婴儿直至断奶，其余的送回。孕妇生产以后，照料产妇的事便由经验丰富的医婆负责。待产妇坐月子满月以后，身体各方面基本康复，稳婆和医婆便领赏出宫，唯独最后被选定的奶口作为乳母长期留在宫中，乳养孩子，并照料孩子的生活和起居。

有些稳婆和医婆，在宫中照料时得宠于皇后和妃嫔，出宫以后还能经常出入宫禁。宋代大书法家米芾的母亲当过产媪（也就是稳婆），靠了这层关系，米芾在考进士及第前，曾进皇宫当过殿侍。看来，只要伺候过皇宫里的贵人，都可以获得一定的好处啊。

顺治继位之谜

睿亲王多尔衮没有作为豪格的竞争对手参与皇位之争，所谓"诸王争立"，实际上主要是诸王争立太宗诸子。根据清初满族继嗣传统和五宫之子的贵宠地位，顺治即位是名正言顺的，不是什么折中方案。

崇德八年（1643）八月九日亥刻，清太宗皇太极在清宁宫"端坐而崩"。因生前未立储君，皇位悬虚，"宗室诸王，人人凯觎"。在皇太极治丧期间，一场激烈的皇位之争展开了。有权势的竞争者有三个人：皇太极的长子肃亲王豪格，皇太极十四弟睿亲王多尔衮和皇太极第九子福临。目前史学界普遍认为，顺治继位是清统治集团内部"窥视神器"的折中方案，具体地说，就是肃亲王豪格和睿亲王多尔衮的明争暗斗，最终将一个乳臭未干、年仅6岁的娃娃福临，即一年后入主中原君临天下的顺治皇帝推上了皇帝的宝座。然而，只要分析一下清初立储的特殊情况和顺治的母亲所处的贵宠地位，就不难发现这一问题的谜底。

皇太极中年猝死，卒年仅52岁，他自己也没有料到会如此匆匆地永绝尘寰，生前既没有指定继承人，临终时也没来得及做任何交代。所以，当诸王、贝勒、大臣从震惊、悲痛中清醒过来时，空虚的皇位就成了众人争夺的目标，开始"私相计议"嗣君人选。皇太极死后，豪格和多尔衮是两大实力派，二人是大家考虑的重点，又都有可能走上权力的顶峰。豪格是太宗长子，众兄弟中唯一封王的儿子，掌正蓝旗，得到举足轻重的八旗部队中半数的支持，皇太极死时他已35岁，比多尔衮还长三岁，是皇位继嗣的主要人选。皇太极生前亲掌的两黄旗大臣"尝谋立肃亲王豪格"，图尔格、索尼、图赖、锡翰、巩阿岱、鳌拜等人前往豪格家中，"欲立肃王为君"。豪格在得到两旗大臣的私相拥立后，也加紧了继嗣活动，立即派心腹何洛会、扬善通知郑亲王济尔哈朗，说："两旗大臣已定我为君，尚须尔议"，以争取镶蓝旗的支持。济尔哈朗和诸王中辈分最高的礼亲王代善也都认为，豪格是"帝之长子"，当继大统。

多尔衮是太宗的十四弟，才智过人，战功卓著，威望正隆，深受太宗器重，封和硕睿亲王。手中握有正白、镶白两旗部队，兵精将勇，并有豫亲王多铎和武英郡王阿济格的效忠。两白旗诸王素与豪格不和，认为"若立肃亲王，我等俱无生理"，英王阿济格、豫王多铎坚持多尔衮即位。许多学者据此认为多尔衮参加了皇位之争，是"诸王争立"的重要内容，实则不然。多尔衮对英、豫二王的拥立一直保持审慎态度，据他后来回忆说："昔太宗升遐，英王、豫王跪请予即尊，予曰：'若果如此言，予即当自刎'，誓死不从。"

究其个中原因应该是多方面的，但最主要一点是他对满族社会宗法制度的深刻理解和现实的清醒认识，即满族入关前，兄终弟及或父死子继虽尚无定制，但是，父子相承袭的继嗣方式，已被满族贵族集团所普遍接受。皇太极尸骨未冷，一片"立帝之子"的呼声就是证明。多尔衮即位，是兄终弟及，若是硬要冒天下之大不韪，势必导致血溅皇宫，甚至政权崩溃。这种悲剧是多尔衮不愿意看到的。所以，阿济格、多铎"跪请"是一回事，多尔衮有没有参与皇位之争则是另一回事，不能混为一谈。在两白旗诸王与豪格对立的形势下，多尔衮唯一的选择就是维护满族的继嗣传统，在太宗其他位居贵宠之列的幼子中册定嗣君，这样既可打下豪格，又有拥立"先帝之子"之名，为皇子派所接受，还可以将幼主控制于股掌，当无冕之王，一箭三雕。

如上所述，第二个问题已做了部分回答，福临不是"诸王争立"的折中方案，而是"争立"的对象。那么，福临有没有继嗣的可能呢？

崇德改元，五宫并建。所谓五宫系指：中宫孝端文皇后，关雎宫宸妃，永福宫庄妃，麟趾宫贵妃，衍庆宫淑妃。孝端文皇后、淑妃均无子，宸妃生八子（早殇），庄妃生九子福临，贵妃生十子博木博果尔。在太宗诸子中，五宫之子位在"贵宠之列"。宸妃之子曾立为皇嗣，而福临在五宫尚存的二子中居长，继承皇位是顺理成章的。而庄妃其人，名布木布泰，蒙古科尔沁贝勒博尔济吉特氏寨桑的次女，端庄秀美，聪颖机敏，13岁嫁给皇太极，曾佐助乃姑中宫孝端文皇后处理椒房大小事务，深受皇太极信任。以后又辅佐顺治、康熙二幼帝，是历史上一位有作为的女政治家。

在诸王大臣私相谋立时，庄妃立即"胁多尔衮入宫，立其子，以居摄饵之，遂定"。这段记载虽出自野史，但有很重要的史料价值。庄妃之所以能够"胁"多尔衮"立其子"，是有多方面的原因的：（一）福临在五宫二子中居长，处于贵宠地位，无论多尔衮或豪格谁承继大统，都与"父死子继"或嫡、庶之分等封建宗法观念相悖逆。（二）庄妃和多尔衮既是叔嫂关系，庄妃之妹又是多尔衮的妃子，因此庄妃比他人更便于对多尔衮施加影响和压力。（三）崇德五宫的五大福晋都出自蒙古，而科尔沁部博尔济吉特氏姑侄就有三人，宸、庄二妃是同胞姊妹，中宫皇后是两人的姑母。在漠南蒙古诸部中，科尔沁部归附后金最早。"荷国恩独厚，列内扎萨克二十四部首"是清向外扩张和对明战争的重要同盟军和依靠力量，这也是庄妃立即敢于召见多尔衮"逼"他"立其子"的原因。

清太宗皇太极

庄妃这么理直气壮地把福临提出来，除了福临具备继嗣的条件外，可能也代表了孝端文皇后的意见。而上文中"遂定"一词内涵丰富，事实上表明福临继统，多尔衮居摄的幕后交易已经成交。于是"太宗崩后五日，睿亲王多尔衮诣三官庙，召索尼议册立"。索尼曰："先帝有皇子在，必立其一，他非所知也"。这段记载，一方面说明多尔衮已同意立福临，另一方面两黄旗大臣不再坚持立豪格，而是笼统地提出诸皇子"必立其一"，这种态度的变化，说明庄妃事先已做了两黄旗的工作。为了保证册定新君会议顺利进行，多尔衮以与济尔哈朗共同摄政为条件，将镶蓝旗争取到自己一边。济尔哈朗是舒尔哈齐之子，无继嗣资格，拥立太宗诸子中的任何一个对他都是一样的，能当上摄政王当然求之不得。在太宗生前自将的两黄旗和多尔衮三兄弟亲掌的两白旗的支持下，福临继位就没有什么问题了。

从以上分析可知事情的真相是这样的：睿亲王多尔衮没有作为豪格的竞争对手参与皇位之争，所谓"诸王争立"，实际上主要是诸王争立太宗诸子，在这场斗争中，多尔衮取得了摄政王的地位而获得了胜利。而根据满族继嗣传统和五宫之子的贵宠地位，顺治即位不是什么折中方案，而是名正言顺的。清入关后，虽然建立了"立嫡以长"制度，但子以母贵的传统观念还在长期地影响着清一代公开或秘密的立嗣活动，这一点不应为史家所忽略。

孝庄皇太后下嫁多尔衮之谜

孝庄皇太后是清初杰出的女性，清朝由入关到政权巩固，统治稳定，并开创一个空前的盛世，与孝庄的贡献是分不开的。然而孝庄死后却葬不从夫，没有与她的丈夫清太宗皇太极合葬在一起，这是为什么？是不是与民间传说的"太后下嫁"有关？

孝庄文皇后，博尔济吉特氏，本是蒙古科尔沁部贝勒寨桑之女，生于明万历四十一年（1613）。清太祖努尔哈赤天命十年二月，博尔济吉特氏由兄长专程护送，嫁给了比她大20岁的亲姑夫皇太极为侧室福晋，当时她只有12岁。崇德元年七月初十日（1636），博尔济吉特氏被册为永福宫庄妃，册文上用满、蒙、汉三种文字书写着："奉天承运，宽温仁圣皇帝制曰：自开辟以来，有英运之主，必有广胤之妃，然锡册命而定名分，诚圣帝明王之首重也。兹尔本布泰系蒙古廓儿沁国之女，凤缘作合，淑质性成。朕登大宝，爱做古制，册尔为永福宫庄妃。尔其贞懿恭简，纯孝谦让，恪遵皇后之训，勿负朕命。"

在民间传说中，孝庄是皇太极身边的一位女诸葛。据说，崇德七年（1642）三月，明蓟辽总督洪承畴被清军生俘，皇太极大喜，想收降他。因为洪承畴是明朝很有影响的封疆大员，收服他对于收揽汉族知识分子人心，瓦解明朝统治具有很大的意义。皇太极下令把他押到盛京，派人轮番劝说，但洪承畴"延颈承刀，始终不屈"，还以绝食表白他不事二主的忠心。正当群臣无计可施之时，孝庄自告奋勇，亲自去劝说。她扮作一个侍女，怀里藏了一壶人参汤进入囚牢，温颜婉语，以壶承其唇，一口一口地将人参汤喂给洪承畴，然后动之以情，晓之以理。经过数天的努力，洪承畴终于归顺清朝，并为清朝平定中原立下了汗马功劳。不过在皇太极生前，孝庄在后宫的地位并不显赫，后宫统摄一切的是她姑妈博尔济吉特皇后，而受到皇太极专宠的则是她姐姐宸妃。

由于孝庄经常关注清廷的政治活动，她的政治素质和才能得到了磨炼，在以后每每遇到重大突发政治事变时，她的出色才能就得到了充分的展示。

皇太极死后，孝庄为了保护自己年幼的儿子福临平安无事，施展手腕，笼络皇太极之弟、摄政王多尔衮，终于使福临坐稳了皇帝的宝座。孝庄是如何笼络多尔衮的？官修的史书实录没有留下任何记录，私家著述也没有留下更多的记载，后来民间一直津津乐道地认为，孝庄向多尔衮献出了自己。当然，这只是一种猜测。但尽管没有确凿的证据，人们对这对年轻叔嫂间的关系难免议论纷纷。

顺治临终时，原属意于次子福全，但孝庄看中玄烨，于是说服了顺治改立玄烨，也就是后来智擒鳌拜、平三藩、屯守台湾、驱逐沙俄、平灭准噶尔叛乱、开创康乾盛世的康熙皇帝。康熙和孝庄太皇太后祖孙两人的感情非常深厚，孝庄从不直接干预朝政，但却时刻关心和帮助康熙，给他讲一些治国修身之道。她经常告诫康熙："古称为君难，苍生至众，天子以一身临其上，生养抚育，莫不引领，必深思得众得国之道，使四海咸登康阜，绵历数于无疆，惟休。汝尚宽裕慈仁，温良恭敬，慎乃威仪，谨尔出话，夙夜恪勤，以祗承祖考遗绪，俾子亦无疚于厥心。"康熙皇帝之所以文治武功大有作为，其中也有孝庄的贡献。作为母亲和祖母，孝庄对顺治和康熙投入更多的是对他们品行的教育。

康熙二十六年（1687）十二月，孝庄皇太后病危，康熙隔着床帷看护，衣不解带，水米不进，昼夜不离左右，并亲自率领王公大臣步行到天坛，祈告上苍，祈求祖母平安。十二月二十五日，孝庄终于走完了她的一生，以75岁的高寿安然薨于慈宁宫，被谥为"孝庄仁宣诚宪恭懿翊天启圣文皇后"。根据孝庄的遗愿，她死后没有与皇太极合葬于北陵昭陵，而是暂安奉殿长达38年之久，直到雍正三年才在关内匆匆动工营建陵寝，然后将她下葬，然而却被孤立于清东陵的风水墙外。

据史书记载，孝庄之所以没有与皇太极合葬一处，是因为她病危时，曾对康熙皇帝说过："太宗文皇帝梓宫安奉已久，不可为我轻动，况我心恋汝皇父及汝，不忍远去，务于孝陵近地择吉安厝，则我心无憾矣！"有的研究者认为，孝庄遗嘱中"不忍"云云，不过是一种托词，其实是因为她下嫁多尔衮，无颜于黄泉下与本夫相见。也有人认为，遗嘱本身可能是朝廷精心设计的伪词，为下一步丧葬处置作铺垫。不管是哪一种情况，要说明孝庄葬不从夫的真正理由，恐怕无论如何也绕不过"太后下嫁"这个问题。

孝庄皇太后究竟有没有下嫁摄政王多尔衮？这个问题是清初历史中的一个未解之谜，多年来民间一直流传着"太后下嫁"的说法，并把它与"世祖出家"、"世宗夺嫡"并列为清初三大疑案。虽然民间流传甚广，但真正见诸文字的，只有清末刊行的明朝遗臣张煌言著《苍水诗集》，其中《建夷宫词》有一首诗就是影射太后下嫁的。诗是这样写的：

上寿觞为合卺樽，慈宁宫里烂盈门；
春宫昨进新仪注，大礼恭逢太后婚。

清·孝庄太后

慈宁宫是皇太后的居处，春官指礼部官员。这首诗的意思是说，慈宁宫里张灯结彩喜气洋洋，昨天礼部呈进了预先拟定的礼仪格式，因为正遇上太后结婚典礼。

那么，单凭这首《建夷宫词》是不是就可以为"太后下嫁"一事下定论呢？我们不妨看一下有关资料，从几个方面来进行判断。首先，张煌言作诗时间大概是顺治六七年间，当时清宫的太后有两位，一位是正宫孝端文皇后，当时年近50，不可能嫁给30多岁的多尔衮，另一位就是福临的母亲孝庄文皇后，她比多尔衮小两岁，因此诗中所指的太后下嫁只能是孝庄。然而这毕竟还只是一种推测，因为诗歌吟咏，是不能作为史证的。

孝庄死后不久，康熙帝下旨将慈宁宫新建的五间新殿一并拆除，迁至东陵附近，理由是太皇太后在世时曾多次说起很喜欢这五间新殿，因而决定让这五间房子做奉殿，供孝庄的遗体"暂安"。可是据东陵故老相传，当年安放孝庄遗体的暂安奉殿内，四壁刻满了孝庄下嫁多尔衮时百官的贺词。如果真是这样的话，那当年太后下嫁的传说就不是空穴来风了，而且康熙的做法颇有点做暂安奉殿是假，避嫌是真的味道了。

清朝灭亡以后，民国政府教育部在清理礼部档案时，发现存档的历科殿试策文颂圣处有颂"皇父摄政王"字样，在皇上之前，并双抬写。后来清理大库红本（皇帝御批文件）档案，也发现自顺治四年以后，内外奏疏多有"皇父"的称呼，与"皇上"并列，与蒋良骐《东华录》记录的顺治五年诏封皇叔父为皇父摄政王、顺治八年追论多尔衮罪状诏中"自称皇父摄政王"、"又亲到皇宫内院"等语正好互相佐印。

将史籍中的点滴记载串联起来，可以看到，顺治元年十月，多尔衮先是被加封为叔父摄政王，旋又加封皇叔父摄政王；顺治四年，多尔衮开始不再御前跪拜；大约在顺治四年年底，顺治帝称多尔衮为"皇父"，诸臣上疏开始称"皇父摄政王"，遇元旦或庆贺大礼，多尔衮与皇帝一起接受文武百官跪拜，完全是一副太上皇的威势。

还有朝鲜《李朝实录》中也有一段文字涉及"皇父"，细读起来颇可玩味："顺治六年二月壬寅，上（朝鲜国王）曰：'清国咨文中有皇父摄政王之语，此何举措？'金自点曰：'臣问于来使，则答曰今则去叔字，朝贺一事，与皇帝一体云。'郑太和曰：'敕中虽无此语，似是已为太上矣！'上曰：'然则二帝矣！'"意思是说朝鲜国王问手下官员："皇父摄政王"做何理解？ 金自点用清廷使臣的话来回复，说是皇父摄政王的朝贺之礼与皇帝相当；郑太和更是看破其中关系，道出多尔衮已做了太上皇，实际上就是说多尔衮已经当了皇帝的父亲。

再看多尔衮死后享受的待遇：顺治七年（1650）十二月初九，多尔衮出猎时死于喀喇城（今河北滦平），顺治帝亲自祭奠于郊外，命臣民为其服制，用皇帝丧仪，还尊摄政王为"懋德修道广业定功安民立政诚敬义皇帝"，庙号成宗，神位附太庙（祭祖之地）。这种待遇，除了皇帝本人，只有以旁支入继大统的皇帝的生父才配享用，无论作为皇叔或者作为辅政大臣，多尔衮都根本不可能享此待遇。

根据以上史实，孝庄纡尊降贵，下嫁多尔衮之说似乎是"铁证如山"了。

不过，也有研究清史的学者不认同这一说法，认为张煌言是反清廷的，其诗不能作为史实根据，如真有其事，在当时其他文人的著述中也应该或多或少有所反映。而清末民初刊印问世的大量前清私家著述，除了张煌言的诗之外，没有任何史料可以直接证明太后下嫁摄政王。多尔衮尸骨未寒即遭清算，也从反面否定了下嫁之说，因为如果真有其事，顺治出于维护孝庄和自己的名誉尊严，也应该维护多尔衮才是。况且，帝后分葬在清朝也不乏其例。因而下嫁之说只不过是"敌国"（指南明政权）散布的谣言而已。

据说，当年太后下嫁时曾以顺治皇帝名义诏示天下，操办婚礼的礼部还专门搞了一套婚礼仪规，洋洋六大册，称为《国母大婚典礼》，而这份诏书及《典礼》至今未被发现，只有发现了这两份物证，"孝庄下嫁"之事才算真正水落石出。而一天不发现，围绕这一疑案的不同传说和猜测就永远也不会消失。

顺治殉情出家之谜

清初的三大疑案中，有一个是关于顺治皇帝出家为僧的，传说他遁入五台山数十年，康熙皇帝前去看望，他却不愿相认，更不愿还俗。但根据现有的史料，顺治并没有出家，他24岁那年因患天花而去世。

我本西方一衲子，为何生于帝王家？
天下万事纷纷扰，不如空门补破衲。

相传这是顺治皇帝因其爱妃董鄂妃去世，悲痛欲绝，看破红尘，遁入五台山落发为僧前写下的诗。董鄂妃生前极受顺治的宠爱，她为顺治生下了皇四子，顺治将其立为皇太子。然而，董鄂妃却因顺治的过分宠爱而遭到皇太后和皇后的敌视。谁料太子出生仅三个月便夭折，董鄂妃精神遭受极大创伤，心情抑郁，加上皇后等人妒害，不出三年，她撒手人寰。悲痛的顺治下了一道圣旨，令全国为其服丧，并追封董鄂妃为"孝献皇后"。又过了百日，顺治也因接二连三的打击，忧伤过度，身体极度虚弱而染上天花，终因医治无效，于顺治十八年（1661）元月七日崩于养心殿，年仅24岁。

然而民间却一直传说顺治并没有死，而是失去了人生的全部希望，看破红尘，出家当和尚去了。民间盛传，顺治24岁那年，脱去龙袍换上袈裟，往五台山修身向佛，一直活到康熙五十年（1711）左右才圆寂。这期间，康熙皇帝曾经数次前往五台山觐见父亲，但顺治都不肯相认。清人吴梅村在其赞佛诗中也写道："名山初望幸，衔命释道安……寄语汉皇帝，何苦留人间。烟岚倏灭没，流水空潺渊。回首长安城，缁素惨不欢。房星竟未动，天降白玉棺。惜哉散财洞，未得夸迎銮。"即是说顺治皇帝出家为僧，而朝廷只得假称皇帝驾崩，所谓"房星竟未动"，是指皇帝实际上没死。加上顺治帝的陵寝——清东陵孝陵内，埋葬的不是顺治的棺木，而是一个骨灰罐，也让人生疑。是不是因为顺治帝真的出家了，所以他的陵墓才不同于其他帝王的陵墓呢？这便是清初三大疑案之一的"世祖出家"。

顺治皇帝到底有没有出家？从现有的史料看，顺治没有出家，他的确24岁时死了，这不仅有官方的记载，还有当时在场者的直接证言。《清世祖实录》是这样记载的：顺治十八年正月初一，顺治帝免去群臣的朝贺礼仪，而且当日应该举行的春季第一月祭祀太庙的礼仪，也委派官员代之前往；初二日，顺治帝身体不适；初六日，顺治帝传谕，应该由自己参加的大享殿礼仪，因为身体不适，需要派官员代祀，让礼部列出代祀官员的名单，并且因为病情迅速加剧，又传谕赦免京城内十恶死罪以外的一切罪犯；初七日凌晨，顺治帝就去世了。

现藏于中国第一历史档案馆的《玉牒》，是清朝皇帝的家谱，其中记录顺治皇帝去世的时间，与《清世祖实录》中的记载完全相同。

顺治病危时，翰林院清孝陵掌院学士王熙奉命起草遗诏。王熙在其《王文靖集·自撰年谱》中记录了此事的详细经过：顺治十八年元旦，朝臣应援旧例庆贺朝见，朝廷突然下令朝臣免见，然而顺治却在养心殿破例召见了王熙，并赐座、赐茶。初二日，顺治帝自觉病情严重，再次召王熙进宫，并与他进行了长谈，直到晚上才出宫。初三日，顺治又在养心殿召见了他，并破例让他坐在龙床上，两人说话多时。初六日子夜，又召王熙到养心殿，对他说："朕患痘，势将不起。尔可详听朕言，速撰诏书。"王熙退到乾清门下西围屏内，根据顺治的意思撰写遗诏，每写完一条，即呈送一条。共断断续续写了一天一夜，三次进览，顺治又三次改定，至七日傍晚总算修改完毕。当天夜里，顺治就去世了。

另据《青集》记载，正月初二，皇帝曾到悯忠寺观看太监吴良辅削发为僧的仪式。初四，九卿大臣到皇宫问安，方知顺治帝染病。初五，早朝的大臣们发现宫廷有些异样,庆祝春节的对联、门神已全部撤掉。初七晚,朝廷下大赦令,刑狱囚犯几尽一空,同时传令民间不要炒豆,不要点灯,不要泼水——这正是当时民间祈福天花患者的风俗。顺治死后,继位者是已经出过天花的康熙。这一切都表明顺治确实死于天花。

《清世祖实录》还记载,安放顺治帝遗体的棺材,于顺治十八年二月初二日被移放到景山寿皇殿,康熙皇帝即位后即前往致祭。四月十七日,康熙来到景山寿皇殿,在举行过百日致祭礼以后,将顺治的神位奉入乾清宫,以等待选择吉日奉入太庙。二十一日,

清·顺治皇帝福临

则举行了"奉安宝宫礼"。"宝宫"即骨灰罐的意思。这说明,至四月二十一日,顺治已经被火化了。而至康熙二年(1663)四月二十四日,顺治的骨灰罐被启程移奉孝陵,同孝康皇后和端敬皇后的骨灰罐一起,被安放在地宫的石床上并掩上石门。

关于顺治皇帝被火化的详细记录,《旅庵和尚奏录》中写得很详细。顺治临终对近身的僧侣嘱托说:"祖制火浴,朕今留心禅理,须得秉炬法语……"表示祖制是火葬,而自己又信奉佛禅,所以希望也能火化入葬。旅庵和尚是宁波天童寺主持木陈忞(mín)的弟子,木陈忞应召入京时将他带在身边,一起为顺治宣讲佛法。顺治临终时还希望由茆(áng)溪森和尚主持火化,如果茆赶不到,则由位于北京的善果寺和隆安寺来主持。茆溪森是湖州报恩寺主持玉林琇的弟子,他对佛法的阐释曾深深打动顺治,并由此赢得顺治的信任。据《五灯全书》记载,茆溪森在接到旨意后立刻赶抵北京,于四月十七日一百天祭日这天,在景山寿王殿为顺治举行了火化仪式。茆溪森死后,他的门人编辑他的语录《敕赐圆照溪森禅师语录》,书中也记载了这件事。这些记录都与《清世祖实录》所记载的百日祭奠、逢迎神位和安放宝宫等完全吻合。由此可以断定,顺治确是死了,而根本不像民间传说那样出家了。

这样看来,关于顺治帝离宫出家、朝廷以其病逝为托词的猜度,只不过是一个充满想象力的传奇故事而已。但顺治皇帝生前曾经举行过皈依佛门的净发仪式,削发为僧却是事实。这件事情,在《大觉普济能仁国师年谱》、《旅庵和尚奏录》、《敕赐圆照茆溪森禅师语录》、《北游集》、《续指月录》等僧侣书籍中都有记录。这些著书立说的僧侣,都是应顺治之邀入宫阐释佛法的高僧,他们曾经与顺治皇帝有过非常近距离及密切的接触,而且在各自的著作中不约而同记录下相同的内容,说明此事的真实性极高,正因为如此,也普遍为今天的史学研究者所认可。

早在顺治的祖父努尔哈赤时代,藏传佛教就已传到赫图阿拉(今辽宁新宾西,1616年努尔哈赤即汗位建立金国时定都于此),在赫图阿拉建有佛寺,努尔哈赤还常手持念珠,表示对佛教的信奉。到顺治的父亲皇太极时,藏传佛教对金国已具有很大的影响。顺治的生母孝庄太后是蒙古族人,自幼便受到佛教

熏陶，又年轻寡居，以信佛解脱内心的孤独与苦闷。在这样的社会环境下，顺治也很早就信奉了佛教。顺治不仅自己亲往佛寺向和尚请教佛法，并先后召见憨璞聪、玉林琇、木陈忞、茆溪森等和尚，让他们在宫里论经说法，顺治还给自己取法名"行痴"、法号"痴道人"。玉林琇称赞顺治是"佛心天子"，顺治则在这些和尚面前自称弟子，非常虔诚。

顺治曾经不止一次萌生剃度出家的念头。有一次，他对木陈忞说："朕想前身一定是僧人，所以一到佛寺，见僧家窗明几净，就不愿意再回到宫里。要不是怕皇太后罣念，朕早就出家了！"痛丧爱子，又失爱妃董鄂氏，顺治万念俱灰，决心遁入空门。据记载，他在短短两个月内先后38次访高僧馆舍，彻夜论禅。顺治还命茆溪森为他净发，表示要放弃皇位，孑身修道。茆先是劝阻，顺治却说什么也不听，于是便净了发。这一下孝庄太后着急了，火速叫人把茆溪森的师傅大觉禅师玉林琇召回京城。玉林琇回到北京后谆谆规劝，并命人架起柴堆，以烧死弟子茆溪森相要挟。顺治无奈，只好又留俗了。后来茆溪森作偈语说："大清国里度天子，金銮殿上说禅道！"就是讲自己与顺治皇帝的特殊关系。

雍正"金头下葬"之谜

历史上对雍正之死有许多猜测，流传最广的说法是他被一女侠刺杀，还被割下头颅，为了完尸下葬，不得不给他铸了个金头颅安上。雍正究竟是怎么死的？专家推论是因服食丹药中毒而亡，然而这一说法仍有疑点。

雍正十三年（1735）八月二十二日，雍正皇帝在圆明园突感不适，次日晚病情加剧，当即召集其子宝亲王弘历、和亲王弘昼和叔父庄亲王允禄、礼亲王允礼及大学士鄂尔泰、张廷玉等，宣布传位给弘历，然后没几个小时便死去了，从发病到死亡不到一天，众人措手不及，将雍正遗体护送回宫时，连匹马都没有，只好用骡子驮回。而据史料记载，就在八月二十一日，雍正还接见了朝臣，说明当时他的身体情况完全正常。

由于清朝官书没有记载雍正的病情，致使他的猝死变得扑朔迷离起来，关于他的死因也充满了种种传说：有说他是死于中风；有说他是丹药中毒而亡；有说是宫女和太监串通一气，用绳子将他勒死的（柴萼《梵天庐丛录》）；也有说是雍正霸占了曹雪芹的恋人，曹雪芹便设法混入宫中，与恋人合谋将雍正毒死，而这个恋人就是《红楼梦》里林黛玉的原型。流传最广、影响最大的说法则是吕四娘刺杀说，野史如《清宫十三朝》、《清宫遗闻》等都采雍正遇刺身亡之说。明清之际，思想家吕留良反对"异族"统治，拒清怀明，曾写诗直书胸襟："清风虽细难吹我，明月何尝不照人？"雍正八年（1730），雍正皇帝大兴文字狱，将早已去世的吕留良、其子吕葆中和学生严鸿逵戮尸，并割下头颅，将吕留良的另一个儿子吕毅中及学生沈在宽斩决，吕、严的直系亲族男16岁以上者皆斩，男15岁以下者及母妻妾姊妹、子之妻妾等或杀或充作大臣家奴仆，其他受牵连而被杀者不下百人。吕葆中的女儿吕四娘因刚好外出离家，躲过了这场全家抄斩的惨祸，她当即刺破手指，血书"不杀雍正，死不瞑目"八字，立志为父祖及全家报仇。此后吕四娘便入少林寺学习武艺，练得拳腿轻灵、刀剑精湛。她混入圆明园的雍正寝宫外室，借着陪雍正喝酒的机会，用利剑将其刺死，然后割下雍正的头颅，飞檐走壁而去。次日凌晨，大内便传出雍正暴毙的消息，因为头颅被割，只得另外铸了一个金头，算是完尸下葬。

以上各种说法不一而足，但都没有史料可证，纵然有的富有传奇色彩，也只能看作是历史演义而已。那么雍正皇帝究竟是怎么死的？他真是金头下葬的吗？

后人根据史籍中的蛛丝马迹推论，雍正很可能是食丹而亡的。

在寻求不老术方面，雍正与历史上的先行帝王相比毫不逊色。早在还是皇子时，他就对道家炼丹产生了浓厚兴趣，还曾写过一首《炼丹》诗歌颂丹药的功效，并与道士往来甚密。继位当皇帝之后，雍正更在宫内蓄养了一批炼丹道士，还极力推崇金丹派南宗祖师张伯端，赞赏他"发明金丹之要"。大约在雍正四年（1726年，即他暴毙前9年）开始，雍正就开始服食一种叫"既济丹"的丹药，对药效深信不疑，并将其赐给宠臣。一次，他赠"既济丹"给云贵广西总督鄂尔泰，君臣间还讨论服用的方法。后来又赐给河东总督田文镜，并告诉田，这种药的药性"不涉寒热温凉，征其效亦不在攻击疾病，惟补益元气，是乃专功"。雍正还劝其宠臣放心大胆地吃御赐丹药，不用怀疑其药性，因为自己对这种药"知之最确"。

据有关档案的记载，雍正八年春，雍正生了一场大病。为了"治病祛邪"，雍正命百官从全国各地寻访道家术士，搜罗在身边，如贾士芳给雍正按摩时还口念咒语，娄近垣经雍正特批在宫里设坛祈祷，张太虚、王定乾等人则在圆明园里为雍正炼丹。专门记载清宫日用物品消耗的内务府流水账《活计档》就记录了关于这方面的内容：从雍正八年十一月开始，在内务府总管海望和太医院院使刘胜芳的主持下，陆续有大量木炭、铁、铜、铅制器皿以及矿银、红铜、黑铅、硫磺等物品被送进圆明园内东南角的秀清村，以后运送的数量越来越多，到雍正十三年止，雍正共下令向圆明园运送上述物品达157次，平均每月要运送两三次，而雍正十三年以后（即雍正死去后）便戛然而止。这些物品用来干什么用的呢？当然是用来炼丹，因为这些恰好都

清·雍正皇帝胤禛

是炼丹的原料。据《活计档》记载，雍正十二年三四月间，雍正曾两次从圆明园发出帖子传达旨意，向大臣赏发"丹药"。在这里，"丹药"二字明白无误地出现在了清宫档案中。

从其对道士炼丹的兴趣，对药石性理功能的了解，和长期服食丹药的事实来推测，雍正很有可能是因体内蓄积了过量的银、铜、铅等矿物质，导致慢性中毒而死。炼丹所用的汞、硫、砷、铅等矿物质都是有毒的，对人脑五脏侵害相当大，所以，所谓丹药其实可以说是"丹毒"。

乾隆皇帝甫一即位，立即下令将雍正蓄养在宫中的炼丹道士张太虚、王定乾等人驱逐。上谕中说："皇考万几余暇，闻外间炉火修炼之说，圣心深知其非，聊欲试观其术，以为游戏消闲之具，因将张太虚、王定乾等数人置于西苑空闲之地，圣心视之与俳优人等尔，未尝听其一言，未尝用其一药……今朕将伊等驱逐，各回本籍……若伊等因内廷行走数年，捏称在大行皇帝御前一言一字，以及在外招摇煽惑，断无不败露之理，一经访闻，定严行拿究，立即正法，决不宽贷。"另据资料，在下令驱逐道士的同时，乾隆还告诫宫内太监、宫女不许乱传"闲话"。试想，雍正暴毙，新皇帝刚刚即位，有许多事情等着去做，为什么都置之一边，却专门为了几个道士发布一道上谕？究竟道士们犯下什么弥天大罪，才令乾隆不容迟缓，在此时迫不及待地处治他们？乾隆怕道士们出宫后散布雍正的什么言行？又有关于什么的"闲话"可能在宫中乱传？这些都不能不让人去思考、去梳理真正的答案。再从乾隆上谕的内容来看，"未尝听其一言，未尝用其一药"，明显与宫中《活计档》的记载相矛盾，为何要如此表白呢？除了给人一个乾隆有意掩护其父的过失，为其避讳的感觉以外，似乎再也想不出其他什么理由了。如果确是因服丹药而死的话，那么所谓"金头下葬"自然就是无稽之谈了。

由于缺少直接的证明，人们关于雍正死于丹药中毒的推论也只能停留在猜测上，而且还有一个疑点：假如真是丹药致死，那么炼丹的道士必当诛杀无疑，为什么乾隆只将他们驱逐出宫了事？

要解释这个疑点，可以回顾一下历史上唐高宗的所作所为。高宗之父唐太宗也是服食丹药而暴亡的，但高宗担心皇帝服丹致死的事情传出去让世人笑话，便将炼丹的印度方士那罗迩娑婆寐悄悄"放还本国"。人同此心，可以想象，如果雍正真是死于丹药的话，乾隆肯定也不愿让天下人尽知，所以必须要替皇考遮掩事实真相。

不过，还有一个疑问倒是难以解释：历史上食丹而亡的帝王并不在少数，像晋哀帝、唐太宗、明仁宗等都是吃长生丹药中毒丧命的，史书上均对其死因有清楚的记载，为什么清朝却讳莫如深呢？莫非除了服丹而亡之外，真的还有什么世人不晓的玄秘？

乾隆身世之谜

乾隆皇帝的身世至今充满了谜：有人说他降生于北京雍和宫，有人说他出生在承德避暑山庄，他的生母到底是谁也有不同说法，甚至连他是不是满人都让人怀疑，金庸的小说更是使得乾隆的身世扑朔迷离。历史与小说孰真孰假？

乾隆的身世一直充满了谜：他生在哪里？他的生母是谁？围绕着乾隆的身世，一直是重重迷雾，真假难辨。

乾隆到底出生在哪里？记录皇室成员生卒情况的《玉牒》中清楚地写着：乾隆于康熙五十年辛卯八月十三日由孝圣宪皇后钮祜禄氏、凌柱之女诞生于雍和宫。按说乾隆出生时身为皇子，后来又做了60年皇帝，他的生卒情况记录应该确凿无误。但事实上除了上述记录外，还有另一种截然不同的说法：乾隆出生在承德避暑山庄的狮子园，就连他的儿子嘉庆皇帝也弄不清楚两种说法孰真孰假。

据史料记载，乾隆自己曾多次说过，他出生在雍和宫（在今北京安定门里），在他的《御制诗集》及注中，前后有六次或明或暗、或隐或显地说他生于雍和宫。雍和宫原先是雍正居住的雍亲王府，雍正当上皇帝后搬入紫禁城，乾隆继位之后，便将雍亲王府改成雍和宫，在那里面供奉雍正的画像，每年正月初七乾隆回到雍和宫祭奠父亲兼礼佛。乾隆四十三年（1778），他到雍和宫瞻礼后作诗一首，诗中有这样一句："到斯每忆我生初"，即"每次到这里都令我忆起当初出生的情景"。乾隆五十四年，他到雍和宫瞻礼后又作《新正雍和宫瞻礼》诗云："岂期莅政忽焉老，尚忆生初于是孩。"并在其下自注："予以康熙辛卯生于是宫，至十二岁始蒙皇祖养育宫中。"即"康熙辛卯年（康熙五十年，1711年）我出生于雍和宫，一直到12岁父皇才把我带进宫中"。这是乾隆自己所说，想必应该是没有问题了。

然而，乾隆年间进士管世铭一次随乾隆一起去避暑山庄木兰秋狝后，写下《扈跸秋狝纪事三十四首》，其中第四首是这样的：

庆善祥开华渚虹，降生犹忆旧时宫。
年年讳日行香去，狮子园边感圣衷。

管世铭在诗后的注中明确写道："狮子园为皇上降生之地，常于宪庙忌辰临驻。"意思是说：承德避暑山庄的狮子园是乾隆皇帝的诞生地，因此雍正先帝驾崩的忌日，乾隆经常到此小住几天纪念父亲（见《韫山堂诗集》）。由于管世铭任职军机处章京，乾隆到避暑山庄休闲或到木兰围场秋猎，他都随驾前往，对于内宫的事情知道得很多，否则他也不会平白无故作这样的诗注。

身为乾隆皇十五子的嘉庆皇帝又是怎么说的呢？嘉庆元年(1796)八月十三日，乾隆以太上皇身份在承德避暑山庄过生日，嘉庆写诗祝寿，诗中有注曰"康熙辛卯肇建山庄，皇父以是年诞生都福之庭"。第二年八月十三日，嘉庆又陪乾隆一起到避暑山庄，嘉庆又写诗一首，这次诗后面的注中写得更加明确，说是"敬惟皇父辛卯岁，诞生于山庄都福之庭"，明明确确地指出，乾隆是康熙辛卯年出生在避暑山庄的"都福之庭"。

可是，当嘉庆继位数年之后为乾隆编修《清世宗宪皇帝实录》和《清世宗宪皇帝圣训》时却发生了问题。嘉庆在审阅《实录》《圣训》的初稿时，发现里面写的是乾隆出生在雍和宫，这与自己一直说乾隆出生在避暑山庄完全不同，于是命人认真核查。纂修官大学士刘凤诰找出乾隆的御制诗，乾隆在诗中确确实实说自己生于雍和宫，嘉庆一看也搞不清楚了，但他不能违背乾隆太上皇的旨意，所以最终编修完成的《实录》和《圣训》就按照乾隆自己的说法，写成乾隆生于雍和宫。

乾隆的出生地之谜还直接关系到谁是他的生母之谜。

关于乾隆的生母，迄今共有四种说法：一是秀女说，二是承德李佳氏说，三是江南"傻大姐"说，四是海宁陈氏说，特别是最后一说尤为风行，自清朝中期就已广泛流传开了。

晚清的著名学者王闿运在《湘绮楼文集》中提到乾隆之母："始在母家，居承德城中，家贫无奴婢，六七岁时父母遣诣市买浆酒粟面，所至店肆大售，市人敬异焉。十三岁时入京师，值中外姐妹当选入宫……孝圣容体端颀中选，分王子邸，得在雍府。"即混入秀女中，被选中来到雍正府邸。

有一次雍正病重，她一连几个月日夜伺候，雍正病愈后即与其同住了一段时间，致其怀孕生下一男孩，就是乾隆。王闿运之后，张采田也在《清列朝后妃传稿》中引了王闿运《湘绮楼文集》及英和《恩福堂笔记》中的记载，使这一说法受到更多人的注意。不过有不少人认为，清宫选秀女一向严格，要事先由所在旗编造名册，不可能随随便便就混入秀女并最后被选入宫的，所以这个故事基本上不可信。

曾担任过清热河都统幕僚的近代学者冒鹤亭认为，乾隆的母亲是热河行宫的一个汉人宫女，叫李佳氏。20世纪30年代，周黎庵撰文《清乾隆皇帝的出生》，也援引冒的说法：有一年秋天，雍正在热河打猎，射中一只梅花鹿，雍正喝了鹿血。鹿血壮阳，雍正喝后躁急，就随便拉了山庄内一名很丑的李姓汉族宫女幸之。第二年，康熙父子又到山庄，听说该女已经怀上"龙种"并即将临产，康熙很不高兴，又怕家丑外扬，便派人把她带到草棚，丑女在草棚里生下一男孩，就是后来的乾隆。台湾学者庄练以及著

清·乾隆皇帝弘历

名历史小说家高阳也都认同这一说法，并且"考证"出李氏名叫金桂，因出身微贱，于是康熙旨令钮祜禄氏收养这个男孩，钮祜禄氏便成了乾隆之母。

最富有传奇色彩的说法是，乾隆是浙江海宁陈阁老的儿子，雍正家用调包之计将自家的女儿换掉了陈家的儿子，即后来的乾隆。相传，海宁富商陈阁老三代入朝为官，与雍亲王一家常有往来。某年，恰好雍亲王和陈阁老的夫人分别生子，而且是同年同月同日。一天，雍亲王让陈家将孩子抱入王府看看，哪知抱进去的是儿子，抱出来却是女儿。陈阁老明知是雍亲王掉了包，但因此事性命攸关，只好忍气吞声，不敢声张。被调包换走的男孩就是后来的乾隆。民间流传，乾隆皇帝六下江南，其中有四次都住在陈阁老家，目的就是探望生身父母。还传说被雍正换出去的那个女儿，后来嫁给了大学士蒋廷锡之子蒋溥，她住过的楼后人就称作"公主楼"。还有人说，海宁陈家有乾隆亲笔题写的两块堂匾，一块是"爱日堂"，一块是"春晖堂"，都是用的孟郊诗"谁言寸草心，报得三春晖"这一典故。如果乾隆不是陈家之子，哪谈得上报答父母如春晖一般的深恩呢？

武侠小说泰斗金庸出生于海宁，从小就听闻有关乾隆的种种传说，他的第一部武侠小说《书剑恩仇录》便围绕乾隆身世之谜而展开。在这部小说中，当时江湖最大的帮会——红花会的总舵主于万亭秘密入宫，将乾隆生母陈世倌夫人的一封信交给乾隆，信中详述当年经过，又说他左腿有一块朱记。待于万亭走后，乾隆便把小时候喂奶的乳母廖氏传来，秘密询问，终于得悉自己的身世真情。书中还写了陈阁老的三公子（即所谓的乾隆亲弟弟）陈家洛，陈家洛继承了红花会会主之位后，期望激发哥哥的汉人意识，共同成就恢复汉家天下的宏业，而热恋着陈家洛的香香公主则牺牲自己的爱情，身侍乾隆，欲助自己恋人一臂之力，不幸事败自刎，葬于"香冢"。由于金庸的小说写得精彩纷呈，使乾隆是海宁陈阁老之子的说法几乎家喻户晓，从而也使其身世之谜愈加扑朔迷离。

乾隆究竟是不是海宁陈阁老的儿子？金庸明确告诉读者：乾隆是海宁陈家后人的传说靠不住，"陈家洛这个人物是我的杜撰"。历史学家孟森专门考证乾隆六次南巡，指出他到海宁住进陈家私园时，陈阁老已经故去，所以说乾隆南巡是为了看望生身父母之说肯定是错的。乾隆巡视江南主要是为了视察耗资巨大的浙江海塘工程，因为苏杭嘉湖一带是全国最富庶的地区，也是清朝税收和漕粮的重要征收地，从他将所住之园改名为"安澜园"就可以说明问题。至于"爱日堂"、"春晖堂"两块匾额，据孟森考证的结果是，两块匾额均是康熙御书赏赐的，是康熙皇帝应陈家在朝中做官的侍读学士陈元龙、陈邦彦之奏请，题写后赏赐其父母的，根本不是乾隆所写。

近年有学者在清宫雍正的档案中找到一条资料，或许可以解开乾隆生母疑案。据《雍正朝汉文谕旨汇编》雍正元年（1723）二月十四日记载：奉上谕：尊太后圣母谕旨：侧福晋年氏封为贵妃，侧福晋李氏封为齐妃，格格钱氏封为熹妃，格格宋氏封为裕嫔，格格耿氏封为懋嫔。清人萧奭（shì）所纂《永宪录》

的记载也与此相同,萧奭编成此书的时间当在雍正末年、乾隆初年。而同样关于这件事,乾隆时编纂的《清世宗宪皇帝实录》在这一天的记载却是:"奉皇太后圣母懿旨:侧妃年氏,封为贵妃;侧妃李氏,封为齐妃;格格钮祜禄氏,封为熹妃;格格宋氏,封为懋嫔;格格耿氏,封为裕嫔。"从以上资料中可以发现,格格钱氏与格格钮祜禄氏应为同一人,因为在同一天、同奉皇太后懿旨受封,不可能弄出来两个熹妃。

那么雍正朝时的钱妃为什么到乾隆朝就变成了钮祜禄氏呢?我们不妨作这样的推测:雍正元年二月作上述记载时,还没有设立秘密立储制,而到了八月已正式秘密立储,弘历(乾隆)被指定为皇太子,为了让皇太子、未来的皇帝有一个出身高贵的母后,所以才让具有满洲镶黄旗血统的内大臣凌柱将钱氏认作干女儿,将熹妃钱氏改为钮祜禄氏,而这位钱氏很可能原来就是承德避暑山庄的侍女。这样,乾隆的生母之谜便可彻底解明。再联系到乾隆一再表明自己是出生在雍和宫,原来他是怕人纠缠自己的身世,故意这样说以证明自己的确是钮祜禄氏所生而已。

传说中的香妃真伪之谜

在关于乾隆皇帝的传说中,香妃的故事最为动人。相传她长得国色天香,浑身生来就散发一股奇香,所以人们称她"香妃"。不幸的是,她后来被皇太后赐死。也有人认为,根本没有香妃其人。历史上到底有无香妃其人?她是何许人?香妃之谜成了乾隆朝的又一疑案。

清末民初,在民间广泛流传着关于乾隆皇帝的香妃的传说。据说香妃长得国色天香,而且浑身生来散发一股奇香,"既不是花香也不是粉香,别有一种奇芳异馥,沁人心脾"。乾隆中叶,清军入疆平定霍集占叛乱时将其俘获,乾隆册封她为香妃,对她大加恩宠。但香妃矢志守节,且随身怀刃,准备杀帝报仇。皇太后闻讯后,趁乾隆帝单独宿斋宫之际将她赐死,葬于河北遵化县清东陵西侧的裕妃园寝。蔡东藩的《清史演义》、《清朝野史大观》以及金庸《书剑恩仇录》等书中描写的故事大体雷同。戏剧《香妃恨》、《香妃》以及二十世纪五十年代上演的《伊伯尔罕》等,也都以此为蓝本。香妃的传说还流传到国外,美国人豪比·当彼写了一本《圆明园及其住在那里皇帝的历史》,书中介绍了香妃的故事。

明清史专家孟森在《香妃考实》一书中却指出,这个传说没有历史根据,丝毫不足取信,香妃其人根本就不存在。史料记载,乾隆先后有妃嫔四十多人,只有容妃和卓氏来自叶尔羌(今新疆莎车)回部,跟传说中的香妃有点沾边，然而这位容妃并不是被掠进宫的。和卓氏是秉持回教始祖派噶木巴尔的后裔，乾隆二十七年五月（1762）被封为容嫔，三十三年晋升为容妃。容妃深得乾隆帝宠爱，曾随乾隆帝东巡、南巡。乾隆五十三年四月（1788）病故，享年55岁。史籍与档案中，均未见关于容妃身体散发奇香的记载，她也不是被皇太后赐死的。可见，容妃并不是传说中的香妃，香妃的事迹纯属子虚乌有。

此外还有人指出，容妃死后葬于河北遵化清东陵西侧的裕妃园寝，而香妃墓在新疆喀什，可见容妃并不是香妃。另外北京城东南陶然亭东北角有座"香冢"，据说也是香妃墓，是当年奉乾隆旨意修建的，墓前的石碑正面刻着"香冢"二字，背面则刻有"碧亦有时尽，血亦有时灭，一缕香魂无断绝"等内容。

历史上究竟有无香妃其人？她是何许人？香妃到底葬在什么地方？香妃之谜成了乾隆朝的又一个疑案，各种各样的野史、笔记、戏剧、影视……非但没能帮助解开个中的谜团，反而更加令人迷惑。

根据现在比较公认的看法，容妃就是传说中的香妃，她是新疆伊斯兰教上层阿里和卓家族的后裔。1914年，故宫浴德堂曾展出意大利画家朗世宁的一幅油画作品，题为《香妃戎装像》，画的是一位戎装的清朝女子。后来人们通过计算机对画中的容妃面骨进行分析，发现香妃有蒙古血统，而史料记载容妃为莎车人，莎车是已经畏兀儿化的蒙古察合台后裔的居住地之一（畏兀儿是清朝以前对"回鹘"一词的异译，现在译作维吾尔）。因此，可以大胆地推测，香妃和容妃应是同一个人。

《清史稿·后妃传》记载："容妃，和卓氏，回部台吉和札赍(lài)女。初入宫，号贵人。累进为妃。薨。"乾隆二十三年，和卓家族的一支——霍集占发动叛乱，香妃的叔叔额色尹及哥哥图尔都率部配合清军平叛。次年，香妃随图尔都进京，不久入宫并被封为和贵人，乾隆二十七年册封为容嫔，享每年例银三百两，她的哥哥图尔都也被封为辅国公。乾隆专门为容妃修建了西苑宝月楼（今中南海新华门门楼），并在楼南隔街建"回子营"，修礼拜寺。这里明朝时为南台，营建较少，清顺治、康熙年间两度扩修，建成皇家避暑之地，在它的北边就是瀛台，清末光绪就曾被慈禧太后幽禁在这里。乾隆御制诗中有一首云："冬冰俯北沼，春阁出南城。宝月昔时记，韶年今日迎。屏文新茀禄，镜影大光明。鳞次居回部，安西系远情。"乾隆自注："楼近倚皇城南墙，墙外西长安街，内属回人衡宇相望，人称'回子营'。新建礼拜寺，正与楼对。"容妃站在宝月楼上，便可以望见对面的"回子营"及礼拜寺，聊解思乡之情。

关于这位和卓氏的入宫经过，民间还有一个非常精彩的故事。乾隆二十四年（1759），清政府为表彰在平定"大小和卓之乱"中的功臣，让额色尹、帕尔萨、玛木特和图尔都等维吾尔族上层人士到京师朝觐乾隆皇帝。在庆功宴会上，乾隆召见了他们。召见时，额色尹家族行参拜大礼："谢圣上待西域臣民恩重如山，情深似海。"乾隆在御座上欠身答道："有功即登殿，休论东西南北。"大家面面相觑，不知如何回答。这时，和卓氏缓步向前，落落大方地回答："无色也进宫，不分汉满蒙回。"乾隆惊问道："下边答话者何人？""小女和卓氏谢万岁之恩。"和卓氏说着伏地叩头，不慎将放在袖内的一枝沙枣花失落在地。素爱吟诗联句的乾隆脱口吟道："小女子袖内携花，暗藏春色。"和卓氏见金碧辉煌的皇宫里香烟缭绕，便即景答道："万岁爷金殿秉烛，明察秋毫。"乾隆见其美若天仙，才思敏捷，谈吐非凡，十分爱慕，便想利用联姻的办法巩固国家统一政权，于是当即封其为"贵人"，和卓氏就这样入了宫。

传说中香妃是被太后赐死的，然而事实上香妃自从入宫后，一直受到孝圣皇太后的喜爱和乾隆的宠幸，香妃由贵人晋升为容嫔，又由容嫔晋升为容妃，都是乾隆在太后的懿意下实施的。况且太后于乾隆四十二年（1777）去世，而容妃死于乾隆五十三年，不可能是被太后赐死的。容妃在乾隆诸妃中位居第三，享有特殊待遇，乾隆很尊重她的民族习惯，特许她于宫中着本民族的服装，还给她专配回族厨师，为她烹制维族饮食。乾隆三十年春，她以嫔的身份与皇后等一起随同乾隆下江南，游历苏杭等地，一路上，她所得的赏赐均为清真食品与伊斯兰教习俗的物品。乾隆四十三年七月，容妃还随驾赴盛京（今辽宁省沈阳），拜谒清太祖努尔哈赤陵。从这一点可以看出，容妃在乾隆的妃嫔中地位是很高的，说明她深得皇帝宠爱。

至于有几处香妃墓同时存在的疑问，根据资料记载和学者的考证，香妃死后葬于遵化清东陵西侧的裕妃园寝，可惜棺木已遭盗墓贼损坏。其棺头正中有数行回文文字，意为"以真主名义……"墓中有如意、荷包、珍珠、宝石、猫眼石、钻石等，棺木周围有一些龙袍残片和几件织物，织物上织有"江南织造臣成善"、"苏州织造臣四德"等字样。棺头文字表明墓主为伊斯兰教信徒，龙袍和猫眼石等证明其身份为妃子，织物上"四德"、"成善"皆为乾隆五十三年的织造官。由此可见，这里是真正的容妃（也就是香妃）陵墓。而新疆喀什的香妃墓则是她的衣冠冢，乾隆考虑到她对家乡依依不舍，所以特意在那里修了一座墓，好让她魂归故里。

不过，关于香妃与容妃是不是同一个人，学者中看法还不完全一致。但不论怎么样，乾隆与香妃的爱情故事，其实也可以看作是一段民族和亲、民族融合的动人故事。正因为如此，多少年来香妃的故事才一直为人们传颂不止。

乾隆女儿嫁入孔府之谜

民间传说，乾隆皇帝的女儿嫁入孔府做了媳妇，因此大清皇室同孔府是亲家。众所周知，清朝时满人与满人之间或者满蒙之间通婚，满人与汉人一般是不准通婚的。乾隆身为皇帝，怎么会带头违犯这个规矩，将皇室公主嫁到孔府去呢？

相传迎娶乾隆皇帝女儿做媳妇的，是孔子第七十二代孙孔宪培，他是清乾隆年间的衍圣公（衍圣公是历代封建王朝赐给孔子在世后裔的世袭封号），他的夫人姓于。在山东曲阜孔府东路有一座慕恩堂，是第七十三代衍圣公孔宪镕为纪念于夫人而建造的专祠，除了纪念于氏恩德之外，还有感慕皇恩的意思。另外，孔林的洙水桥北是祭孔时用来设香坛的享殿，享殿后面有一片围着红墙的墓地，正中是孔子墓，东及南分别为其子孔鲤墓和其孙孔伋墓。出内红墙，墓地东北隅则是清朝著名文学家，《桃花扇》的作者孔尚任之墓。在孔尚任墓的西面，有一座"鸾音褒德"墓坊，雄伟气派，光彩夺目，这里便是孔宪培的夫人于氏之墓。令人瞩目的是，在整个孔林中，数这座墓坊最豪华。这些都足以说明，于氏的身份地位着实不一般，不然她身为女流，何以能在孔府一门中受到如此敬重呢？这个于氏跟乾隆皇帝到底是什么关系？

据传于氏是乾隆皇帝与孝贤纯皇后富察氏所生的女儿。富察氏死得较早，抛下年幼的女儿，加上乾隆与富察氏相濡以沫20余年，情深似海，所以乾隆对这个女儿特别怜爱。乾隆十三年（1748），乾隆皇帝下江南时途经济南，不久，随行的皇后就开始患病，乾隆即刻决定返驾回宫，不料没等回到京城，半路上皇后就死了。乾隆悲痛万分，作《述悲赋》追忆亡人，其中有两句是："悲莫悲兮生别离，失内佐兮孰予随？"乾隆三十年，乾隆再次路过济南时，又绕城而去，然后作七绝诗一首，以表对孝贤纯皇后的追思：

济南四度不入城，恐防一入百悲生。
春三月昔分偏剧，十七年过恨未平。

孝贤纯皇后所生的女儿脸上长有一颗黑痣，这本来是很正常的事情。谁知她长大以后，一些方士、相面先生却在黑痣上大做文章信口胡言，说什么公主"命贱"，甚至有"克夫"、"短命"之相，必须嫁一位大福大贵之人，才能消灾除难。这样一来，公主的婚事遇到了麻烦，

明黄缎绣五彩金龙盔甲　清乾隆。上衣长76厘米，下裳长70厘米，盔高31.5厘米，径21厘米。清宫旧藏。

门户相当的王亲贵族谁也不敢娶她，贵为皇帝女儿却难觅如意郎君。后来有人给皇帝献策说，孔子的七十二代孙孔宪培是当世衍圣公，自然是最富贵显达的了，何不将公主嫁给他？乾隆听后，也觉得很有道理。按照各朝惯例，衍圣公可在皇宫御道上行走，能带子上朝，与皇帝并行，虽为汉人，但在清王朝的朝廷内外身份非同一般，就连皇帝到曲阜，还得向衍圣公的祖先孔子行三跪九叩大礼。于是，乾隆皇帝同意了这门婚事。但由于清政府有规定，满汉不能通婚，为了避开公规，皇帝就将女儿送给文华殿大学士、汉人于敏中做义女。于是，原本姓爱新觉罗的皇家公主就变成了于氏，然后由于敏中出面和孔家订婚，以于家闺女（作为于襄公的第三女）的身份，下嫁七十二代衍圣公孔宪培为妻，破例结成了一段满汉姻缘。

这件事也反映了乾隆想通过与孔府结亲来显示满汉联合的意向。当时，清王朝对中国的统治早已站稳了脚跟，作为统治者，自然希望加强与汉人之间的沟通联合，和平共处，以进一步巩固其统治。同时，满人对于先进的汉民族文化一直非常尊重，希望学习和汲取汉文化，乾隆皇帝本人就是一个精通汉文化的学者型统治者，他阅读汉文史书，创作汉文诗赋，挥墨作画，研习法经，兴建园林等，自觉地接触汉文化、接受汉文化并光大汉文化。因此，尊孔尊圣也是其必然的选择，皇帝的女儿下嫁到孔府，可以说正是这一思想的必然结果。

自从于氏嫁入孔府后，朝廷对孔府更是恩赐倍加。乾隆时期，可以说中国尊孔崇儒达到了最高峰。乾隆生前曾8次到曲阜朝圣，以示尊孔，当然，后几次还兼有看望女儿的意思。每次驾临，孔宪培和夫人于氏都亲自到曲阜南门外迎接，然后以最高规格招待乾隆。至今孔府菜中有一道名为"通天鱼翅"的大菜，据说就是那时传下来的，其名字的由来，除了表示进献皇帝御尝之外，恐怕还有暗示孔家显达无比，上通皇丈的意思吧，否则谁敢起这样的菜名呢？这道大菜后来也用于孔府招待其他达官贵人的隆重酒席，并且流传到社会上，成为一道山东名菜。

据史书记载，乾隆五十五年（1790）三月初，乾隆第八次到曲阜孔庙朝圣。孔宪培率各博士、族人到直隶阜城运河迎驾。皇帝召见后，勉励他努力读书，还关切地问起他后嗣之事（此时孔宪培已35岁，尚无子嗣）。初五日，皇帝驻跸泰安，向孔宪培颁赐御笔《乐毅论》及御制《忆昔时》碑帖。十四日，皇帝到孔庙拈香。十五日举行琥式释奠仪式。礼成后，驻跸孔庙内东斋宿，十六日回銮。皇帝在曲阜期间，孔宪培精心安排，事必躬亲，昼夜不停。皇帝召见他时，当场将自己身上佩戴的三对荷包解下赐给他，并赏给银鼠蟒袍一领、银鼠补褂一领、大缎八端。孔宪培十分感激，叩头谢恩后说："我皇上尊师重道，銮辂八临……沐恩施之高厚，惭（渐）微效于涓埃……"

天理教攻打紫禁城之谜

> 清王朝在经历了所谓的"康乾盛世"之后迅速衰败,封建社会自身的种种劣根性暴露无遗。人民生活困苦,社会经济凋敝,封建社会的衰落不以人的意志为转移。天理教徒冲入皇宫,这是"汉唐宋明未有之事",敲响了清王朝走向灭亡的丧钟。

嘉庆十八年(1813)九月十五日,北京城里发生了由天理教首领林清指挥的农民起义军攻打皇宫的大事件。这是对清统治者入主中原以来最大的,也是最沉重的一次打击,动摇了清朝的统治基础。

"康乾盛世"是清王朝的最繁荣时期,从嘉庆开始,清朝统治每况愈下,一代不如一代。正如《红楼梦》里所描写的那样,"忽喇喇似大厦倾,昏惨惨似灯将尽。"社会危机日益加深,农民起义不断发生。天理教攻打皇宫,是农民群众在阶级斗争的舞台上演出的一幕威武雄壮的悲剧。

天理教又名八卦教,是白莲教的一个支派,活动在河北、山东、山西、河南一带,按照八卦图,分为八区组织教徒。信奉天理教的群众主要是贫苦农民,在北京近郊加入天理教者,除农民以外,也有奴仆、雇工、小贩、贫苦旗人、朝廷杂役,甚至下层太监等等,群众基础极为广泛。天理教的主要组织者是河南的李文成和河北的林清等人。

嘉庆十七年(1812)十二月,李文成到河北黄村,密约明年九月李文成先在河南滑县发动起义,河南、山东、河北同时揭旗造反,共向京师进军,林清在北京城内起义,与李文成率领的义军里应外合,直捣北京皇宫,推翻清朝统治。滑县李文成起义提前发动,由于清兵的堵截拦阻,队伍未能迅速北上,而林清在北京对滑县之变一无所知,消息断绝,仍按原计划部署进行。九月十四日,200名教徒身藏武器,乔装打扮成商贩模样,潜入北京城内,与城里的教徒包括一些下层官吏和太监取得了联络。九月十五日,义军手持白旗,腰缠白布,兵分两路,向紫禁城进发。一路由祝现、屈五率领,直奔东华门;一路由李五、宋进才率领,扑向西华门。东华门一路虽有太监刘金、刘得才(两人均为天理教徒)接应,但因事机不密,被护军发觉,只有10余人进入东华门,其余逃散。西华门一路在太监杨进忠(天理教徒)的导引下,80余人顺利进入西华门。义军全部入宫后,杀死看守,关闭了西华门,一路冲入尚衣监、文颖馆,会集于隆宗门外(大门已关),同皇宫护卫军展开了激烈的战斗。皇宫墙高门坚,起义军搭人梯攀登城墙,弓箭手发箭掩护,飞箭如雨,"隆宗门"匾额上至今仍留着起义军所发的箭镞痕迹。这时形势非常危急,

清·嘉庆皇帝颙琰

有的起义军已经冲到了皇帝的寝宫"养心殿"前，王公贵族、皇子、格格（公主）、后妃等无不抱头乱窜，狂呼怪叫，宫里一片混乱。直到这时，正在上书房读书的皇次子旻宁才接到义军闯入宫中的报告。旻宁急命内监速取鸟枪、腰刀，匆匆出门临敌。只见义军战士手执白旗，正由门外廊房攀上高墙，试图进入养心殿门内。旻宁见状，忙在养心殿阶下举枪射击，连续击毙两名义军战士。另有一种说法，说宫内太监与天理教义军相通，递给旻宁的枪弹并不是实弹，旻宁举枪射击，没有命中，发现鸟枪中装的是空弹，慌急之中，取下衣服上的铜扣，充作子弹击出，才将义军战士击毙。其余义军只好退下，不再翻墙。这时，闻讯赶来的清军陆续云集，大内才得以暂时安定。旻宁又果断地采取如下几项紧急措施：一、急草奏章，飞报远在围场的嘉庆皇帝，奏报事变情形。二、严命关闭禁城四门，令各路官军入宫"捕贼"。三、至储秀宫安抚皇母，嘱绵恺小心守护。四、亲自率领兵丁前往西长街、西厂一带访查。五、派谙达侍卫在储秀宫、东长街布置，以防不测。

由于李文成率领的起义大军被清军阻击而未能按期赶到北京，所以攻打皇宫的天理教徒形成孤军奋战的不利局面。经过半天的激烈战斗，到了傍晚，起义军因为外援不期，敌我力量悬殊，被迫退出皇宫，攻打皇宫的斗争以失败告终。这次进入皇宫的天理教徒，英勇作战，打死宫廷侍卫护军40多名，打伤60多名。教徒牺牲21人，被俘41人。十七日在黄村等候消息的林清也被清军逮捕，同太监刘得财等7人一起被处凌迟极刑。

天理教攻打皇宫的时候，嘉庆皇帝正在热河行宫避暑，原来打算九月中旬在返京途中赴东陵谒祭，所以九月一日命皇太子、皇三子先还京城。嘉庆帝得到天理教攻打皇宫的报告以后，取消了赴东陵谒祭的安排，匆匆回京。十六日到京，十七日下了"罪己诏"，并且亲自处理善后事宜，凡有可疑的太监，有的被杀头，有的被拘禁，以亡羊补牢。皇次子旻宁因击败起义军立下大功，晋封智亲王。

河北起义军攻打皇宫失败以后，清政府全力镇压河南滑县李文成领导的起义军。嘉庆帝撤了镇压不力的直隶总督温承惠的职，改派陕甘总督那彦成为钦差大臣，统率直、鲁、豫清军开赴滑县，又命陕西提督杨遇春赴河北协剿，还调黑龙江、吉林的马队助战，调兵遣将，全面围剿义军。至十月中旬，滑县被四面包围，李文成率军突围，清军紧追不放，李文成因颈疾行动不便被清军阻截。起义军同清军展开了肉搏战，杀得清军血肉横飞。最后因寡不敌众，起义军首领刘国明壮烈牺牲，李文成也"举火自焚"。

李文成领导的天理教在中原地区的反清起义，尤其是河北的天理教群众攻打皇宫事件，是清统治者200多年来受到的最大的一次打击。嘉庆皇帝惊呼，这是"汉唐宋明未有之事","从来未有事,竟出大清朝"。天理教徒冲入皇宫,敲响了清王朝走向灭亡的丧钟。

嘉庆遇刺之谜

历代王朝在位的皇帝,在警戒森严的宫禁内遭遇刺客行刺的实属少见,清王朝的嘉庆皇帝却遇上了。是嘉庆皇帝为人施政的不善,还是另有缘故?是一次意外的个人行为,还是一次有组织、有预谋的行动?仍是一个值得探讨的历史之谜。

嘉庆八年(1803)闰二月二十日,嘉庆帝谒陵返京,正准备进宫斋戒,乘轿经神武门,将要进入顺贞门时,突然从西厢房南山墙后有一刺客陈德一跃而出,持小刀冲向嘉庆所乘小轿。当刺客冲至近前时,御轿已过顺贞门,刺客的行动慢了半拍,而嘉庆帝本人并没有看到陈德行刺的具体情况,所以这次行刺对嘉庆帝来说,可以说是有惊无险。他是在进了顺贞门后听到外面人声喧杂,吓了一跳,忙派内差出问御前大臣,才知有人行刺拒捕,吓出了一身冷汗。

原来刺客陈德带着年仅15岁的长子陈禄儿预先进入东华门,穿过东西牌楼,从西夹道绕至神武门内。行刺时,守卫在神武门、顺贞门之间东西两侧的侍卫等多达100人,他们大多被陈德这一突然而来的袭击惊呆了,一时不知所措,竟无人敢上前拦阻捉拿,只有近侍御前大臣定亲王绵恩首先奋力将陈德推却,袖袍被刺破。最终陈德终因寡不敌众,力竭被擒。陈德长子陈禄儿,虽然当时也在场,但想不到发生了这种事,只在旁哭叫不已,事后竟能逃回家随即被捕。可见警卫的松懈、混乱,没有负起责任。

这一事件对清宫来说是非常惊人的。乾隆二十三年(1758)六月虽曾发生过疯癫僧人持刀闯入东华门的案件,但未对皇帝构成威胁。这次竟致危及轿前,欲刺杀皇帝,令嘉庆帝十分后怕和愤怒,他立即下令军机大臣会同刑部日夜严审。被擒人陈德经过酷刑审问,所供情节,出乎意料之外:

行刺者陈德,47岁,从整个经历看是个道地的城市贫民。陈德之父陈良、母曹氏曾典与镶黄旗人松年家为奴。乾隆六十年(1795)至嘉庆二年(1797),跟随镶黄旗包衣常索在内务府服役,帮助办送诚妃刘佳氏碗盏什物以及赴园、进宫时移载物件车辆等杂务。由此经常出入宫禁,熟悉

清·嘉庆皇帝颙琰

宫内路径和各门情况。后来，陈德因个人的悲惨境遇而受到刺激，加上近几年时常胡思乱想，5次求签，两次做梦将来有"朝廷福分"。可见，由于生活的困苦巨变，神经已不甚正常，最终感到"实在穷苦难过，要寻死路"。"又想自寻短见，无人知道，岂不枉自死了"，当他闰二月十六日看到街上垫道，闻知嘉庆帝将于二十日进宫，于是把心一横"起意惊驾"，心想"犯了惊驾之罪，必将我乱刀剁死，图个爽快，也死个明白"，于是干出了行刺嘉庆帝的大案。

看来，陈德熟悉宫内外情形，准备很充分，但他跃出时慢了半拍，至嘉庆帝轿进了顺贞门才赶上来。但是，案件最后处理时，对是"起意惊驾"还是"蓄谋行刺"就不会区分得那么清楚了。在皇帝专制的封建时代，就是"惊驾"也是按"大逆"罪论死。陈德为了发泄民生痛苦的无奈，自己求死，连两个未成年的孩子陈禄儿、陈对儿也被绞死。民不聊生，嘉庆帝虽然为此自省失德，但封建社会此时腐败的政局以其个人意志又能转变多少呢？

至此，案情已经清楚了。但嘉庆帝不相信，随于次日添派满汉大学士、六部尚书会审。为了对付陈德一人，嘉庆帝竟把整个官僚机器都启用了，这是过去对付任何一个犯人所没有过的，所有的刑具也都用上了，然而，陈德的个人口供没有任何的变化。嘉庆帝一看，不可能会有什么进展了，如果硬要说是有人策划指使，反而会自乱阵脚，造成内部混乱，随传旨将陈德处以极刑。

至于陈德为何要"起意惊驾"，还是行刺皇帝，从会审结论及嘉庆帝的批复看，均已倾向于纯属个人所为。但后来有关"受人指使"之说持续不断。至于主谋者，一说是官员所为，一说是天理教早期策划的一次冒险行为。

陈案仅过一月，嘉庆帝便接到官员诚存的奏折称："在陈家内拾有匿名揭帖一纸，内称兴德保父子曾与逆犯陈德有过来往勾结等情。"但嘉庆帝并不相信揭贴所控，怀疑兴德保父子会有"党逆"之事，而认为诬告陷害之风会"累及无辜"，"必欲将控告之人究出惩治"。令传讯兴德保父子时不以犯人对待，应详讯与兴德保素有仇怨之人。

至于说陈德的行刺系天理教所策划，则为后来野史记载，如《清代外史》之叙《颙琰之遇刺》。萧一山所撰《清代通史》采信此说。而关文发教授在《嘉庆帝》一书中认为"此说只不过是一种附会，实难置信"。他举出陈德在嘉庆八年是在北京，根本没有去过山东金乡崔世俊家。林清是嘉庆十一年（1806）五月开始加入荣华会，崔世俊是在嘉庆九年（1804）加入离坎卦教的，嘉庆八年（1803）闰二月陈德"起意惊驾"时他们都还不是天理教徒，根本就不存在一个所谓"林清党"，陈德又怎能成为"林清党"的一员，而去执行"林清党"所策划的行刺嘉庆的使命呢？山东巡抚同兴如"确已究明了陈德系'林清党'"，是不敢"擅自以事属既往，善不入奏，而甘冒犯欺君大罪的风险"的。

但关文发教授所据为供词，嘉庆八年陈德是否去山东金乡，供者根本不知也是可能的。崔世俊当时没有正式入教，但参与秘密活动也不能排除。限于史料，说陈德行刺嘉庆帝为"千秋疑案"似不为过。

道光继位之谜

> 嘉庆二十五年，嘉庆皇帝壮年突然猝死，由此，关于道光继位的问题，官方的清实录与非官方史料记载存在着很大差异，有嘉庆帝死前就已宣示传位诏的说法，有太后懿旨传位的说法。总之，真相颇不明朗。

关于道光继位的问题，官方的清实录与非官方史料记载存在着很大差异，真相颇不明朗。

据清实录所载，嘉庆二十五年（1820）七月二十四日，"上至热河，圣躬不豫。诏城隍庙拈香"。二十五日白天，"上不豫。皇次子智亲王旻宁、皇四子端亲王绵忻，朝夕待侧。上仍治事如常。"但到了傍晚时分，突然"上疾大渐"，以至于"戌刻，上崩于避暑山庄行殿寝宫"。在嘉庆帝"如常"、"大渐"和"山崩"之间，《清仁宗实录》与《清宣宗实录》都记载道："召御前大臣赛尚阿……宣示御书嘉庆四年四月初十卯时立皇太子旻宁。"

然而《清宣宗实录》所不同于《清仁宗实录》的是它多出了一条记载，即七月二十九新君旻宁收到了孝和皇太后从北京寄来的一道懿旨："我大行皇帝……今升遐，嗣位尤为重大，皇次子智亲王仁孝聪睿……但仓促之间，大行皇帝未及明谕。为此特降懿旨，传谕留京王大臣驰寄皇次子，即正尊位，以慰大行皇帝在天之灵，以顺天下臣民之望。"这样，便产生了一个疑问，既然嘉庆帝死前就已当众宣布传位遗诏，而且实录中有二十六日"军机大臣等传知在京王公百官"等语，太后又为何史无前例的以懿旨的形式命嗣君继位？《清仁宗实录》与《清宣宗实录》的矛盾与出入，令人起疑。

嘉庆从"不豫"到驾崩，仅有48小时；而其从"大渐"到驾崩，仅在三四个小时之内。这一点无论是实录，还是包氏碑文及《清史稿·禧恩传》所说的"变出仓促"、"事出仓促"，都毫无置疑地证明了嘉庆帝是猝然而亡。故传闻中有关他被雷电劈死之说，虽无从证实，似乎也印证了突发性这一特点。与嘉庆帝一生的身体"素健"相比，他的死实在来得过于突然，实在是出乎包括他本人在内的所有人的意料，以至于死后梓宫还尚"无合制良材"。可见，嘉庆帝并未想过身后事，而突然的暴逝也没有给予他从容述写遗诏的时间，这一点道光帝本人也承认所谓"遗诏"为枢臣代拟，而且从包氏碑文及《清史稿·禧恩传》的相互佐证来看，嘉

清·道光皇帝旻宁

帝甚至连传位密诏所放何处都未及交代。

与嘉庆帝以前的诸帝相比，顺治帝是在他死前已将部分遗诏内容过目，康熙帝和雍正帝的遗诏是在辞世5年前就已拟好基本内容，而乾隆帝更有训政3年的时间来从容考虑他的遗诏，及至嘉庆帝遗诏，纯属军机大臣代笔，这一点实录亦毫不讳言，从而也给道光初年留下了所谓"遗诏风波"。关于秘密立储的传位诏，雍正帝在创立此制度后，将密诏一式两份，一份暗存自己身边，一份明存大内乾清宫正大光明匾后。他死后，两份密诏先后找到启封。嘉庆帝本人得以继统的传位诏是由众臣恭取于正大光明匾后，由乾隆帝亲自主持宣示的。嘉庆帝亲政后，于嘉庆四年（1799）四月初十日密写传位诏书，立皇二子旻宁为皇太子，但这份密诏似乎从未置于正大光明匾后，而是20余年随身携带。嘉庆帝本人对传位诏的置所守口如瓶，但他所没有想到的是会来不及交代而猝然辞世。

正因为先帝没有交代后事，特别是传位诏书放在何处，影响了新君的迅速入统，造成了皇位的一时真空，所以"从官多失措"。军机大臣托津、戴均元"督内臣拣御箧十数事"，仍无所收获。时间很快进入了七月二十六日。亲贵重臣一方面派人驰报京师，一方面召开紧急会议商量举措。《清宣宗实录》上记载有：二十六日"命内务府大臣和世泰带领首领太监人等驰驿前赴圆明园"。及"是日，军机大臣等传知在京王公百官"。这一则是宣示先帝猝崩的噩耗，一则也是告知承德尚未找到继位诏的情况，要求在大内及圆明园里找寻传位诏。

同时，国不可一日无君，亲贵重臣也为暂时的皇位空虚召开了紧急会议。睿亲王淳颖之子禧恩"以内廷扈从，建议宣宗有定乱功，当继位"。尽管以前有种种迹象表明旻宁极有可能就是嘉庆帝生前嘱意的继承人，禧恩的"建议"不无道理，而且他指出了旻宁的重要功绩，即嘉庆十八年（1813）九月的紫禁城定乱之功。

紫禁城之乱是指嘉庆十八年九月发生的天理教农民大起义，在京城近郊的直隶、山东、河南等地，攻城略地，闹得天翻地覆。由林清率领的北路义军竟然图谋京城，攻入紫禁城内，直接震撼了清廷的统治，史书称之为"禁门之变"。因为这年是癸酉年，又称为"癸酉之变"。九月十九日，嘉庆回京。见顺利"平叛"，龙心大悦，盛赞旻宁有胆有识，忠孝兼备，可嘉之处，达到了"笔木能宣"的程度。遂发恩旨，封旻宁为智亲王，每年增加俸银一万二千两，并命名旻宁所用鸟枪为"威烈"。从此，旻宁的地位已与其他皇子明显地拉开了距离。

但在没有找到足以作为法律依据的传位密诏以前，多数大臣未与妄加推断，作为中枢臣首的托津、戴均元更显得镇定与谨慎。史载"枢臣托津、戴等犹豫。禧恩之论，众不能夺"。这时，颇具戏剧性的一幕发生了。一名内侍从身上取出一个上锁的小金盒，没有钥匙。托津当众用力拧断金锁，打开金盒，里面正是嘉庆帝密书的传诏书。于是一切问题迎刃而解。托津、戴均元、禧恩等"奉今上即大位","随瑞邸成礼"。这也正如《清史稿·禧恩传》上所载的"会得秘匦朱谕,乃偕诸臣奉宣宗即位"。

传位密诏的发现,使旻宁名正言顺地成为了新君,消除了承德诸臣由于皇位空虚而产生的"皇遽"。七月二十七日,旻宁的新君身份"谕内阁,朕继承大统,母后应尊为皇太后"。同时,"又谕:著派吉伦泰带领太监二名驰驿回京至圆明园。著苏楞额、阿克当阿传知总管太监,奏明皇太后"。令吉伦泰面叩请安,这是承德方面第二次派人"驰驿回京",这次显然是告知北京,传位诏已找到,旻宁已顺利承统。而从时间上计算,此时的北京刚刚收到来自承德的第一份驰报,开始于大内和圆明园里查寻密诏。经过一天的紧张查寻,在京的大臣们一无所获。孝和皇太后此时果断地决断,认定皇二子旻宁就是先帝的继承人,并为此专门以懿旨的形式令留京王大臣飞速驰寄承德的旻宁,令其"即正尊位,以慰大行皇帝在天之灵,以顺天下臣民之望"。

综上所述,嘉庆帝猝死无疑,道光帝的入统有惊无险。《清实录》关于嘉庆帝死前就已宣示传位诏的说法终属虚构。戴均元墓志铭,与《清史稿·禧恩传》相互佐证,可以为信,并与实录中关于太后懿旨的记载吻合起来,为我们揭示出了嘉庆猝死、道光继位的真相。

道光踢死皇长子之谜

温文恭良的道光皇帝曾经一脚将自己的皇长子踢死。到底什么原因,使得道光如此动怒?从这件事情中,我们又可以看到道光的什么性格呢?事实证明,道光在大事、大节上的作为是完全不可取的。

道光名旻宁,是乾隆的孙子、嘉庆的儿子。他自幼饱读诗书兼善骑射,深得乾隆和嘉庆的宠爱,加上一副温良恭俭让的形象,终于在1821年39岁时登极即皇位。道光在位时,正是中国风雨飘摇、走向衰落的历史关头,西方新兴的资本主义殖民者觊觎中国的市场和财富,发动鸦片战争入侵中国。由于道光的疑虑犹豫和反复无常,捍卫国家主权的战争却失败了,签订了丧权辱国的《南京条约》,遭到历史的严厉审判。

事实上,作为皇帝来说,道光虽非明主但也非昏君,他也曾有过勃勃雄心,希望仿效先辈振兴祖业,做一番事业。尤其是他勤力朝政,生活恭俭,为人谨严。道光即位之前,住在紫禁城撷芳殿,他每晚派太监出宫去买5个烧饼,自己吃两个,嫡福晋钮祜禄氏吃两个,长子奕纬吃一个。他继位当皇帝后,经常穿带补丁的裤子,于是大臣们纷纷仿效,也缀一圆绸于膝间。道光曾自诩道:"自御极至今,凡批览章奏,引对臣工,旰食宵衣,三十年如一日,不敢自暇自逸。"像道光这样勤俭度日的皇帝在历史上也是少见的，正因为如此，更加显出其历史悲剧人物的特点。

道光对子女的管教也非常严厉。他当皇帝以后，命皇长子奕纬搬到自己出生的撷芳殿居住，每天到上书房读书。由于皇长子缺乏读书天赋，又不肯用功，而授课的师傅则缺少耐心和教学方法，以至师徒间关系紧张。有一天，师傅劝说奕纬好好读书，将来才好当皇帝。奕纬早就不满老师教读过严，便说了句："我做了皇上，先杀了你。"事后师傅将此话转奏给道光，道光大怒，命人将皇长子叫来，奕纬刚要跪下请安，怒火中烧的道光飞起一脚，正踢中奕纬下身。因这脚踢得过重，奕纬被抬回撷芳殿后，一病不起，没过几天竟死了。

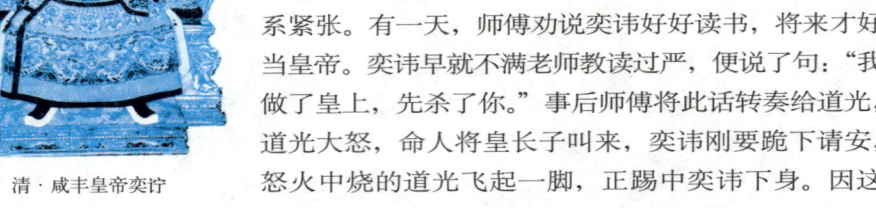

清·咸丰皇帝奕詝

从道光选接班人这一点上，也可以看出他为人和做事非常细心，不肯放过细微之处。咸丰继位是经过道光两次考验以后，才下了决定的。

头一次是在道光二十八年（1848）春天。这天，道光传旨说明日要带几个皇子去南苑打猎，看谁的武功好、马术精，以猎获物多寡来定优劣。此时道光9个皇子中3位已早逝，1位过继给亲王，3位年纪不到6岁，有能力竞争帝位的只有时年14岁的皇四子奕詝和年方13岁的皇六子奕䜣，而道光对将皇位传给哪个皇子一直犹豫未决。奕詝和奕䜣都想在皇父面前争功邀赏，于是分别在暗中准备。奕詝的老师是大学士杜受田，此人非常精明，他听到这个消息马上就意识到，这是皇上有意考验诸皇子。杜受田最了解自己的学生，论文论武奕詝都比不过奕䜣，只能以其他方式取胜。因此，他便对奕詝密授一计，奕詝点头称是。

第二天围猎开始后，奕䜣表现得最突出，只见他张弓发箭，几乎箭不虚发，自然猎获野物最多，他一高兴，还赋诗一首。围猎结束后，各位皇子都争向道光报功，唯独奕詝一无所获，而且约束手下人不得捕捉动物。道光很不高兴，责他抗旨不遵，奕詝却解释道："如今春回气转，鸟兽正在孕育，儿臣不忍违背天意，杀生害命。"道光听了，深受感动，赞叹道："此真帝者之言！"并对他的"仁慈善良"鼓励了一番。杜受田这一招称为"藏拙示仁"，凭此皇四子便轻松地为自己加上几分。

第二次考验是在道光咽气的前几天。他将诸皇子叫到床前，提了一些安邦治国的问题，让他们答辩。奕䜣意气风发，讲起来滔滔不断，道光很是满意。奕詝却始终低头不语，不住地流泪。道光疑惑不解地问道："奕詝，你这是何意？"听道光这么一问，奕詝哭得更悲了，他跪在床前说道："父病危，儿心已碎，方寸颇乱，无法谈这些大事。儿只有一个要求，愿随父王同归地府！"其实这些话也是杜受田教给他的。杜受田事先告诫奕詝："阿哥如条陈时政，知识万不敌六爷，惟有一策，皇上若自言老病，将不久于此位，阿哥惟伏地流涕，以表孺慕之诚而已。"道光听后，果然深感四皇子仁孝，赞道："真孝子也！"于是便下定决心，让奕詝接替皇位，就是后来的咸丰皇帝。这一招称为"藏拙示孝"也。从后来咸丰和奕䜣两人对待各自老师的不同态度，也可以看出兄弟两人的老师在这两次考验中所起的作用：杜受田深得咸丰皇帝恩宠，说明他在为四皇子与六皇子暗争父宠的较量中确实立了功，而奕䜣则对其老师很不满，是因为其争位失败的缘故。

道光三十年（1850），道光皇帝去世，传位于秘匣，立储谕旨用满汉两种文写道："皇四子奕詝著立为皇太子。"另有一份谕旨，上面用汉文写道："皇六子奕䜣封为亲王"。照例立秘密储谕旨只写立储内容，但道光却是一纸两谕，既立皇四子，又顾及皇六子，这种做法耐人寻味，反而让人看出了两位皇子为争皇位勾心斗角的内幕。

咸丰元年，恭亲王奕䜣代咸丰皇帝前往道光陵祭拜。这位在帝位争夺中败下阵的皇子感慨万端，赋诗一首，流露了空怀壮志、悲凄哀怨的复杂心情：

曙色分林表，迷离隐远村。
泉流溪口合，鸟语陌头喧。
石勒碑何在，荆卿墓尚存。
当年曾驻跸，今日泪双痕。

有关道光立储的故事，反映出道光待子极其严格的一面，联系到他踢死皇长子的行径，更加可以认识他为人严正自处的性情。然而，当我们从历史发展的角度来看道光，看他在历史潮流中是否站在前面，看他在国家与民族利益上是否维护了国家主权与民族尊严，却发现他在大事、大节上的作为完全不可取，他应当为割地赔款、丧权辱国条约的签订负历史责任。

光绪称慈禧为"亲爸爸"之谜

晚清时的慈禧太后垂帘听政长达数十年，臣民无不敬畏，连光绪皇帝也只得恭恭敬敬地称呼她"亲爸爸"。身为女性，为什么要称呼其为"爸爸"呢？其实这并不是满族人的习俗，而是慈禧权力欲登峰造极的一个明证。

咸丰十一年（1861），慈禧太后通过"祺祥之变"（又称"辛酉政变"）开始垂帘听政，成为实际上的清王朝最高统治者。同治死后，光绪继位，慈禧仍然垂帘听政，把持朝纲。同治、光绪两朝，慈禧的权力远远大于皇帝，威严也高过皇帝，俨然就是一个太上皇。在慈禧统治中国的数十年时间内，天下臣民对她无不敬畏万分，连光绪皇帝也不得不恭恭敬敬地称呼她为"亲爸爸"。身为女性，为什么要称呼其为"爸爸"呢？有不少人以为这是满族人的习俗，其实并非如此。

慈禧虽然没有像武则天那样称帝，当一回女皇帝，但却是一位实际上的女皇、女太上皇，她统驭天下，至高无上。由于慈禧骨子里向往男权，对以男性为中心、男性皇帝威仪天下的社会传统耿耿于怀，因此一旦自己取得了至高无上的权力和地位，便也想赢得像男性太上皇一样的威仪，享受只有男性太上皇才能拥有的称呼。让别人称呼她"爸爸"，正可以显示她的尊贵，满足她强烈的与男性平起平坐的心理。据史籍记载，慈禧对于光绪帝的宠妃珍妃男装打扮很欣赏，就是一个例证。而光绪名义上是皇帝，其实空有名号，并不能躬亲政务，君临天下，一点实权也没有，大小政事都掌握在慈禧及其亲信手里，他只是个傀儡，连太后身边的太监都可以中伤他，欺负他，苛虐他。面对太后的淫威，他又能做什么呢？只好乖乖地叫"爸爸"。慈禧也从光绪的一声声"爸爸"的叫声中，品尝到一种折磨别人的快感，抚慰她孤独空虚的心。

至于为什么还要在"爸爸"前加一"亲"字，也是有一套说道的。慈禧只生育过一个儿子，就是同治皇帝载淳，载淳对慈禧哪怕不称"亲"字，实际上也是亲的。而同治早死无子，他死后，慈安和慈禧两宫太后便推举醇亲王奕𫍽之子"入承大统为嗣皇帝，俟嗣皇帝有子即承继大行皇帝"，也就是让醇亲王奕𫍽的儿子载湉以侄儿身份继承伯父咸丰的皇位，等他有了儿子再过房给同治为嗣子继承皇位。而醇亲王是咸丰皇帝的弟弟，所以光绪实际上是咸丰的侄子。但慈禧是咸丰的贵妃，加上光绪的母亲是慈禧的妹妹，因而对慈禧来说，光绪既是她的侄子，又是她的外甥。慈禧理直气壮地说过："光绪皇帝的母亲是我妹妹，我妹妹的儿子就跟我亲生的一样。"既然慈禧太后这样说，光绪只好称呼她"亲爸爸"了。

曾经在清宫担任过两年女官的德龄在《清宫二年记》中写道："皇帝及余等皆呼太后以男称。"她曾亲耳听到光绪皇帝每次前去向太后请安时都喊："亲爸爸吉祥！"以至在有些描写清宫故事的影视作品中，也都出现光绪对慈禧以"亲爸爸"称呼的场景，看来并不是艺术的虚构。

以上是现在公认的原因。不过除此以外，还有一种说法则比较不为人所知，不妨介绍于此，权作参考。该说认为光绪实际上是慈禧的私生子，因而称呼其为"亲爸爸"也顺理成章。咸丰皇帝年仅31岁便去世了，当时慈禧只有26岁，直到70多岁才死去，长期的寡居生活令她非常痛苦，于是偷偷摸摸地先后找过几个情人，并且还产下一个私生子。据说慈禧特别喜爱吃一种叫"汤卧果"的零食，北京城里有家金华饭店做的汤卧果口味尤其好吃，于是便成了专门为慈禧制作汤卧果的定点铺子。金华饭店有位年轻伙计姓史，相貌出众，打扮起来就像个白面书生，他的任务就是每天清晨给慈禧太后送汤卧果，跟慈禧身边的李莲英等太监混得很熟。一天，这个伙计侍立在慈禧的寝殿

清·慈禧太后

外,却被慈禧看见了,于是让李莲英传他进寝殿。他进去后非常乖巧,双膝下跪,口齿伶俐地启奏道:"掌柜的感谢太后的大恩大德,派小的来孝敬太后。"慈禧见他眉清目秀,人又机灵,打心眼里喜欢,吃过汤卧果,赏赐了李莲英,让其殿外候命,便领着小伙计进内室了。以后,史某便经常在李莲英的庇护和安排下,进宫与慈禧鬼混作乐,不料慈禧却怀孕了,生下一名男婴。当时咸丰已死去多年,慈禧忽又产子,这消息要是传出去,岂不是让宫内外所有人笑话?慈禧便将私生子送给自己的亲妹妹——醇亲王奕譞的福晋抚养,起名载湉,成为醇亲王的义子。后来为了灭口,慈禧派人把那个姓史的小伙计杀掉了。

同治皇帝死后,慈禧不立同治下一辈的"溥"字辈的人继承皇位,而立醇亲王的儿子载湉,其实就是立同治的弟弟、自己的私生儿子。从这个角度来说,慈禧当然是光绪皇帝的"亲爸爸"。她之所以说"我妹妹的儿子就跟我亲生的一样",只是耍弄障眼术,为了掩人耳目而已。

光绪悲逝之谜

> 光绪皇帝和慈禧太后在短短不到24小时的时间内相继死去,而且光绪在先,慈禧在后,联想到他们生前的明争暗斗和恩怨仇恨,很容易使人心生疑团。自光绪死后,就一直有人怀疑光绪是非正常死亡,至今这仍是清末最大的一桩历史疑案。

光绪三十四年十月二十一日(1908年11月14日)傍晚,光绪皇帝躺在冰冷寂静的瀛台涵元殿内的病榻上,满含悲恨撒手人寰。第二天下午,操纵晚清政权达半个世纪之久的慈禧也于中南海的仪鸾殿死去。两个政治上的冤家对头在短短不到24小时的时间里相继死去,这是历史的巧合,还是别有隐情?

当年光绪皇帝和慈禧太后去世的消息一传出,震惊了海内外。人们普遍认为,光绪先慈禧死去,这不是巧合,而是有人处心积虑的谋害。光绪皇帝究竟是怎么死的?各种书籍的记载以及部分曾在清廷担任女官或御医的人的传述归纳起来,大致可分为两类:一是谋害说,一是正常病死说。

曾是朝廷御医的清末名医屈桂庭,民国时期在《逸经》杂志上发表过题为《诊治光绪帝秘记》的回忆文章,提到光绪死前三天,他最后一次进宫为光绪看病,发现本已病情逐渐好转的光绪突然恶化,"在床上乱滚","大叫肚子痛得了不得",且"面黑,舌黄黑","与前病绝少关系"。他认为,虽不能断定是谁害死了光绪,但却可以肯定光绪是被人暗中害死的。

如果光绪真的是被人谋害而死,最大的嫌犯便是慈禧,许多人都是这样认为的。晚清文人徐珂编著的《清稗类钞·迷信类》记载:"因谓孝钦(慈禧死

清·光绪皇帝载湉

后的谥号）病革，不愿先帝升，授命亲信太监毙之者。"就是说慈禧病危之时，不愿自己死在光绪之前，于是让亲信太监毒死了光绪。此外，恽毓鼎著的《崇陵传信录》也摘抄清人笔记，认为是慈禧太后在病危期间，害怕自己死后光绪重掌实权，推行新政，将封建顽固派打压下去，所以命人毒死光绪，以绝后患。

众所周知，自从光绪入继大统当上皇帝后，慈禧一直垂帘听政，把持着国家政务，国家大事都得秉承她的懿旨办理。因此在长大成人后亲政的10年时间，光绪与慈禧围绕着政治和权力，双方矛盾日益尖锐，争斗不断。中日甲午战争后，光绪受日益加重的民族危机的情势所迫和康有为、梁启超等人传播的维新思想影响，体会到"非变法不能立国"，"惟期艰苦一心，痛除积弊"。光绪二十四年六月，光绪颁布"明定国是"诏书，宣布变法，试图改革政治，富国强兵。然而九月，慈禧太后发动政变，将维新派谭嗣同等6人斩首于菜市口，并囚禁了光绪帝，致使戊戌变法不过百日即夭折。

被囚禁在瀛台的光绪，日夜担心遭到慈禧等人的暗害。他曾对天长叹："我连汉献帝都不如啊！"光绪三十四年十月二十一日，病入膏肓的慈禧命太监把她抬到瀛台被她囚禁了10年的光绪床前，同样病体沉重的光绪和慈禧默默无语地对视着，两人的心里都在进行最后的抗争——作为政治斗争的死敌，慈禧的确心存让光绪先她而死的动机。正是在这一天，光绪皇帝死了，第二天，慈禧太后也放心地一命呜呼。

近年，爱新觉罗家族后裔启功先生根据祖辈亲历见闻和自己的考证，著有《启功口述历史》一书，披露了光绪之死的一些细节。启功先生的曾祖父叫溥良，当时任礼部尚书，作为主管礼仪、祭祀事宜的最高官员，他一直守候在临死的慈禧下榻之处乐寿堂外。就在宣布慈禧死前，他看见一个太监端着一个盖碗从乐寿堂出来，出于职责，便问太监端的是什么，回答是"老佛爷赏给万岁爷的塌喇"。"塌喇"在满语中是酸奶的意思。送去后不久，就由隆裕皇后的太监张兰德向太医院正堂宣布，光绪皇帝驾崩了，然后慈禧这边的屋里才传出哭声，表明太后已死。看来这很有可能是一碗毒药，也许慈禧不愿意看到光绪在自己死后仍然活着，因而临死时将光绪毒死了。当然，这其中也有另一种可能：也许慈禧此时已死，但事先布置了下毒之事，然后对死讯密不发丧，等到宣布光绪死后才发丧。自然，这一细节在清廷太医院的档案里是查不到记载的。

另一个具备谋害光绪动机的人是太监李莲英。英国人濮兰德·白克好司的《慈禧外传》认为，李莲英平日仗着慈禧的权势，监视、中伤和苛虐光绪，简直无所不用其极。他怕慈禧死后光绪清算他的罪孽，于是在慈禧将死之前先把光绪毒死。慈禧的御前女官德龄在《瀛台泣血记》中也写道："万恶的李莲英眼看太后的寿命已经不久，自己的靠山快要发生问题了，便暗自着急起来。

他想与其待光绪掌了权来和自己算账，还不如先下手为好。经过几度的筹思，他的毒计便决定了……"

袁世凯也可能是毒害光绪的凶手，因为正是由于他的出卖，才使得维新运动遭到血腥镇压，变法失败。袁世凯深知假如慈禧死后，光绪重执政柄的话，必然饶不了他，所以在光绪帝的药中下了毒。溥仪在《我的前半生》一书中说："我还听见一个叫李长安的老太监说起光绪之死的疑案。照他说，光绪在死的前一天还是好好的，只是因为用了一剂药就坏了，后来才知道这剂药是袁世凯使人送来的……"

除此以外，还有说法称是崔玉贵害死光绪的。崔玉贵是慈禧御前的首领太监，光绪帝的爱妃珍妃就是被他推入景祺阁前水井中淹死的，光绪恨不能啖其肉，寝其皮，崔因而害怕光绪再亲政后诛杀自己，遂投毒害死光绪。另有说是奕劻下的毒手，《国闻备乘》记道："迨奕劻荐商部郎中力钧入宫，进利剂，遂腹泻不止。次日钧再入视，上怒目视之，不敢言。钧惧，遂托疾不往。谓恐他日以大逆之名，卖己以谢天下也。"不过细细辨之，以上两说也只是怀疑猜测或道听途说，缺乏令人信服的证据。

20世纪30年代，光绪帝的崇陵被盗，据说被拽到宝床底下的尸身是光绪皇帝的遗体。80年代清理这座陵墓时检验了那具尸体的骨骼，通过对其发辫的化验，并未发现中毒成分，这使得光绪死于谋害之说失去了最确凿的实证。

还有一种说法是，光绪属于正常病死，一些研究者根据档案馆所藏的清宫医案，包括当年宫内御医为光绪帝诊病用药的档案、光绪本人向御医诉述的病史等得出了这样的结论。

光绪帝自幼体弱多病，有长期遗精史，身体一直很差，后来越发严重，维新失败被幽囚瀛台、珍妃惨死，精神和肉体上的虐待、凌辱更加重了他的疾病。他亲笔书写的《病源说略》就承认自己疾病缠身。据所记载的脉案，从现代医学去分析，他患有严重的神经官能症、关节炎、骨结核，肝脏、心脏及风湿等长期慢性、消耗性疾病，导致抵抗力下降，心肺功能慢性衰竭，引起其他系统多发性急性感染，以当时的医术，根本无计可施。光绪三十四年三月初九，光绪"肝肾阴虚，脾阳不足，气血亏损"，病势到了无药可用的严重程度；五月初十，虽经御医"调理多时，全无寸效"；到了九月病状更加复杂多变，脏腑功能已全部失调；进入十月，光绪的病已露险象，十月十七日，出现了肺炎症及心肺衰竭的临床症状，已进入危急阶段。御医会诊后私下还对朝臣说："此病不出四日，必有危险。"十月十九日，光绪呈现"中气虚损，不能承领上下，以致上而逆满喘咳，下而大便不行，清气不升，浊气不降，通体困乏"的症状。十月二十日晚，光绪开始进入弥留状态，神志昏迷。十月二十一日中午，光绪脉搏似有似无，"喘逆气短，口不能语，肾元不纳，上迫于肺"，傍晚，终于"龙驭上宾"死去。

由此可见，光绪并不是猝死，他的症状呈现进行性的加重，一步步恶化，直至药力不达死去的，于是有人据之得出光绪之死是正常死亡的结论。而据

《清史稿·后妃传》载："光绪三十四年十月，太后有疾，上疾益增剧。"说光绪病重，而慈禧仅是有疾。因此，光绪死在慈禧之前也是合乎情理的。慈禧的病情起先虽无凶险症状，后来却引发老年性的多种病症，导致心力交瘁，衰竭而亡。因此，光绪与慈禧虽前后不到24小时相继而亡，似乎并没有必然的联系。不过，由于慈禧一贯凌辱和迫害光绪，使他身心受尽折磨，从这一点上来说，民间传说光绪被慈禧害死也并非全无道理。

光绪爱妃珍妃容貌之谜

学过中国近代史的人都知道珍妃，她是光绪皇帝最宠爱的妃子，后来被慈禧太后所害。光绪有一后二妃，宫中还有不少宫女，为何独对珍妃专宠有加？是因为她特别漂亮吗？让我们从现存的珍妃照片来看看她到底长什么样吧。

珍妃姓他他拉氏，小字珍珠，生于光绪二年（1876）。光绪十四年十月，在慈禧太后主持为光绪阅选后妃时，与同父异母的姐姐同时被选为瑾嫔和珍嫔，当时她才13岁，姐姐瑾嫔15岁。过了6年，姐妹二人同时被晋封为妃，也就是今天人们所熟知的瑾妃和珍妃。

珍妃秀外慧中，年幼时曾聘光绪十六年殿试的榜眼（第二名）文廷式为塾师学习诗书，入宫后又跟随宫中画师学画。当时西洋的照相技术已传入中国，清宫内自然得风气之先。当时不少人认为照相机是机巧之物，会取人魂魄，导致人损寿，但珍妃却乐于接受新鲜事物，她悄悄购置了一套照相机，在自己的寝宫景仁宫反复练习，很快便学会了照相技术，成为清宫后妃中最早拍摄照片的人之一。学会照相技术后，珍妃给光绪皇帝和宫内的其他人拍过照，还教太监学会使用方法，让他们给自己照相。目前故宫博物院、中国第一历史档案馆珍藏的清朝照片资料中，虽然不见珍妃的照片，但是在紫禁城东南的皇史宬里却保存着一张珍妃的半身肖像照，这也是唯一现存的珍妃照片，弥足珍贵。

金龟钮珍妃之印　清光绪。高11.6厘米，长11厘米，宽11厘米，重6800克。清宫旧藏。

照片中的珍妃长圆脸，下巴稍尖，大眼睛，两弯眉毛修成山字眉，宽鼻梁，蒜头鼻，一张樱桃小口，梳着晚清时满族妇女中流行的"两把头"发式，上面插以珠翠花朵，左右还别着两只绢蝴蝶，右角加一缕丝穗，身穿大镶边的长袍。从照片上可以看出，珍妃性格活泼，充满朝气。皇史宬里保存的这张珍妃照片上题有"贞贵妃肖像"的字样，据专家考证，"贞贵妃"

就是珍妃。在她被害的第二年，慈禧和光绪等由西安返京，光绪命人从井中打捞出珍妃尸体，葬于阜成门外恩济庄太监公墓以南的宫女墓地，并追封为珍贵妃。谕旨称："上年京师之变，仓卒之中，珍妃扈从不及，即于宫闱殉难，殉属节烈可嘉，加恩着追赠贵妃，以示褒恤。"中国第一历史档案馆所存的清宫档案中也有以下记载："光绪二十七年七月初四，贞妃安葬在恩济庄，过过营地一座。"可见，将"珍贵妃"写成"贞贵妃"，是为了表示崇敬之意。

其实，珍妃能赢得光绪专宠的原因并非她特别漂亮，而是因为她性格活泼伶俐，善解皇帝之意。据史籍记载，光绪选后妃时第一眼看中的是珍妃的姐姐瑾妃，这说明至少瑾妃比珍妃还要漂亮出众。然而瑾妃性情忠厚，不会讨好人，同光绪相处漠然，不甚投机，而珍妃则想着法子顺应光绪的喜爱。她追逐时尚，除了给太后、皇后请安时穿旗装礼服外，伴侍光绪时经常一副男装打扮，黑亮的头发在脑后梳成一颗大辫子，戴上一品顶戴，三眼花翎，身穿箭袖马褂，足登青缎朝靴，腰系丝带，俨然一位美少年，就连慈禧最初也很喜欢她，加上珍妃工翰墨、会下棋，与光绪共食共饮共玩共乐，所以光绪跟她在一起时很放松。

关于珍妃的照片，以前还曾闹过一桩"双胞案"，弄得人真假难辨。1930年5月3日出版的《故宫周刊》上刊出了一张题为"珍妃遗像"的照片，照片中的年轻女子高颧骨，杏核眼。当时一位尚在世的清朝宫女看后，肯定她就是珍妃。后来这张照片多次被转载，广为流传，并为人们所接受。但1960年出版的《故宫博物院院刊》第二期中，又刊出了另一张"贞贵妃肖像"，照片中的女子则是长圆脸，大眼睛。同时还刊文记述，据故宫博物院顾问、清宫太监唐冠卿和陈紫田介绍，1930年发表的"珍妃遗像"中的女子并非珍妃，"贞贵妃肖像"中的女子才是真正的珍妃。而这张照片，就是前面提到的现保存在皇史宬里的那张。后来，人们又从故宫中珍藏的大量晚清照片底版中找到一张与此完全相同的底版，上面也标明是"珍贵妃"。而且，对照珍妃姐姐瑾妃的照片，发现两张照片中的女子脸型和其他脸部特征非常接近，于是，两张照片的真伪才得以厘清，人们也才认识了珍妃的真面目。

这里顺便澄清一下另一个事实。一直以来，人们都以为珍妃是因为支持光绪皇帝变法维新，为慈禧太后所嫉恨，后来慈禧重掌大政，便将珍妃幽闭以至后来八国联军进攻北京，慈禧在外逃之前将她沉井杀害。但事实的真相却是：珍妃因博得光绪宠爱，加之花销无度，于是串通奏事处太监卖官鬻爵，从中收受贿赂。例如有个叫鲁伯阳的人，送给珍妃四万两黄金，珍妃便向光绪给他求了个"上海道台"的官职，后被两江总督知道，就弹劾罢免鲁伯阳，惹得朝野议论纷纷。珍妃还曾为一个叫玉铭的人争取到"四川盐法道"官职，然而在新官放任前光绪召见时，却发现此人原来竟是个一无用处的文盲。这两件事情都是见诸史籍记载的，自然不是虚妄之言。慈禧闻悉后，便命光绪严加追查此事，一来串通外朝官员，干预用人行政安排是后宫大忌；二来卖官原是慈禧的专利，她当然容不得别人染手其中。光绪有意包庇珍妃，结果惹恼了慈禧。光绪无奈，只好下旨将珍妃并瑾妃两人均降为贵人，以肃内政。按照宫中成例，触犯宫中规矩的嫔妃均交皇后严加管束，于是慈禧将珍妃幽闭于咸福宫以北、百子门西面的一所空屋，连光绪皇帝也不能见她。所以，自1894年10月后，珍妃就失去人身自由了，不可能参与后来的维新变法，更不是因为支持变法而死的。

慈禧太后私通情人之谜

> 慈禧堪与武则天媲美，都曾经是集大权于一身，号令天下，凌驾于男性之上的女性。武则天晚年以后生活放荡腐朽，宠幸男侍，那么慈禧掌握大权之后，是否也堕入荒淫的私生活呢？根据野史资料，原来慈禧太后也有过情人。

慈禧太后生于道光十五年（1835），咸丰元年（1851）16岁时以秀女被选入宫，成为贵人，后来为咸丰生了儿子，又升为懿贵妃。咸丰皇帝去世时，慈禧才26岁，正当韶华。垂帘听政之后，她独揽大权，无上的权力和显贵的地位都拥有了，要什么有什么，唯一感到美中不足的就是精神生活空虚。本来慈禧就是一个情欲非常强烈的人，可数十年来，每晚独对烛影，除了跟前的太监陪她说说话、散散心以外，她没有人可以倾诉衷肠，寂寞孤单的情怀难以排遣，个中滋味是很容易想象得出的。

同治四年（1865）会试，试题是"芦笋生时柳絮飞"，慈禧就此题拟定了一首诗："南蒲篙三尺，东风笛一声；笛声连夜雨，萍踪故乡情。"另外同治十二年会试，试题是"江南江北青山多"，慈禧也就此题拟了一首诗："雨后螺深浅，风前雁往还；舍连春水泛，峰杂夏云间。"这些诗，基调都有点低回，流露出一丝淡淡的凄楚失落感，不能说跟她的精神空虚没有一点关系。她韶华当年而守寡，自有难言之苦。她时常追忆童年，追忆那时无忧无虑的生活，追忆那里的山山水水。于是，慈禧太后便春情偷度，另寻欢爱。

据稗史记载，慈禧有一天在颐和园游玩，正好内大臣、僧格林沁的孙子伯彦纳尔苏也在园中独自散步。慈禧见伯彦纳尔苏气质闲雅，风度翩翩，而且身强体壮，容光焕发，心中不由暗喜，于是主动上前去接近。此时的慈禧已年过50岁，但因为养尊处优，保养得好，看上去风韵犹存，使伯彦纳尔苏也动了心。两人便在亭子里坐下，攀谈起来，越谈越投机，两人就此互相倾慕，并经常暗中往来，成为一对恩恩爱爱的情人。后来，伯彦纳尔苏的父亲御前大臣、京畿九门提督伯彦纳谟祜发现了两人之间的隐情，他怕因此招来杀身之祸，便将伯彦纳尔苏带到僧格林沁的陵墓前，对他说："只要你在祖宗陵前答应从此与太后一刀两断，可以免你一死。"伯彦纳尔苏没有回答，将手上戴着的慈禧太后送给他的金镯子摘下来，砸成两截，将其中一截向京城方向扔去，表示对慈禧太后永远怀念之情，另一截紧握在手，然后，把父亲备下的毒酒一口喝下，以死殉情。

慈禧太后听说此事后，伤心无比，她立即下令将伯彦纳莫祜亲王处死，随后追认伯彦纳尔苏为亲王，并为他在僧格林沁的陵墓旁修了一座墓。

民间还传说八国联军进攻北京时，慈禧太后带着光绪皇帝仓皇出逃，在途中认识了一个叫王老五的卖豆腐的男子，结成了"夫妻"。在北京城即将被八国联军攻陷的紧要关头，慈禧和光绪率领着亲贵大臣们，化装成农夫村姑，夹在逃难的人群中，经颐和园、青龙桥等地，仓皇逃往西安。谁知在路上正好碰到八国联军抓人、抢劫，慌乱中一行皇家难民跑散了，纷纷自顾逃命。慈禧不管三七二十一跑了一阵，腿跑累了，跑不快，正在为难之间，见前方有一个拉车的人经过，慈禧赶忙拿出银子递给他，让车夫拉她往西安去。车夫见钱眼开，拉起慈禧就跑，天黑时来到一条江边，车夫对慈禧说："这里是丹江，你下车吧。"慈禧说她要去西安，怎么在丹江下车呢。于是，又从包里掏出银子给车夫。车夫看见慈禧包中有不少珠宝，又见江边天黑无人，便起了杀人劫财之心，他一把抢过慈禧的包袱，然后双手扼住慈禧的脖子，想扼死慈禧。正在这时，有个卖豆腐的中年男子经过这里，他高声吆喝着："豆——腐！豆——腐！"车夫做贼心虚，听成了"包——袱！包——袱！"连忙抓起包袱逃走了。

清·慈禧太后

中年男子来到跟前，才知是歹人行劫。他救起慈禧，把她拉回自己家，细心地照料。从谈话中慈禧得知他叫王老五，看着他慈厚老实的样子和对自己的细心照料，慈禧又感动又喜欢，患难之际最易真情流露，于是便爱上了王老五，做了"夫妻"。没过多久，慈禧又回到了北京城，但她心里还时常想念那个患难中结识的贫民情人。

慈禧与当时身兼军机大臣、北洋大臣、直隶总督的荣禄也是情人关系。慈禧在被选入宫以前就与荣禄相爱，尽管后来因慈禧入宫，两人才不得不分开，但荣禄仍然对她一往情深。咸丰十一年（1861），慈禧联合恭亲王奕䜣发动"祺祥之变"前夕，与慈安太后偕幼帝载淳逃离热河（今河北承德）时，就是荣禄一路上保护她的。德龄的《御香缥缈录——慈禧后私生活实录》一书就明确写道："在慈禧没有给咸丰选去做妃子以前，荣禄就是伊的情人；后来荣禄仍克尽厥职的做伊的忠仆。他们两人中间的一番恋爱，却就此很沉痛地牺牲了。"德龄在清宫内担任过两年慈禧身边的女官，所知甚多，此说当不是捕风捉影。后来慈禧到圆明园游玩时，据说还与荣禄有过暗渡陈仓。

光绪十六年（1890）殿试的榜眼文廷式曾在他的《闻尘偶记》中有这样一段记载："壬午（即1882年，时慈禧47岁）春，有琉璃厂卖古董白姓者，由阉宦李莲英引入大内,遂得幸于禧后,月余乃出。旋禧后有疾,安后密查之,乃知有孕。"明白无误地记录了慈禧太后与人私通并怀孕的事实,而且这件事情与慈安太后的暴毙也有关系。还有的说法则是,被慈安发现与慈禧有私情并导致慈禧怀孕的是戏子杨月楼。无论如何,杨月楼也是慈禧的情人之一。

此外,根据有些清宫中太监的说法,慈禧身边的两任总管太监安德海和李莲英也都跟她有一腿,是慈禧的情人。不过,此一说法似乎较勉强,能作为佐证的资料也很少,只能听过算数,不必过于认真。

清末"垂帘听政"之谜

一提起慈禧太后,人们便很自然地联想到"垂帘听政",眼前浮现出一个老太婆隔着一层薄薄的纱帘,指手画脚定夺朝事,而年幼的小皇帝则象征性地坐在前面御座上唯唯诺诺的情形。"垂帘听政"究竟是怎样一种制度?

所谓"垂帘听政",指封建时代太后或皇后临朝听政,因殿上用帘子遮隔,故称"垂帘听政"。慈禧太后垂帘听政则是其中的最典型代表,由于它打乱了正常的理政程序,驾驭群臣而不能使其各展其能,政柄落入阴鸷、褊狭、完全不具备政治才能的慈禧手中,终于埋下了祸根,导致清王朝覆灭,并使中华民族遭受外来侵略,蒙受了极大的屈辱,所以一直为人们深恶痛绝。的确,慈禧太后垂帘听政时期,也正是中国王朝政治最黑暗、最落后、最不文明、倒行逆施的时期,其中的必然性联系值得人们去深刻认识。

中国封建王朝各代统治者最忌讳的有两大弊害:一是后宫干政(包括串通外戚篡权),一是太监擅权。清末虽然出过几个大太监,如安德海、李莲英、小德张等,仗势欺人,权大无比,但对朝政的影响却很小,不存在太监擅权的现象。而太后干政却达到登峰造极的地步,不仅程度空前绝后,而且时间长达27年,影响了整个清末政治,也直接影响了中国的历史进程,这是有其特殊原因的。

咸丰十一年(1861),咸丰皇帝去世,6岁的独子载淳嗣位。咸丰生前对载淳的生母懿贵妃(即后来的慈禧太后)颇为信赖,据说当时恭亲王奕訢和御前大臣肃顺两派矛盾非常激烈,咸丰避居的热河危机四伏,他曾对懿贵妃说:"你带着载淳赶快走吧!"似有将身后事交付懿贵妃和载淳之意。但他也看出懿贵妃野心勃勃,而且擅长阴谋权术,恐其日后干预朝政,胡作非为,乃于临终时任命怡亲王载垣、郑亲王端华、御前大臣肃顺等八大臣辅政,限制懿贵妃,并交皇后钮祜禄氏(即慈安太后)一份密诏,只要懿贵妃胆敢恃子专权就随时制裁她。同时将自己的"同道堂"、"御赏"两方玺分别赐予载淳及皇后,以二玺代替朱笔，辅政大臣所拟上谕必须加盖这两方印章才能奏效，以此对辅政大臣进行牵制。

本来咸丰这样布置，使得他死后各方互相牵制，就不会出现慈禧太后垂帘听政的专权局面，但由于恭亲王奕訢与肃顺两派的矛盾和斗争，加之同治皇帝年幼懵懂，将"同道堂"印交到其母慈禧太后手中，使她竟得以专权。奕訢原本就有机会与咸丰一争皇位，现在又两手空空无权，内心妒恨，于是便联合慈禧太后发动"祺祥之变"（又称"辛酉政变"），将肃顺一派或斩首抄家，或解职戍边，彻底瓦解。奕訢以为借太后之手先除去政敌，再回头对付一个妇人容易，哪想到慈禧不是个省油的灯，后来奕訢反受制于慈禧，毫无作为。

清·金"奉天之宝"玺

历史上清太宗皇太极崩逝于关外时，福临（后来的顺治皇帝）也只有6岁，由睿亲王多尔衮等人辅政；世祖去世后，玄烨（后来的康熙皇帝）刚满8岁，由贵族鳌拜等人辅政。根据祖制家法前例，不可能由太后出面听政的，正是因为奕訢与肃顺两派的权力之争，才造成了太后听政直至后来的太皇太后听政的局面。

在故宫养心殿的东暖阁里，正中是皇帝的御座，其后则是两位太后的御座，座长约两米，宽一米，上铺黄缎褥子，慈禧在北，慈安在南，两人面西而坐。座前挂一八扇黄屏纱帘，被召见的大臣始终隔着幔帐，只能听见两位太后的声音而不见其人。清朝典制规定，皇后、妃嫔等不能随便面见外人，即使皇后生日时接受朝臣祝贺，也决不会面对面相见。临朝听政时必须见群臣，但也须遵守内外有别的规定，所以垂帘遮蔽。

垂帘之初，慈禧太后先是与慈安太后两宫共同听政，一切政务都由两宫太后裁决，以皇帝的名义发出上谕。但因为慈安太后性格软弱，又不喜欢管理政事，于是等于由慈禧一人把持朝政。她下令连杀桂清和胜保两位声势显赫的文武大臣，又革去奕訢的议政王之职，树立了两宫的绝对权威。同治十二年（1873），载淳成年，慈禧被迫撤帘归政。但同治皇帝亲政不到两年就病死了，慈禧又玩弄手法，精心设计，择立年仅3岁的亲侄儿载湉入继皇统，又再次垂帘听政。至光绪七年（1881）慈安皇太后暴卒，只剩慈禧一人垂帘听政。光绪成年亲政后，因支持戊戌变法而遭慈禧等顽固派的嫉恨，遂发动政变解除了光绪帝的皇权，慈禧再次临朝10年，美其名曰"慈恩训政"，直至去世。慈禧通过垂帘听政，操纵同治、光绪两朝皇帝，掌握清朝朝政达48年之久，是晚清政治中妇人干政到了极致的体现。

然而，垂帘听政并不是从慈禧才开始的，历史上早有先例。历史上有影响的太后垂帘听政应该始于汉初吕后。刘邦死后，由于惠帝年幼孱弱，吕后先是垂帘听政，后来干脆自己临朝称制，前后共执掌朝政15年。在她执政期间，残害刘氏后代，打击开国功臣，甚至公然违背刘邦定下的"非刘氏而王，天下共击之"的规约，大封吕氏宗亲，弄得汉初政治一片混乱，史称"女乱"。

另一个垂帘听政的著名人物就是武则天。为了争夺皇权，武则天先后杀死两个亲生儿子，没等高宗死去，她就迫不及待地干预朝政了。《旧唐书·高宗纪下》记载："上（唐高宗）每视朝，天后（武则天）垂帘于御座后，政事大小，皆与闻之。"高宗病逝后，留下遗诏让李显继承帝位，就是唐中宗，由武则天垂帘听政。但不久武则天便废了中宗，将他贬为庐陵王，另立豫王李旦为帝（即唐睿宗），而政事全由武则天独断，她大封武氏亲戚，朝堂之上尽是她的心腹。经过几年的垂帘听政，等到一切尽在掌握之中以后，武则天又将李旦降为皇嗣，自己亲自临朝，设立武氏七庙并追封武家祖宗。而根据《礼记·王制》规定，古代的宗庙制度中只有帝王才能享有七庙，即"天子七庙"。最后，武则天由垂帘听政到窃国自居，自己当女皇帝，还改了国号，彻底篡取了李家天下。

由此可见，历史上垂帘听政的妇人尽是以篡权为目的的，虽然其中有的人客观上掌权后也有一些成就，但总的来说，垂帘听政给历史发展带来的危害相当巨大。

慈禧陵寝随葬珍宝之谜

慈禧太后死后，她生前搜罗来的各种金银珠宝都随她陪葬在棺内。慈禧陵寝内陪葬的珍宝数量之多，物品之贵重，艺术价值之高，都堪称世界之最了。那么，慈禧的陪葬品到底有多少呢？

清慈禧太后喜爱玉石珠宝是出名的，她先后在同治、光绪两朝把持朝政达48年之久，仗着自己无上的威势，不惜动用国家财力搜罗各种宝物，生活极其奢侈。她喜好古物，尤其爱珍珠，有一颗号称迄今世界上最大的天然珍珠"亚洲珠"，是400多年前在波斯湾发现的，它先后经印度莫卧儿帝国国王和波斯王之手，最后也落入了慈禧太后手中，成为她的护身符。

慈禧死后，她生前搜罗来把玩和装饰用的各种金银珠宝也随她陪葬在棺内。多少年来，人们传说慈禧太后的棺内随葬了数以千计大小珍珠、红蓝宝石、翡翠饰件，整个陵寝内的随葬品数量之多，物品之贵重，艺术价值之大，都堪称世界之最。那么，慈禧陵寝内的随葬品到底有多少呢？

慈禧的心腹太监李莲英亲自参加了她的葬仪。据他和侄子于后来所著的《爱月轩笔记》记载，慈禧是在死后一年的宣统元年十月（1909年11月15日）葬入地宫的。尸体入棺之前，先在棺底铺上一层金丝串珠锦褥，厚7寸，上面镶着大小珍珠12600多粒，红蓝宝石85块，祖母绿2块，碧玺和白玉203块。锦褥之上再铺一条绣满荷花的丝褥，上面缀满五分圆珠共2400粒。丝褥上还有一层绣佛串珠薄褥，上有珍珠1300颗。慈禧的尸体头前放置有一个翡翠荷叶，荷叶的筋络未经人工雕刻，完全是天然长成的。脚下置粉红碧玺莲花，两边各放翡翠雕制的西瓜、甜瓜、白菜等饰件，还有宝石制成的桃、李、杏、枣200多枚。翡翠西瓜为绿皮红瓤黑籽白丝，翡翠甜瓜一对是青皮白籽黄瓤，一对为白皮黄籽粉瓤。两棵翡翠白菜则是绿叶白心，菜心上还爬着一只绿油油的蝈蝈，旁边停落两只黄色马蜂。身旁放金、宝石、玉、翠雕佛爷共27尊，尸身左边有一朵玉石莲花，3节白玉石藕，藕上还看得见灰玉泥污，雕琢得惟妙惟肖，节处生出绿荷叶，开出粉红色莲花。尸身右边则有一株玉雕红珊瑚树，上绕青根绿叶红果的蟠桃一枝，树顶处停落一只翠鸟。还有一支黑玉，这支黑玉特别珍贵，价值约100万两白银。所有这些珍品都选用天然材料雕成，构思巧妙，巧夺天工。慈禧身上穿着多层寿衣，仅金丝绣花衣服和外罩绣花串珠褂两件，就镶嵌着大珍珠420颗、中珍珠1000颗、小珍珠1500颗及宝石1100多块。慈禧胸前佩戴着两挂朝珠和各种佩饰，共用珠800颗，宝石35块。手镯是用钻石镶成的一大朵菊花和六朵小梅花连贯而成。身上还盖着一床陀罗尼经被，被上有用真金捻线织出的佛像图案以及佛经，另外还有用820颗珍珠堆成的大朵牡丹花，这条经被价值约18万两白银。另外，棺内还有玉石骏马8尊、玉石十八罗汉等，共计700多件宝物。葬殓完毕，因棺内尚有空隙，于是又倒入4升珍珠（其中有八分大珠500颗、二分中珠1000颗、小珍珠2200颗）和红蓝宝石2200多块填棺，仅这些填空的珠宝就价值230万两白银有余。最后再盖上一层网珠被，上缀珍珠6000颗。据《清孝钦后（即慈禧）入殓及山陵供奉珠宝玉器等物一览》记载，自光绪五年（1879）慈禧陵完工到最后封闭，还陆续向地宫里放置了各种珍奇瑰宝、金玉祭器1000余件。

　　据《爱月轩笔记》介绍，慈禧棺内陪葬品中最珍贵的是她头上戴的珍珠凤冠上镶嵌的一颗特大珍珠，重4两（折125克），大如鸡卵，价值近2000万两白银，是外国进贡的，为稀世之宝。其次是她口中含的一颗夜明珠，此珠分开是两半，合拢是一个圆球，分开时透明无光，合拢后即发出一道绿光，在夜间百步之内可以照见头发。1928年7月，军阀孙殿英盗掘东陵获此夜明珠，后为了让蒋介石放他一条生路，孙又将夜明珠秘密送给了蒋介石、宋美龄夫妇。盗墓贼还拆走了盖在慈禧尸身上的陀罗尼经被上的珍珠，却将这条价值连城的经被弃之于地，直到1979年，文物工作者清理东陵地宫时才被找到。

　　这满满一棺奇珍异宝到底价值多少？根据专家估价，慈禧棺内的陪葬品价值按当时清政府的财政算法，相当于数亿两白银！

　　在慈禧的棺床下面有一口水井，棺床正中圆孔正对着井口中央，传说是"不竭不溢"的千年古井，这便是清朝葬法中最为考究的"金井玉葬"。这样做据说有两个目的，一是象征着源远流长，后辈代代兴盛；二就是借井水和冷气，防止遗体腐烂。当年建陵于此就是看中了这口井的风水，慈禧还亲手将手腕上戴的珍珠手串投入井中，作为镇穴之宝。

白玉藏文碗

据说慈禧生前极为关心死后的事情。同治五年（1866），咸丰帝的定陵完工。按照清制，慈安、慈禧两皇后的陵墓也应选址在定陵旁，但慈禧不乐意，硬要打破陵制，在别处另外选址建皇后陵，作为自己的万安吉地。同治十二年，慈安、慈禧两陵动工兴建，于光绪五年（1879）完工，费时6载，耗银500多万两。光绪二十一年，慈禧又命人大兴工程重修东陵，历时13年，终于在1908年完工，仅三殿所用的叶子金达4600两，而慈禧也在陵墓重修完工的第四天便一命呜呼。

说到慈禧陵墓内的随葬品，就不得不提到孙殿英这个名字。孙殿英是个流氓军阀，在中国近代史上本不配留下其名，然而就是他，曾一手制造了震惊中外的盗掘东陵事件。他事先从早年曾侍奉过慈禧的太监那里抄录了一份《慈禧葬宝图记》和《孝钦后入殓，送衣版，赏遗念衣服》目录，然后于1928年7月以军事演习为名，盗掘了慈禧墓和乾隆墓，窃走大批金银财宝，其中就有前面提到的含在慈禧口中的夜明珠。

1947年4月，中国共产党领导的晋冀鲁豫野战军攻克豫北重镇汤阴，活捉了汤阴守将孙殿英。与他一起被捕的还有一名随从，随从手里拎着两只木箱，箱外裹着一层红色皮革，不管孙走到哪里，随从都提着木箱跟到哪里。箱里装的是什么？由于孙殿英盗过慈禧墓，所以里面很可能藏的是盗自慈禧陵墓的国宝，必须将其收缴。晋冀鲁豫野战军的一名旅长来到看押孙殿英的牢舍，和颜悦色地对他说道："听说你有两件宝贝，拿出来让我也开开眼！"

孙殿英一听，知道是瞒不住了。然而要想收缴他的宝物，就如同剜他的心头肉一样。可是，想到自己已是性命难保，倘若性命没了，宝物还有何用？于是他点头哈腰地说："兄弟愿献宝，兄弟愿献宝！"说完，他掏出钥匙命令随从将箱子打开，顿时满屋生辉。只见一只箱子里放着一个玉石西瓜，全是用珠宝嵌成，珠宝的数量多得一时都数不清；另一只箱子里摆着一口宝剑，剑柄镂金雕玉，剑身已呈黑色，显现出年代的久远。原来这个玉石西瓜是当年外藩进贡给清朝皇帝的礼物，而这口宝剑则是三国时叱咤风云的赵子龙在长坂坡护身用的"青罡剑"！

清慈安太后暴毙之谜

光绪七年三月十日，年仅45岁、精神健爽的慈安太后突然暴毙宫中，清廷的垂帘听政由两宫并列一下子变成了慈禧一人独裁。对于慈安太后的突然死亡，在当时及以后引发种种猜测，认为其中疑点颇多，但至今找不到任何证据。

慈安太后即东太后，清朝咸丰皇帝之妻。她原姓钮祜禄氏，是广西右江道三等承恩公穆扬阿的女儿，咸丰当皇帝之前就与她结成夫妻，继位后第二年被封为贞嫔，又进为贞贵妃，最后册为皇后。咸丰十一年七月（1861）咸丰死去，因皇后仅育有一女而无子，便由懿贵妃6岁的儿子载淳承继皇位，慈安被尊为母后皇太后，徽号"慈安"，载淳的生母懿贵妃尊为圣母皇太后，徽号"慈禧"。因慈安居住在紫禁城东路的钟粹宫，慈禧居住在西路的储秀宫，故史称两人分别为东太后、西太后。

清·慈安太后

此后不久，两宫太后联合恭亲王奕䜣发动"祺祥之变"（又称"辛酉政变"），处死了载垣、端华、肃顺等人，夺取了清王朝的最高权力。表面上，慈安与慈禧两人以姐妹相称，共同垂帘听政，执掌国家最高权力。然而光绪七年三月十日（1881年4月8日），年仅45岁、精神健爽的慈安太后突然暴毙宫中，清廷的垂帘听政由两宫并列一下子变成了慈禧一人独裁。对于慈安太后的突然死亡，在当时及以后引发了种种猜测，认为其中疑点颇多，但至今却找不到任何有力证据，成为清宫历史上的又一桩疑案。

慈安太后为人幽娴静淑，举止端庄，不善言辞，在众妃嫔中从不争宠，咸丰在世时很尊重她，但她有时却也处事果断。同治八年（1869），总管太监安德海奉慈禧之命前往江浙一带置办龙衣，安德海仗着是慈禧的亲信，又在"祺祥之变"中立下汗马功劳，因而气焰嚣张，一路上龙旗招展，宛如天子出巡一般，沿途还搜括民财，勒索滋事，无法无天。山东巡抚丁保桢以"假冒圣命"的罪名将其捉拿，并上奏朝廷。慈安认为按照祖制太监不得出都门，于是立命就地正法。

由于慈安太后死得很突然，死的当天早上还早朝问事，一切正常，晚上就传出病亡的消息，而且死后没等娘家人到就被匆匆入殓了，不由得引起人们的猜疑：慈安到底是怎么死的？是不是被慈禧害了？目前，关于慈安暴毙的原因归纳起来，主要有下列几种说法。

"正常病亡说"，这是清朝的官方说法。《清史稿·德宗本纪》只有一段很简单的记载：光绪七年三月"辛未（初九日），慈安皇太后不豫，壬申（初十日），崩于钟粹宫"。《光绪朝东华录》一书也说她"初九日偶染微疴，初十日病势陡重，延至戌时，神思渐散，遂至弥留"。但是这里面确有不少可疑的地方，首先是说慈安仅仅是"染微疴"，即患小毛病而已，何以这种小毛病却能"病势陡重"以至要了慈安的性命？再有，无论是官方的"本纪"还是民间的书录，都没有明确指出慈安患的是什么病，就连病征也没有描述，这实在有点说不过去。种种疑点连当时的当事者也难以释明。据《清稗类钞》载，御医薛福辰曾于当天为慈安诊脉，认为"微疾不需服药"，没想到当晚宫内就"传吉祥板（棺木）"了，令他大为诧异，还以为是误传呢。后来噩耗证实，他悲痛地说："天地间竟有此事，吾尚可在此？"表明他不相信慈安因病致死。还有一位当事人左宗棠，时任军机大臣，就在慈安暴毙的当天早上，两宫太后还在早朝后召见过他，当时慈安面色红润，态度平和，谈吐自如，看不出一点病相。左宗棠听说慈安突然病亡的消息后，顿足大声说道："昨早对时，上边（指慈安）清朗周密，何尝似有病者？即去暴疾，亦何至若是之速耶？"

"慈安自杀说"。《清稗类钞》还辑录了另一种说法，慈安在"祺祥之变"时，出于对肃顺等人专权的不满，积极支持了慈禧和恭亲王奕䜣。政变成功后，两宫垂帘，但慈安喜欢清静，对烦琐冗杂的政务没有多大兴趣。而慈禧权欲极重，处处揽权，表面上对慈安很尊敬，但在内心却对慈安地位高于自己并且同理朝政极为不满，因此两人之间"相安无事"只不过是一种假象。光绪七年初，慈禧患血崩剧疾，不能视事，慈安有一段时间独视朝政，这使得慈禧非常不高兴，"诬以贿卖嘱托，干预朝政，语颇激"，以致慈安无比气愤，但又生性木讷，不善言辞辩明，于是气恼之下竟吞鼻烟壶自尽了。不过支持这一说法的人很少，也缺少更多的相关记载作为佐证。

"慈禧毒害说"，这种说法流传最广，也最符合慈禧残忍狠毒的性格。慈禧是如何毒死慈安的，迄今有多种野史书录提供了不同的版本，尽管对慈安之死的过程和具体情节的记述有显著差异，但有一点却是共同的：是慈禧在送给慈安的食品中下了毒，慈安误食而死。因此，慈安暴毙的真正原因是被慈禧毒害而死。

曾担任过光绪皇帝日讲起居注官的恽毓鼎在《崇陵传信录》中说，当年咸丰临终时，曾秘密留下了一份遗诏给慈安，要她监督慈禧，若慈禧"安分守己则已，否则汝可出此诏，命廷臣传遗命除之"。有一天，慈安、慈禧两太后闲谈起咸丰末年的旧事，慈安对慈禧道："我有一件事，一直想跟你说。请你看一件东西。"说着，从小箱子里取出那份咸丰留下的遗诏给慈禧看。缺少心计而老实无防的慈安笑着说："我们两姐妹相处久了，处得很好，留下它还有什么用呢？"当场把遗诏烧了。慈禧既惊讶又感动，连连谢过慈安，怏怏而去。实际上，阴险毒辣的慈禧此时已经对慈安起了杀机。过了一阵子，慈禧请慈安到自己居住的长春宫叙谈，知道慈安有每天午睡醒后必定吃些点心的习惯，便拿出点心招待。慈安吃过后连声说："好，好！"慈禧说这是她娘家送来的。过了几天，慈安午睡醒来，在宫女陪侍下来到庭院中观赏金鱼。正谈笑间，慈禧那边来了一位太监，送来一盒"饵饼"，禀报说："这盒点心，西佛爷觉得好吃，不肯独用，送一点给东佛爷尝尝。"慈安高高兴兴地拿来便吃，结果，当天慈安忽然得病，腹痛恶心，手足抽搐，遽然死去。恽毓鼎长期担任讲官，熟知晚清宫廷内幕及掌故，他撰写的《崇陵传信录》被视为一代信史，受到史学界的重视。英国人濮兰德·白克好司撰写的《慈禧外传》中也有类似的记载。

《清宫琐闻》描写的则是另一个版本，读起来也更加令人津津乐道。说是听当年在宫里一位宫监所说，慈禧喜欢看戏，当时有位名伶叫杨月楼，经常被召进宫演戏。慈禧看上了他，经常召他进宫，甚至留他在宫中宿夜，肆行淫乱。

一天，慈安有事找慈禧，慈禧不在，却见杨月楼正睡在慈禧床上。慈安大惊而退。慈禧知道后，心中很惶恐，马上让杨月楼吃下一碗杏酪后立即出宫。杨回到家马上就死了，原来慈禧在杏酪中下了毒，为的是除掉杨月楼以掩盖丑行。后来，朝廷在讨论表彰某大臣家人节烈的时候，慈安借这个机会好言好语地规劝了慈禧几句，但并未打算深究。未料过了几天，慈禧让宫婢给慈安送去点心，慈安吃过后便暴毙，连太医都来不及叫。《述庵秘录》所记与上述版本相近，只是同慈禧关系暧昧的名伶姓金。慈安发现他们二人睡在一起，痛责之，于是慈禧起了杀机。此外,《闻尘偶记》里面写道，慈禧是因与人私通怀孕，被慈安察觉，准备废掉慈禧太后称号，慈禧知道后，便先下手为强，设计毒死了慈安。

以上记载都出于野史传闻，在正史中是找不到类似文字的，而且其真实性到底如何，也不能不令人存疑。比如所谓咸丰的遗诏，既然已被烧，其内容又是如何得知的呢？不过，比较客观可信的文字资料还是有的，这便是光绪帝的师傅、大学士翁同龢所记的日记。据《翁文恭公日记》记录，三月初十，慈安太后感冒，非常想喝点什么，当晚却传出慈安突然病亡的消息。次日，翁入宫，看到前日的药方尚在，早晨所开的药方为天麻、胆星一类。据说是因为慈安头痛厉害，中午慈安已神志不清，牙关紧闭，晚上开了两个方子，是些喝的药，但是慈安已进入弥留状态，无法服药了。当晚，慈安便死去了。而且，桌子上还有一张九日开的药方，但并未抓药。翁同龢的日记内容让人感觉有点蹊跷，再结合野史中的记载，着实有不少疑点。不过，事实真相究竟是怎样的，还有待进一步的考证与分析研究。

宫廷诡秘，腥风血雨，慈安突然死亡是否因为慈禧所害？至今人们还难以解开其中之谜。

李莲英身首异处之谜

清朝大太监李莲英生前是极得慈禧太后宠信的心腹，慈禧死后，他又巧渡难关，全身而退，平平安安地从宫中脱身而出。然而他死后多年，人们却发现他棺内只有一颗骷髅头，下葬之前便已身首异处了。围绕着李莲英之死，充满了种种猜测，却一直没有发现真相。

李莲英是清末权倾朝野、势焰灼人的三个大太监之一。道光二十八年（1848），李莲英出生于直隶河间府（今河北任丘市以南，吴桥以西，肃宁、故城以东一带），早年曾贩过皮硝、硫磺，后来当过皮鞋匠，帮人缝破绽打补子，再后来还一度出家做过道士。他生性好赌，一次在赌场上把辛辛苦苦挣来的一点积蓄输得一干二净，急怒之下，就引刀自宫了。被人救活以后，没有别的出路，只好由同乡沈玉兰引荐，进宫当了一名太监。

最初李莲英被派在御花园钦安殿照应香火。钦安殿供的是真武大帝，每逢朔望，慈禧都会来拈香祈福。李莲英自小聪明，性灵心细，他把佛前的锦伞绛节、宝盖珠幢以及祭神用具等收拾得干干净净，于是被慈禧相中，不久调到内宫伺候御前起居。当时慈禧身边有个太监专门负责每天早上为她梳头晨妆，有一阵子忽然生病不能上殿当差，换了几个太监，慈禧都觉得不满意，不是发根松紧扎得不合适，就是经常有一撮头发翘着。轮到李莲英试着为慈禧梳头，他是个有心人，知道慈禧脖颈上的头发刚硬，很难梳顺溜，于是事先准备好一小盒发胶，用小刷子几下就把慈禧后脖颈上的头发拢得服服帖帖。很快，李莲英就担任慈禧的梳头太监了，加上他善于揣摩迎合慈禧的心思，对其他太监、宫女等也都曲意回护，帮衬照应，颇得太后左右人的好感，因此后来便接替被同治帝除掉的太监安德海，爬上了总管大太监的位置，成为慈禧的心腹。

野史中说李莲英是因为帮助慈禧暗渡陈仓，男女苟合，才受到倚重平步青云的，还有的人干脆认为李莲英也是慈禧的情人。由于找不到确凿的证据，我们姑且不去置评，但从以下两件事情中，我们不难从另一个方面找到他发迹的理由。

一次，慈禧指派李莲英随醇亲王去检阅李鸿章新练成的北洋水师，暗地里是想打探兴建水师的费用到底是多少。原先在京城时，就连皇帝也要让李莲英三分，可这次李莲英却一反常态，既规矩又谦恭。他先是摘去二品顶戴，换成四品顶戴（清朝规定，太监最高不得超过四品），一路上还对醇亲王恭恭敬敬，竭尽伺候之能事。晚上，他不睡为他预备的豪华房间，硬是住在醇亲王舱舍的套间里，以随从自居，并且为醇亲王打洗脚水。在阅军过程中，李莲英不和任何官员接触，成天在醇亲王面前跟班伺候，替醇亲王拿着长杆烟枪，提着大烟袋荷包，低头哈腰，把醇亲王服侍得找不着北了。回到京

李鸿章

城后，醇亲王和李鸿章争着向慈禧夸赞李莲英，乐得慈禧连说："没白疼他。"事实上，他趁众人对他毫无戒备，不但摸清了水师所需费用，还查知李鸿章将建水师的余款存到国外的银行。

按照清宫习俗，新春正月初二祭财神时要吃煮水饺，水饺里要包一只小金元宝。本来只应包一只财神饺子大家来吃碰碰财气，可是大家怕慈禧吃不着不高兴，所以每次总是包四只财神饺子，而每年这四只财神饺子都被慈禧一人吃到。有一年吃财神饺子，慈禧吃来吃去只吃到三只，心里就有点不高兴了，脸色阴沉了下来。结果，最后一只财神饺子被光绪的皇后隆裕吃到了。大家正急得手足无措，李莲英却灵机一动，趁人不注意，走到皇后跟前偷偷拿过小元宝，塞到新煮好的饺子里，请慈禧再尝几只新煮的饺子。慈禧举筷一吃即得，终于避免了一场尴尬。

可见李莲英不光会溜须拍马，曲意奉承，还着实机警聪明，懂得官场的一套为人处事之道，倘若不是生就汉籍，做了阉人，说不定还能混个显官重臣当当哩。

光绪和慈禧前后脚死后，因溥仪尚幼，隆裕皇太后便垂帘听政。这时，有人在隆裕面前进言，说光绪猝死，凶手就是李莲英。但李莲英却自有主意，他把多年来慈禧赏赐的珍宝，还有慈禧死后他从长春宫里卷走的稀世宝物，全部献给隆裕，对她说："这些都是皇家的东西，不能流到民间，奴才我小心谨慎地替皇家保存了几十年，现在年老体衰，企求离开宫廷，所有这些宝物奉还给主子。"说得隆裕太后感动不已，终于保住脑袋，告老出宫。据清宫档案记载，当时隆裕太后还准其"原品休致"，即带着原薪60两钱粮米退休，这在当时可以说是绝无仅有的。

"文革"期间，红卫兵在北京海淀恩济庄发现了李莲英的墓，刨开一看，紫红色金丝楠木的棺内，李莲英衣冠楚楚躺在里面，袍衣袍褂完整无缺，可衣褂内和棺内四角全是金银财宝和一颗骷髅头，身躯却不知何处，连一根骨头也没有。墓异常坚固，没有被盗挖过的痕迹。那么，李莲英到底是怎么死的？为什么会身首异处？李莲英之死迄今还是一个未解之谜，找不到任何可资参考的史料。

根据民间的流传，李莲英有可能死于以下三种情形之一。

隆裕的宠监小德张跟李莲英是死对头，他想乘李莲英倒势之机，联合其他太监们将李莲英积攒多年的财物攫为己有。小德张派心腹四处调查，查明李莲英存在原籍及各银号、金店的存款，储存在宫中尚未来得及运走的现金，还有在直隶购置的大片土地等，于是面奏太后。隆裕下了一道手谕，命内务府即刻查办李。李莲英闻讯后赶紧派人去通关系，找当时驻扎在京城里的袁世凯亲信江朝宗求救，并献上大量财宝。江便召来小德张，要他转告隆裕，对李莲英不要赶尽杀绝。其实，李莲英图的是袁世凯和江的势力，而江朝宗图的是其财。隆裕碍于江与袁世凯关系密切，只好卖一个面子，放松了对李莲英的追查。小德张见此，也把财宝源源不断送进江府，江见李莲英已成困虎，而小德张蒸蒸日上，又是太后的亲信，也开始跟小德张密切交往起来。一天，江朝宗在什刹海会贤堂摆席请李莲英吃饭，散席后，李莲英在回家路上被人杀死，后来李家人只寻到他的人头。

另一种猜测细细玩味起来，倒也不无道理。李莲英其实是病死的，但是从他自宫当了太监之后，心里就总觉得自卑，虽然他的亲友都沾他的光享受上了荣华富贵，生活奢侈，昔日的穷家陋室彻底改换了门庭，然而李莲英却不止一次说过，来世一定要做个真正的男人，据说他曾恳求家人在其死后为他下体装一个木制的生殖器，以求死得像个完整之人。然而，自己毕竟是个半残之身，深感死后没脸去见阴间的列祖列宗，加上顾忌家人认为他到底是个阉人，就算安上木柄还是对不起祖宗，所以干脆留下遗嘱，死后只留头颅，把脑袋以下整个身躯舍弃掉了。

还有人认为李莲英是被暗杀的。因为当时正值辛亥革命爆发前夕，经常发生暗杀事件。由于李莲英是慈禧的爪牙，与慈禧狼狈为奸，卖国求荣，干尽了坏事，为了打击封建势力和旧王朝，激进的革命党人便刺杀了他。但是，迄今也没有从任何资料中发现一点这方面的证据。总之，关于李莲英之死充满了种种猜测。

清朝中期秘密立储之谜

在反映清王朝历史的影视作品中，经常可以看到皇帝驾崩后，众大臣从"正大光明"匾额后面取出先皇所书遗旨："皇×子著立为皇太子。"于是新的皇帝诞生。这便是秘密立储制度。清朝为什么要建立秘密立储的制度呢？

有人说，清朝皇帝的传位制度与历代不同，既不一定传位给长子，也不预立太子，而是实行一种秘密的立储制度。其实这种说法并不准确。因为在清朝，秘密立储制只不过是皇位传位制度的一种形式，而不是全部，清朝12个皇帝中，采用秘密立储方法选定的皇帝只有4位：乾隆、嘉庆、道光、咸丰，其余8个皇帝是通过其他继承方法登上皇位的。所以不能以偏概全，将清朝某个时期实行的传位制度视为整个清王朝的传位制度。

清初太祖、太宗及世祖时期，传袭皇位实行的是贵族公推制，即由女真的王公贵族们共同商议，推举一位杰出人物来继汗位或皇位。如太祖努尔哈赤就是由当时的八大和硕贝勒商议推举出来继汗位的。努尔哈赤死后，皇太极也通过贵族公推继承皇位。皇太极死后，在王公贵族各不相让的情况下，福临（清世祖顺治）被推举为各方一致接受的新皇帝。贵族公推制有一个好处，就是产生出来的皇帝都是当时条件下最为优秀的人物，努尔哈赤和皇太极是如此，福临虽然即位时年仅8岁，但摄政王多尔衮和济尔哈朗也都是当时最优秀的，而福临长大后也不辜负其母孝庄太后的教诲，成长为一位比较出色的帝王。

顺治去世前，指定皇三子玄烨继位，就是康熙皇帝。康熙曾实行过太子制，但最终失败，在他临死时，指定皇四子胤禛继位，就是雍正皇帝。这两位皇帝都是由皇帝遗命而登上皇位的，这种传位方式称为皇帝遗命制。皇帝遗命制虽然由皇帝一人指定，但事先还是经过与王公贵族以及皇太后等人的协商，康熙最后指定接班人时还命大臣每人各写一张字条，将各人认为合适的人选写在

清太祖努尔哈赤

上面，在参考其意见的基础上，最后才圈定一人。

其实清朝建立以来，在皇位传承上一直在不断地探索，前朝的经验固然可以借鉴，但弊端也是显而易见的：嫡长制虽可避免兄弟之争，但不能保证选优；太子制则容易引起皇室内部倾轧，骨肉相残。因此，怎样立储、怎样传位，也是皇帝深感伤脑筋的一件事情。清初是其建立政权、平定叛乱、恢复经济、巩固统治的关键时期，但皇权斗争也始终没有停止过，即使像康熙这样英明的皇帝，也被皇子之间你死我活的竞争弄得心力交瘁。于是，雍正帝即位后，吸取了历代围绕预立太子发生的皇子、后妃之间为争储位明争暗斗、倾轧不休、骨肉相残、造成混乱的教训，以及自己争夺皇位的亲身经历，创立了秘密立储制度。从此，不再公开立皇太子，而是秘密立储，直到自己驾崩之后，由谁来继承皇位才真相大白。具体方法是：由皇帝亲书立储谕旨一式两份，一份密封在锦匣内，安放于乾清宫"正大光明"匾后，另一份皇帝自己保存。待皇帝驾崩时，由御前大臣将两份遗旨取出，共同拆封，对证无误后当众宣布由谁继位。雍正就是用这种新的制度选立了乾隆皇帝。

秘密立储制度的创立，令所有向往天禄、有心皇位的皇子都心存希望，时刻努力用帝王的标准来约束自己，塑造自己的形象。而且，由于诸皇子之间没有明确的竞争目标，也不容易结成以某几个皇子为核心的政治势力集团。这个办法虽然仍无法彻底消除统治者内部争夺帝位的斗争，但它毕竟削弱了这种斗争的激烈程度，在一定程度上避免了血腥残杀。因而从雍正以后，争夺皇权的斗争变得平和了许多，更多的时候表现为一种权术和计谋的较量。秘密立储制的积极意义在于，既有利于在皇子中选优，又避免皇子们争夺储位，从而保证皇位继承的相对平稳过渡。然而，秘密立储制也有其致命的缺陷：从贵族政治的角度讲，它将原先的一点点民主也废除了，变成皇帝一人独断，在加强皇帝集权的同时，却容易削弱皇权赖以存在的统治基础。况且事实证明皇帝一人的判断往往是不正确的，它容易被一些表面假象所蒙蔽，或以皇帝个人的偏好为标准选择接班人，以至发生选人不当的不可挽回的过失，一旦选人不当，便不仅给清王朝带来巨大的损失，而且也给整个中华民族带来巨大的伤害。比如道光、咸丰，都可以说是秘密立储不成功的例子。从这个意义上说，秘密立储制比起贵族公推制和皇帝遗命制来说是个倒退，当然，咸丰以后的懿旨立储制（由太后做主择立皇帝）就更是大倒退了。

乾隆也曾两次用秘密立储的方法立储。一次是他刚继位不久，选立皇次子永琏为储君，没想到永琏3岁就死了；第二次是1773年，立皇十五子永琰为储君，就是后来的嘉庆皇帝（嘉庆继位后因君主名讳改名为颙琰）。以后的嘉庆、道光也均以此法立储。到了咸丰时，一方面因国事纷扰，另一方面咸丰仅有一子，所以无须秘密立储。同治、光绪均无子嗣，不需要立储，秘密立储制度遂告终结。

无论是通过秘密立储还是通过其他方法继承皇位，都有一个"金凤颁诏"

的仪式。即先由礼部鸿胪寺官在紫禁城太和殿奉接皇帝诏书（圣旨），盖上御宝，把诏书敬放在云盘内，捧出太和门，出午门，置于黄舆内，然后鼓乐高奏，礼仪隆重，由礼部官员送上天安门。天安门的城楼大殿前正中设立宣诏台，由宣诏官宣读诏书，文武百官按等级依次排列于金水桥南，面北而跪恭听。宣诏毕，遂将皇帝诏书放在一只木雕金凤的嘴里，再用黄绒绳从上徐徐降下，城楼下的礼部官员跪接诏书，再用黄纸誊写，分送各地，宣示天下。

古代皇帝沐浴之谜

中国古代的皇帝似乎特别喜爱沐浴，但是他们的沐浴与一般人不同，不只是洗去汗垢、洁肤爽心之事，而且往往与嬉戏淫乐联系在一起，甚至还有整日沉迷于玩各种沐浴花样以至于亡国的。

自先秦时起，中国就有临河祓禊（fú xì）的习俗，即在春秋两季到河中洗浴，以去除不祥，去病消灾，祓除其心，阴历三月三日上巳修禊尤为盛行。王羲之的《兰亭集序》中就写道："暮春之初，会于会稽山阴之兰亭，修禊事也。"到了汉代，这一习俗已十分流行，《后汉书·礼仪志上》云："上巳，官民皆洁水东流水上，曰洗濯祓除，去宿垢疢，为大洁。"汉武帝刘彻也经常参加祓禊，在霸水洗浴以祛不祥。《汉书·外戚传》记载："帝祓霸上，还过平阳主。"这是较早的关于皇帝沐浴的历史记载。

汉灵帝刘宏则在沐浴方面"别开生面"，他的一大"创举"就是开裸游裸浴之风。汉灵帝在位期间，东汉王朝已是风雨飘摇，眼看皇祚将尽了，但汉灵帝游乐无度，依旧过着荒淫无耻的生活。据前秦王嘉《拾遗记》卷六记载，汉灵帝最喜欢裸游裸浴。中平三年（186），汉灵帝突发奇想，在御园西苑筑起裸游馆10间，让美女不穿衣在其中游玩淫乐。裸游馆前的玉石台阶边铺满了绿绿的苔藓，导引渠水萦绕院墙，渠水清澈透明，汉灵帝就在这偌大的露天浴池里沐浴游玩。他洗澡时，要将西域进贡的"茵墀香"放入池中，然后令14至18岁"玉色轻体"的美女全身赤裸入浴，沐浴过的香水从导水渠中流出宫外，名为"流香渠"。汉灵帝一边洗澡，一边欣赏着美若白玉的宫女，不时找上一个娇小玲珑的宫女云雨一番。盛夏时节，汉灵帝更是成天待在裸游馆避暑，同宫女们昼夜嬉戏，尽情享乐。有时他还别出心裁地乘舟在池中飘荡，让一些身材优美的宫女一丝不挂地执篙摇橹，自己则坐在船中饱餐秀色，甚至故意弄翻小舟，观赏美女们在水中的妖娆风姿。灵帝犹不满足地叹道："使万年如此，则为上仙矣。"如此沐浴，东汉日渐衰亡也就无可避免了。清人史梦兰《全史宫词》中有诗一首记述汉灵帝沐浴：

西园裸馆郁嵯峨，一曲招商傍晚歌。
明日初升入竞浴，茵挥香散夜舒荷。

至隋唐时期，温泉浴在中国开始普及，皇帝自然也是要与时俱进的。提起温泉浴，人们很自然就想到唐代著名的华清池。唐贞观十八年（644），太宗在骊山建起"汤浴宫"；天宝六年（747），玄宗李隆基加以扩建，将泉池纳入豪华的宫殿内，改称"华清宫"，因宫殿在泉池之上，又名"华清池"。华清池设有九龙汤和芙蓉池，九龙汤专供皇帝沐浴，芙蓉池专供杨贵妃沐浴，分别派专人管理。据《开元天宝遗事·长汤十六所》记载："华清宫中除供奉两汤外，而别更有长汤十六所，嫔御之类浴焉。"《全史宫词》亦云："雨过华清树影凉，风来前殿玉龟香。至尊浴罢金舆出，嫔御分寻十六汤。"这16个汤池中，"莲花汤"池形如莲花，"海棠汤"池形如海棠，都是供皇帝的妃嫔们沐浴的，"太子汤"是太子专用浴池，"尚食汤"则是供大臣沐浴之处，"星辰汤"传说原址上面及四周无遮物，沐浴时可见天上星辰，故得名。

根据一些史料所载，唐代皇帝大多酷爱洗温泉浴，高宗李治赋有《过温汤》诗；中宗李显曾在温泉宫赐浴群臣，上官婉儿赋诗《驾幸新丰温泉宫》三首；玄宗更是迷恋其中，将皇帝的"温泉浴文化"推向极盛。《开元天宝遗事》卷下描绘了玄宗携杨贵妃一起游乐于华清池的景象："奉御汤中以文瑶密石，中央有玉莲，汤泉涌以成池，又缝锦绣为凫雁于水中，帝与妃子施钑镂小舟，戏玩于其间。宫中退水，出于金沟，其中珠缨宝络流生街渠，贫民日有所得焉。"李隆基一边洗温泉浴，一边还与妃子玩水上游戏，真是好不乐哉。白居易的《长恨歌》中也有描述："春寒赐浴华清池，温泉水滑洗凝脂。侍儿扶起娇无力，始是新承恩泽时……"

唐朝文人郑綮（qǐ）《开天传信记》中还记录了一件有趣的逸事。天宝年初，玄宗驾幸华清宫，有个叫刘朝霞的文人写了篇阿谀奉承的文章，名为《驾幸温泉赋》："若夫天宝二年，十月后兮腊月前，办有司之供具，命驾幸于温泉。天门乾开，露神仙之辐辏；銮舆划出，驱甲仗以骈阗。青一队兮黄一队，熊踏胸兮豹拏背；朱一团兮绣一团，玉镂珂兮金钑鞍。述德云：直攫得盘古髓，掐得女娲瓢，遮莫尔古时千帝，岂如我今日三郎。其自叙云：别有穷奇蹭蹬，失路猖狂，骨憧虽短，伎艺能长。梦里几回富贵，觉来依旧凄惶。今日是千年一遇，叩头莫五角六张。"因唐玄宗曾自称"三郎"，刘朝霞便也称皇上为"三郎"。此赋词调倜傥，杂以徘谐，写得十分诙谐却又不失铺采摛文，玄宗看了认为写得不错，准备封官赏赐，命刘朝霞改去"五角六张"四字。谁知刘朝霞不买皇帝的账，上奏说："臣草此赋时，有神助，自谓文不加点，笔不停辍，不愿从天而改。"唐玄宗打量着这个既渴望"上林多许树，肯借一枝栖"，又执着不愿乞求的穷

华清出浴图

酸文人，哂斥了一句"真穷薄人也"，只授了他一个春官卫上左的小官职。刘朝霞的这首赋，在敦煌遗书中也有发现，只不过字数不同，比郑綮所录更长，中间还有皇帝田猎场景和温泉瑰丽景象的描写以及寻仙求药的奇思妙想。

　　清朝时，物质设施较以前更完备，加之清人爱清洁，因此沐浴更加频繁，夏天几乎每天都要洗浴。皇帝一般在寝宫中沐浴，用瓷、锡或油漆的木制澡盆，地上铺块油布以防水溅满地，冬天则在洗澡时烧上一只煤炉取暖。皇室中流行民间的"洗三"习俗，即皇子皇孙出生后的第三天，要将其放到澡盆里沐浴，以祈愿他身体健康，多福所寿。后妃们在宫中有时使用澡盆擦澡洁身，甚至还有浴后喷洒香水的。据记载，明清时期皇帝洗矿泉浴、药浴、蒸汽浴等已较广泛。清朝皇帝对汤泉也甚为酷爱，康熙皇帝曾多次到位于遵化市西北汤泉村东的"福泉"汤泉沐浴，以温泉矿泉水疗疾健体并题诗作赋，还建造了别具一格的流杯亭。

古代后妃美容之谜

　　帝王的后妃及宫女们自然是万里挑一的美女，为了永葆青春和美丽，她们每天少不了要美容装扮，在美容技术和美容产品缺少的古代，这些美女们又是如何美容装扮的呢？

　　女性爱美自古已然。人们常用"粉黛"代指女性，其实粉和黛都是古代妇女的化妆用品。早在商纣时期（约前1075－前1046），人们就已经懂得烧铅作粉，用来使皮肤润滑。黛又叫黛青，汉代时将书画用的墨加入麝香等香料，以毛笔妆眉，以后宫中便广泛流传开了。古代女性使用最广泛的美容化妆品胭脂，又名燕支，提取自燕支花，也起始于商纣时期，纣最早以红蓝花凝结作脂，用来饰面。在古代，宫中都普遍使用胭脂化妆，两颊抹得浓浓的，称为"酒晕妆"，擦得淡淡的则叫"桃花妆"，先薄施胭脂再涂一层白粉的，叫作"飞霞妆"……后来还将胭脂点在唇上，称为唇脂，这可以算得上是口红的雏形了。

　　先秦、两汉时期，尽管对女性美的审美尚未形成统一的标准，加上受到物质条件的限制，人们更多的是强调女性的内在美，但还是出现了女性使用妆粉化妆的时尚。这时期的宫廷美女们服饰较朴素，基本上是上衣下裳的服制，颜色则是较单调的粉白黛黑，身体曲线崇尚"丰肉微骨"，美容的重点主要在脸上。当时后宫美女中流行"啼妆"，她们用米粉和铅粉加入香料制成糊状面脂敷在脸上，目的是增白，所谓"一白遮百丑"。宫女们还喜欢用早晨的露珠来调粉，涂于脸上，能使皮肤柔嫩。汉代开始则将铅粉的水分吸干，制成粉末或固体形状，更便于使用和存放，后世也一直沿用这种粉妆。

魏晋时期对于女性之美有了不同的认识，更加强调其温婉妩媚、婀娜多姿的一面，女性也开始自觉追求女性之柔美。荀粲就曾说过："妇女……当以色为主。"这时期的宫廷女子中，盛行在额间贴一个黄色或红色的"花子"作为装饰，称为"额黄妆"。花子的形状各异，主要有叶子形或花朵形。后宫美女的时尚也流传到民间，带动了当时的美容风习。《木兰辞》中描写木兰从军后回到家中，"当窗理云鬓，对镜贴花黄"，"花黄"就是这种花子装饰，因为是黄色的，所以称"花黄"。

　　隋唐是中国封建社会的一个鼎盛时期，国力强盛，文化繁荣，女性美容也体现出雍容丰腴、富丽华贵的社会时尚。唐代的后宫美女体态性感，发髻高耸，云鬓蓬松，服饰宽大而薄透，化妆上则流行画浓晕蛾翅眉，眉形高而上扬，似两片羽毛。据《开元遗事》记载，唐代后宫妃嫔中还盛行一种"泪妆"：将素粉施于两颊，不涂胭脂，看上去一脸苦相，故称为"泪妆"，这无疑是一种追求怪异的化妆，堪称前卫。她们不再一味追求以白皙的面容展示美丽，而是突出皮肤光滑细腻、面色红润、娇妍妩媚。据说武则天就每天用益母草干末与滑石粉、胭脂等调匀后制成的药粉，加水湿透后敷面，使面孔去除皱皮，细嫩光泽，犹如返老还童一样。杨贵妃则是靠秘制的红玉膏美容，"面红润悦泽，色如红玉"而赢得唐明皇的专宠。进入宋代，由于受到朱子理学思想的束缚，后宫美女的化妆多以清幽淡雅为时尚。

　　明清两朝在继承了前代审美思想的基础上，又进一步发展，这时期的美容时尚一个显著的特点是，在新的、更高的水平上向先秦素朴观念回归。女性"丰肉微骨"重新得到肯定。明代杨慎曾很形象地比喻说："肉不丰是一生色骷髅，肉丰而骨不微一田家新妇耳。"明清时期的后宫美女化妆也像流传至今、备受推崇的明清家具一样，摆脱了以前的繁复和表面的性感而趋向简练、实用，尤其值得一提的是，明清时期宫女的化妆开始突出眼部，眉形一改唐代高高上扬的形状，转而流行细长弯月状的翠眉，同时在眼睛的化妆上下更多功夫，根据不同的脸形、气质和服饰来描画眼睛，强调"眼如点漆"，其余部位则略施胭脂，若有若无，整个妆显得温婉秀美，稳重而有神，就好比"画龙点睛"一样，追求精神气质上的美。这一特点从清朝盛世——乾隆时期的后宫画像中可以看得很明显，这说明明清两朝的后宫美女化妆美容理念已经非常近代了。

　　经过长期的探索和应用，古代后宫美女们形成并掌握了一套独特的美容方法，这些方法引领了当时的社会美容时尚，代表了各个时期最先进的美容技术。

　　1. 外用美容方法，包括美容粉和美容液、美容糊剂等，这一类美容方法使用简便，药物直接作用于面部，有良好的润肤、护肤和祛斑抗皱、增白养颜的作用，是古代后宫美女们最常用的美容方法；

　　2. 内服美容方法，这是一种立足于滋补脏腑气血，调和阴阳，通过提高人体的健康水平，从根本上改变内脏器官功能状态和面部血液循环的治本之法；

　　3. 美容药膳，这是以食物或药物配制成膳食菜肴及糕点，具有省时简便，因人而异，随时随地进行等特点，而且效果由内而外，潜移默化。除此以外，古代后宫美女们也采用针灸、按摩、热敷、冷冻以及砂磨等美容方法，这与现代人运用的美容技法已经较为接近了。

迄今流传下来不少历代帝王后宫的美容记载和美容秘方。明朝万历年间鲁王朱三畏在为《鲁府禁方》作序时自称："频年以来，博集奇方，殆今数载，续以成帙。行袭珍藏，世不多有。"在他组织编撰的这部《鲁府禁方》中，汇集了不少天下秘方秘术，其中美容方法既有洗面方、洗头方、沐浴方，也有香皂方、香衣方等，从内服到外用，无不备载。

我国民间也流传着许多古代的宫廷美容秘方，如据说是陈后主陈叔宝的宠妃张贵妃使用的面膏，将新生鸡蛋去黄留清，装入朱砂细末，再用蜡封孔后与其他鸡蛋一起让母鸡孵化，待其他蛋孵化出来后即成美容面膏，古书中称其可以"令面白如玉，光润照人"；又如唐代太平公主使用的"润肤霜"，用阴历三月采撷的桃花阴干后研成细末，加乌骨鸡血调成糊状，用时取适量敷于面部或身上，不仅可以滋养皮肤，促进新陈代谢，而且"面白脱如雪，身光白如素"。杨贵妃的红玉膏则是用去皮杏仁、滑石、轻粉等研成细末后蒸湿，再加冰片、麝香与鸡蛋清一起调和，早晚洗面后涂于脸上，有润泽皮肤、通利血络之功效⋯⋯

清朝的慈禧每天按时服一银匙上好的珍珠粉，使用多达几十种草药提炼精制而成的"玉蓉散"，同时每天还要服用"长寿益寿丹"等好几种养颜药，以达到"永葆青春"的目的。至于化妆，她每天要用玉棍在脸上滚动，然后用加入少量铅粉的贡米精磨而成的米粉薄薄地敷一层面，再用玫瑰花磨浆、过滤、晒干凉透后制成的花粉抹在脸颊上，最后用胭脂轻点口唇。睡觉前则用香皂和清水洗净脸后，涂抹一层用蒸馏器蒸馏过的耐冬花汁，以防止皮肤松弛，其繁复和奢华的程度令人叹为观止。

古代皇帝妻妾人数之谜

都说古代的皇帝妻妾成群，后宫美女如云，那么古代皇帝究竟有多少后妃呢？其实，历代皇帝的后妃远不止"三宫六院"，少则数十人至数百人，多的竟达数千人至上万人！

自从进入奴隶社会和封建社会，中国男子可以拥有多名妻妾就被制度化了。据东汉建初年间(76－84)的经学法典《白虎通》称："诸侯娶九女也。"即诸侯(国君)可以娶九个后妃；又曰："天子娶十二，法天，则有十二月，百物毕生也。"因为自然界中一年有十二个月，阴阳和谐，"百物毕生"，所以，作为上天在人世代表的天子也应该有十二个妻子，这样才能显示出天子历象日月，取理阴阳，承天统理的超然性。当然，这只不过是古代人设想的一种"理想"的制度而已，并没有得到真正的执行。那时的诸侯（国君）根本就不满足娶12个妻子，其后妃人数早已超过"法天"之数，据说上古三代（夏、商、周）时期的周文王就有后妃24人。

至春秋、战国时代又如何呢？据《礼记·昏义》说："古者天子后立六宫，三夫人，九嫔，二十七世妇，八十一御妻。"但当时大多数国君的妻妾都动辄数百数千，如《孟子·尽心篇》云："食前方丈，侍妾数百人。"赵岐注曰："侍妾众多至数百人。"《墨子·辞过篇》云："当今之君，其畜私也。大国拘女累千，小国累百。"《管子·小匡篇》云："（齐）襄公高台广池，湛乐饮酒。田狩毕弋，不听国政，卑圣侮士，惟女是崇，九妃六嫔，陈妾数千；食必粱肉，衣必文绣，而戎士冻饥，戎马待游车之弊，戎士待陈妾之余，倡优侏儒在前，而贤臣在后；是以国家不日引，不月长，恐宗庙之不扫除，社稷之不血食。"拥有数千名妻妾，只顾享乐，不理国政，其国祚自然是不会长的。

秦始皇灭六国后，仿修各国宫殿，将原六国宫中与各地挑选出来的佳丽上千人，全部收为自己的后宫。西汉有名号的后妃共分十四等：昭仪、婕妤、婧娥、容华、美人、八子、依充、七子、良人、长使、少使、五官、顺常、无涓（这一等还分为共和、娱灵、保林、良使、夜者等五级），汉高祖、文帝、景帝三代宫女仅十几人，至元帝时宠幸三千，难怪一代美女王昭君入宫3年，竟未得见皇帝一面。东汉的皇帝比起西汉皇帝来更有过之而无不及，除了后宫中的皇后、贵人、美人和宫人之外，还定期从民间选采美女供皇帝纵欲，凡年龄在13岁以上、20岁以下的美女都难逃魔掌。史书记载，汉桓帝"博采宫女至五六千人"，对此，《后汉书·荀韩钟陈列传》中描述道："及三代之季，淫而无节。瑶台、倾宫，陈妾数百。阳竭于上，阴隔于下。""闻后宫采女五六千人，冬夏衣服，朝夕禀粮，耗费缣帛，空竭府藏……以供无用之女"。可见，这一时期皇帝广纳妃妾现象非常严重。

到了魏晋，由于社会动乱不稳，不少人滋生一种及时行乐的心理，道家也开始大肆宣扬房中术，在皇帝身上就表现为荒淫纵欲更胜前朝，就连尚想有所作为的政治家曹操，也修筑起铜雀台以广蓄天下美女，用大量宫女进行房中术的试验。晋代皇帝的正式后妃依照祖法只有三妃、九嫔，以下另设美人、才人、中才人，但是晋武帝司马炎竟然将后宫的美女人数扩充至一万人。

隋代的炀帝素以生活荒淫糜烂而遗臭后世，他的后宫里就有5千美女，加上各地行宫中的宫女，其后宫人数超过一万。他动用役夫数万，大兴土木，建造了一座豪华奇巧的"迷楼"，将数千美女关在楼中，"仙游其中"，每一幸或经月不出。他还数次游幸江都，从长安至江都沿途设行宫40余所，并凿京杭大运河以便其游幸，每次出游都有数百至上千名妃妾在船上和岸上陪侍。

后妃人数最多的记录当非唐玄宗李隆基莫属。白居易曾有诗说唐玄宗"后宫佳丽三千人"，杜甫则称"先帝侍女八千人"，但这两个数字都说得太保守了。唐制后妃120人，但据《新唐书》记载，开元天宝年间（713－756）从

唐玄宗李隆基

皇宫到各地的行宫，唐玄宗拥有的妃妾人数竟多达4万！即使能活上100岁，不论年幼及年衰，每天"宠幸"不止，这4万名妃妾唐玄宗也宠幸不过来，何况自从有了杨贵妃，"三千宠爱在一身"，他哪里还顾得上其他妃妾？宋代以后，皇帝的后妃人数开始减少，再也没有一个皇帝"挑战"万人的记录。

明代开始建立起一套较规范的选秀女制度，经常从民间采选妃嫔。如明世宗朱厚熜(cōng)在位多年未生育皇子，虽然有宫女近千，但他仍嫌不够，命内阁采选，于是礼部立即给他弄来3000名少女。一般每次采选秀女，人数都在300名左右，入宫后名号仅有妃一级，位最高的称为贵妃。除了公开采选，明代有的皇帝甚至还强行搜掠民间妇女为妃妾，如明武宗朱厚照外出巡游时，近侍便预先掠取良家妇女备其召幸，有时多达数十车。这些妇女被选入宫内，除了供皇帝玩弄、使役之外，还要从事繁重的苦役，终生失去自由，不堪凌辱。明代有一首诗就描写了这些秀女的凄惨命运："六宫深锁万娇娆，多半韶华怨里消。灯影狮龙娱永夜，君王何暇伴纤腰。"由于明代后宫妃妾人数众多，有的人连饭都吃不上，经常发生饿死人的事情。

清朝皇帝对妃嫔的数量作了明确规定，且对宫女数额也作了限制。康熙曾对阁臣们表示："明季宫女至九千人，内监十万人，今则宫中不过四五百人而已。"他还规定，皇帝可以有1个皇后、1个皇贵妃、2个贵妃、4个妃、6个嫔，另外还有贵人、常在、答应等等，贵人以下数量不等，凡是皇帝驾幸的都可以纳入其中，这些后妃分住乾清宫两侧的东西六宫。康熙本人共有55名有名号的后妃，乾隆有41名后妃，他们两人的后妃人数在清朝皇帝中是最多的，以后的几代皇帝都未达到妃嫔典制所规定的数量，最少的是光绪，只有一后二妃。

历史上，只有隋文帝杨坚和明孝宗朱祐樘只娶了一个妻子，不设妃妾。不过隋文帝在独孤皇后去世后，又宠幸上了其他宫女，因此，只能说他有一个配偶，但不能说他只有一个女人。而明孝宗据史书记载，他与张皇后"笃爱宫中，同起居，无所别宠，有如民间伉俪然者"。他死后，其墓旁也只有张皇后一人而已。此外，清朝的末代皇帝溥仪6岁时清王朝便被推翻了，还来不及娶后纳妃。

古代皇后被废之谜

中国古代封建社会以男性为中心，即使贵为皇帝的正夫人也不例外，其命运完全掌握在皇帝手中，皇帝不高兴了，可以随心所欲地废黜皇后。废后的命运各异，令人唏嘘不已。

历史上，汉景帝刘启是第一个开创废皇后先例的皇帝。以后每一个朝代，都有一批不幸的皇后，被其夫君也就是皇帝废黜掉，怆然离去。这种悲剧，在历史上不胜枚举。

皇帝号称拥有三宫六院七十二嫔妃，妻妾成群，要想在众多的妃嫔中脱颖而出，登上皇后的宝座，实在不是件容易之事。大凡能够登上皇后宝座的女人，或者是皇帝得天下之前就同甘共苦的患难夫妻，或者是为皇帝生下贵子，为皇帝传位立嗣做出贡献者，也有是奉太后之命迎娶成婚的。成为皇后不容易，但是一朝失宠被废却很容易，因此，虽然贵为皇后，也不得不每天小心谨慎，唯恐招惹皇帝发怒或厌弃而致被废。一般来说，皇后被废无非是以下几个原因：皇帝另有新宠，后宫争宠妒恨、互相倾轧而致失宠；与皇帝为琐事怄气、皇帝一时气盛；失德，其中前两个原因更为主要。

汉武帝刘彻儿时遇见表姐陈阿娇，立即一见钟情，表示将来要为她建一座金屋，这就是"金屋藏娇"这个典故的来历。后来刘彻因为阿娇的父亲陈午为他被立太子出过大力，因而娶了阿娇为妻，继位后又将她立为皇后。阿娇长得很漂亮，而且自幼擅宠娇贵，风情万种，武帝非常迷恋她，她因此备受宠遇，和皇帝一起幸福恩爱地生活了十几年。一天，武帝从灞上祭祀回来，路过平阳公主家，公主将武帝迎入家中招待，并将家中收养的十几个美女献给武帝，但武帝一个都不喜欢。饮酒时，美貌聪颖的歌女卫子夫近前献曲，武帝一见立即大喜。武帝离席更衣时，卫子夫便侍奉在侧，武帝宠幸了她，还高兴地赏赐了平阳公主许多黄金，平阳公主即将卫子夫献给武帝。临离开时，平阳公主拍着卫子夫的肩膀说："你富贵了，可别忘记我呀！"由于有了新宠，武帝便寻找个理由，颁布废诏，收回印绶，将阿娇废黜，命她幽居长门宫，而立卫子夫为皇后。

阿娇被废后，曾请当时的大辞赋家司马相如专门写了一篇《长门赋》，抒发自己对武帝的恋情和期待，试图挽回武帝对她的感情，但最终没能成功。她只得自怨自艾，在绝望中度过余生。巧的是，几年之后，卫皇后也因年老色衰，武帝又宠爱上了钩弋夫人，并将钩弋夫人所生的皇子刘弗陵（即后来的汉昭帝）视若掌上明珠，卫皇后则因其子冤案的牵连而被废，最后被武帝赐令自杀。看来，汉朝的皇帝对于皇后的美貌特别讲究，总是孜孜以求，追寻最年轻漂亮的女子做皇后，因此，作为皇后也就特别容易被废。

唐代高宗的皇后王氏下场更悲惨。先是萧妃得皇帝专宠之后恃宠而骄，不把她放在眼里。王皇后为了与萧氏对抗，便将高宗从前的情人武则天（当时称武媚娘）接回宫中，献给高宗。没曾想，这一来虽然转移了皇帝对萧氏的感情，但武则天比萧氏更得寸进尺，竟然要与王氏争皇后之位。武则天为了挑唆高宗废掉王皇后，使了一招狠毒之计。一次，皇后来看望武氏刚生下才几个月的女儿，皇后离去后，武氏竟狠心地将女儿一把扼死，然后盖在被子下。过了一会儿，高宗进来，武氏和皇帝谈笑风生，毫不悲伤，随后走过去揭开女儿身上的被子，故作大惊失色，并问宫女有谁来过，回答皇后刚来过。武氏假装泪流满面，悲痛不已。高宗不知是诈计，他悲愤地说道："是皇后杀了我女儿！她以前就与萧氏互相诋毁，现在又做出这种事情！"（后杀吾女！往与妃相谗诉，今又尔邪！）就这样还不算，武氏还进一步诬陷皇后行巫蛊之术。巫蛊在古代宫廷中被视为诅咒皇帝的大逆不道之罪，因而历来是严禁的，一旦后妃被发现或被人诬为从事巫蛊活动，便足以被定罪而废黜。于是王皇后终于被高宗所废，而武氏则如愿以偿登上了皇后宝座。

王氏被废后与萧氏一同囚禁在宫中一黑屋，门窗紧锁，只在墙上留一小洞，每天从这里像喂狗似的递进来一点食物。一天，高宗来到这里，目睹此景后心酸不已，打算设法将两人营救出来。可是，武皇后得知后竟疯狂报复，她派人将两人狠狠杖打一顿，然后竟残忍地剁去两人的手脚，塞进酒瓮。武皇后恶狠狠地说："将这两人浸到骨酥！"可怜二人就这么被活活地折磨至死。

宋朝仁宗的皇后郭氏则是因皇帝一时气盛而被废的。郭皇后因仁宗移情迷恋尚妃和杨妃，非常生气，经常以皇后身份教训两人，由此摩擦和争吵不断。有一天，郭皇后看见尚妃在同仁宗谈笑，走近一听，原来是在诋毁自己，不禁怒从心头起，便挥手朝尚妃脸上打去。不料，仁宗见状挺身护美，皇后这一掌没有打着尚妃，却正打在仁宗脖子上。仁宗也勃然大怒：皇后竟敢打皇帝！于是当即将郭皇后废了，赐她一个"清悟"的法名，将其赶出宫。后来仁宗想念郭氏，又懊悔了，打算将郭氏接回宫，不料就在此时，郭氏却被人害死了。

宋哲宗的皇后孟氏和明代宣宗的皇后胡氏被废后也都出家当了道人，这种结局算得上是幸运的了。一般来说，皇后被废后的下场或是被赐死，或是幽居冷宫，忧惧而死。一旦从皇后的宝座上跌落，就如从九阙天上掉进地狱一样，荣华富贵尽失，尊严扫地，她们的命运往往比普通的妃子还不如，而且时刻有性命之虞。

历史上废立皇后最多的是明朝，这恐怕与明朝皇帝的整体素质有关。明朝是中国封建社会中皇帝最不思进取、最荒淫无道的时期，昏庸之君当道，后宫礼法自然也失去了尊严，废立皇后便成了小事一桩。清朝历代皇帝中，顺治曾废皇后博尔济吉特氏，将其改称"静妃"，打入冷宫。后又因专情于董鄂妃，差一点废掉孝惠皇后，虽未成功，但最终还是剥夺了其皇后职权。乾隆三十年（1765），乾隆废皇后乌喇那拉氏，第二年乌喇那拉氏死时，只"照皇贵妃例行"葬仪。

皇帝如何临幸后妃之谜

古代的皇帝拥有三宫六院，妻妾成群，当他想和后妃交欢时，选择谁侍寝就变成一桩令人头痛的麻烦事。为此，历代皇帝"发明"了许多办法，有的还生出不少有趣的风流故事来。

皇帝从数量众多的后妃中选一名与其交欢，是对被选中女子的龙恩和宠爱，因此称为"临幸"、"驾幸"、"恩露"……从后妃的角度来讲则是"承幸"。皇帝临幸后妃可是内廷的大事情，万万马虎不得。据记载，周代时已有专门负责天子临幸后宫之事的官员，称为"阴令"；汉代则设掖廷令，负责每天傍晚记录当夜由谁侍御寝；东汉以后，这类事情专由宦官太监担当，此后每朝每代宫中必有一本备忘录，专录皇帝临幸之事，以备日后查考。

　　由于后宫中尽是娇艳美女，每天临幸谁有时就会变成一桩令皇帝非常头痛的麻烦事，尤其是那些后宫队伍庞大无比的皇帝。西晋武帝司马炎后宫规模突破万人，为了解决寝宿的难题，他发明了"羊车选侍"的办法：坐在羊车上在通往后宫的路上溜达，羊车停留在谁的门前，就选谁当晚陪侍。到了南朝，宋文帝也采用晋武帝发明的办法选侍。妃妾们当然都希望羊车停在自己门前，有一名聪明的妃子名叫潘淑妃，她在羊车经过的路上洒上盐汁，引诱羊舔着盐汁一路来到门前。由于羊老是停在潘淑妃的门前，文帝于是感叹道："羊都为你留连，何况人呢？"

　　据说风流皇帝唐玄宗在开元、天宝年间，后宫妃妾多至4万人，他不知道该如何临幸她们。亏他在这方面鬼点子还挺多，终于想出一个办法：每天将一群宫嫔召集在一起，让她们掷骰子定输赢，最后的优胜者便是当夜陪侍人。于是，那些宦官们私下便将骰子称为"剉(cuò)角媒人"。到了春秋时节，唐玄宗命令后宫女子在各自的门前栽花，自己跟随蝴蝶信步款款，蝴蝶停在谁门前的花枝上，皇帝当晚便留宿在谁处。这一方法又被戏称为"蝶幸"。由于临幸的妃妾实在太多，玄宗难以一一记住她们的名字和相貌，于是又发明了一个风流办法，在已被进御过的女子手臂上打上"风月常新"之印，再渍以桂红膏，使印记经水洗也不褪色。后来唐玄宗迷恋上杨贵妃，"三千宠爱在一身"，几乎每日赐浴华清池，夜里则在杨贵妃的芙蓉帐中度春宵，于是，"剉角媒人"、"蝶幸"、"风月常新"便都派不上用场了。

　　后来的唐穆宗李恒也学老祖宗的样儿，而且推陈出新，在黑绡上写白字，白纱上写黑字，用它做衣服赐给临幸过的宫女，上面写的都是不堪入目的淫鄙之词，人称"谇衣"。穆宗的儿子唐敬宗李湛则发明了一种"风流箭"，用来决定夜里临幸哪个后妃。他用竹皮做弓，用纸做箭，纸质的箭头上蘸有龙麝香末，然后让妃妾们聚在一起，敬宗搭箭射去，中箭者毫无痛楚，箭头触处，身上倒是香气四溢。为此，后宫中流传开这样一句歇后语："风流箭中的——人人愿。"

　　到了明代，开始制定一套严格的制度来对皇帝的性生活进行管理，皇帝在很大程度上失去了自由选择侍寝妃妾的权力，当然也少了许多风流故事。明代时，在紫禁城内设立了敬事房，专责管理皇帝的夜生活，敬事房的总管称为敬事房太监，他的主要任务就是安排并记

录皇帝与后妃交欢的有关事宜，皇帝每晚在哪里与谁寝宿，全都记录在案。与此同时，宫中的女官彤史则负责记录后妃们每晚的形迹。两相对照，一旦后宫中有谁怀孕生产，查一查受胎年月日，初生儿的身份即刻辨明。

明代除了皇后，皇帝的所有妃妾都备有一块绿头牌，即末端为绿色的名牌。皇帝吃晚饭时，由敬事房太监将几十块绿头牌置于一只银盘中，端到皇帝面前，然后跪听皇帝指示。如果皇帝选中哪个妃子与她同房，就把这个妃子的名牌翻过来，放回银盘；如果皇帝这天没"性"趣，则说一声"去"。敬事房太监退下后，把皇帝选中的妃子名牌交给手下太监，由手下太监去通知被选中的妃子兰汤沐浴，做好"承幸"准备。到了晚上，妃嫔们所住的宫门前统统挂起红纱灯笼，而"承幸"妃子宫门前的灯笼则被卸下，表示皇帝当晚已选定寝宿的地方。负责巡街的太监看到信号，便传令其余各宫熄灯寝息。皇帝临幸的妃嫔处按照惯例要焚香，香气异常，焚香的目的正如一首宫词所言："参于鼻观气非清，脉脉遗芳媚寝情。雨迹云踪易牵引，莫容轻霭上空明。"通俗地说，就是起到催情的作用。假如是皇帝第一次临幸的妃嫔处，还要"铺宫"，即由太监将房间装饰一新。

明代的这种制度，一直到清朝还被承袭下来，顺治皇帝认为这一制度对于确保皇帝子女的纯正血统很有用处，同时也可对后代皇帝的纵欲起到一定的限制作用。

清朝皇帝的临幸方式与以前各代不同，不是皇帝登门，而是由敬事房太监将皇帝翻绿头牌选中的妃子送到皇帝的寝宫。按照规矩，妃子侍寝之前先以兰汤沐浴，然后一丝不挂脱光衣服，太监用红锦被将其裹起来扛到皇帝的御榻前，再揭去红锦被。皇帝先已宽衣解带，赤裸着钻在被窝里，被子盖至脚踝处。送来侍寝的妃子不能从被头处钻进皇帝被窝，也不能揭开被子，要从敞开的被脚处爬进去，事毕再从被脚处爬出，由太监仍旧用红锦被裹好扛出寝宫。因为即使身为皇帝的妃子，她还是"臣妾"，为臣的自然不能光着身子背对皇帝，所以只能面朝皇帝往后"却行"。行房时，敬事房总管还要站在门外敬候，听见里面动静差不多了，便高声唱道："是时候了。"如果碰上皇帝兴致正高，装聋作哑，就重复一声，但喊过三遍，皇帝就必须招呼太监进房，这也是祖宗定下的规矩。太监将妃子扛出去后，总管照例记录下"某年某月某日某时，皇帝幸某某后"，以备查验。这份档案称为《承幸簿》，除了皇帝本人以外，只有太后有权调阅。皇帝死后，便将它烧毁，不再留下任何记录。

由于这个存档制度限制了皇帝的性权利，对于皇帝来说有点"不仁道"，所以清朝的大多数皇帝都对之不满意，但这是"祖制"，不能随意更改，于是便经常找借口住到圆明园等行宫去，因为那里没有这一套存档制度，行事比较方便些，如咸丰皇帝年轻时，一年中大部分时间都住在圆明园，恐怕与此不无关系。

古代皇后"婚前体检"之谜

> 古代皇后实行婚前体检吗？出乎人们的意料，古代皇后也要婚前体检，而且检查起来比现代人还要复杂。不过，在封建社会里，这种婚前体检只是针对女性的，而皇帝则可以置身于外，哪怕不适合娶妻生子的也照样可以征选多名后妃。

古代皇帝娶女子为正妻即立皇后，是有极其严格的程序和规定的，其中一条出人意料的制度便是婚前体检制度。这种体检从外观的相貌、体态到肌体皮肤、乳房的发育状况甚至女性的私处等，都要进行仔细检查，以防未来的皇后存在任何隐疾，在儒家道德观念盛行，对女性贞节要求非常严厉的明代，还要检查候选皇后是不是处女。

历史上清朝皇帝曾定期进行选秀女活动，为皇帝物色皇后、妃嫔以及为宗室成员拴婚，并形成一种制度，但由于并没有留下婚前体检的记载，所以对这方面的情况不得而知。但此前的明代却留下不少关于皇后婚前体检的记载，成为后人了解和研究我国古代婚前体检制度发展演变的实证资料，这也与明朝政治腐败，皇帝一味追求荒淫奢靡的生活有关。

明朝对皇后进行婚前体检非常严格，而且常常大规模进行。据记载，天启元年（1621），明熹宗朱由校年满16岁，按惯例将举行大婚礼，于是在全国进行声势浩大的选后活动。朝廷派出多路人马从全国各地物色美女，并初选了13岁至16岁的淑女5000人，将她们带到北京待选。在北京集中后，先由皇帝身边的太监进行一次容貌体态的复选，将每百人排成一行，逐个进行察看，这一关淘汰掉1000名身材偏高、偏矮、偏胖、偏瘦的女子。第二天，再将剩余的4000名美女列队，太监们以极挑剔的眼光察看她们的眼、耳、口、鼻、头发、皮肤、颈项、肩膀、背部等，只要有一处长得不理想，就立即除名。继而又让她们自报姓名、年龄、籍贯，以观察这些候选者的音色和神态，如果口齿不清、嗓音粗浊，或者应对慌里慌张的，又毫不客气地加以淘汰，这样只剩下2000人。第三天，太监们又用尺对那些候选者的手脚进行测量，然后让她们走几十步，观察其步态，对步态不雅或不够庄重大方的人再行淘汰，又淘汰了1000名不合格者。最后1000名候选者被宫中的稳婆带入密室，"探其乳，嗅其腋，扪其肌理"，经过一番令人难堪的折腾之后，入选者只余下300人。这300名候选者被留在宫中，由专人观察她们的言论及性情，据此对她们的性格、作风、智愚及贤惠与否等做出判断。经过观察，从中挑选出被认为是"秀色夺人、聪慧压众"的50名佳丽，由熹宗封为妃嫔，其中一人张氏于第二年被册立为皇后。据《明熹宗实录》记载，当时后宫混乱，熹宗的乳母客氏与大太监魏忠贤勾结一气，为非作歹，与后宫其他妃嫔间争权夺利互斗不已。这位张皇后不愧是从5000名候选者中挑选出来的，她对客氏及魏忠贤一伙的所作所为深恶痛绝，经常在熹宗面前毫不掩饰地进行指责。

以上记载，只是让人们看到了古代皇后体检的前半部分，而对后半部分仍云遮雾罩不甚了了。汉代无名氏所著《汉杂事秘辛》中，则详细记载了古代对皇后候选者进行身体检查的细节。

建和元年四月（147），东汉桓帝刘志欲立已故大将军梁商之女、大将军梁冀的妹妹梁莹为皇后，命令一名宫中女官与一名中常侍（侍从宦官）前往梁府对其进行裸体检查。两人一进门先观察梁氏的走路姿势，梁氏在中阁款款细步，举手投足"俱合法相"。接下来，中常侍留在外屋，女官请梁氏进入闺房进一步检查。在透过窗子的日光照射下，梁氏"如朝霞和雪艳射，不能正视。目波澄鲜，眉妩连卷，朱口皓齿，修耳悬鼻，辅靥颐颔，位置均适"。女官摘下梁氏的耳环，解开其发髻，只见其发长坠地，发质光亮如镜。又欲脱衣仔细检查其身体各部位，梁氏"面发赪，抵拦"，不肯依从。女官只得严辞告诉她，这是皇上的圣旨，也是皇家选后的规矩。梁氏垂泪数行，不得不遵照吩咐接受裸体检查。梁氏身上"芳气喷袭，肌理腻洁，拊不留手。规前方后，筑脂刻玉"。再看乳房发育正常，肚脐饱满而稍陷，似能容下半寸珍珠，形状优美。女官还特意检查了梁氏的私处，证实乃"守礼谨严之处女也"。然后又检查并测量梁氏的肩膀宽厚、腰围、臂长、手掌十指长度、腿的丰满度、大腿长度、脚板平凹等，一一"长短合度"。又令梁氏称拜皇帝万岁，以检查发声，梁氏声若"微风振箫，幽鸣可听"。全身检查下来，没有痔疮、溃疡、黑痣、创口，口鼻及腋窝也没有炎症、狐臭之类暗疾。

女官和中常侍回去禀报后，皇帝认为梁氏确"有母仪之德，窈窕之姿"，于是便于当年八月制诏称：梁氏"凤闲内戒，德冠后庭，有夭桃之宜，协和鸣之祥，宜升尊位，母仪天下……"将其迎入章德殿，正式立为皇后，就是懿德皇后。

古代对皇后进行婚前体检的一般是宫中的女官，到后来因皇宫中有了专职的稳婆（即收生婆），于是这类体检的事情便由稳婆担任。

古代宫廷性生活之谜

> 古代帝王们的生活往往是跟穷奢极侈联系在一起的，道德堕落，淫乐腐化，从而导致王朝统治的腐败和灭亡。在性生活方面，帝王们更是无所不享其极，甚至做出丧尽天良的禽兽之行。

自东周以后，中国进入群雄并争的时代。由于失去了强权控制，天下四分五裂，导致礼坏乐崩，人们的道德观念也日渐松弛，追求享乐，追求淫欲，放纵无羁，当然，这一切又无不是首先从帝王的宫廷开始的。当时的诸侯王室里，广设美女，经常大摆筵宴，帝王们花天酒地，还让美女歌舞助兴，帝王以及宾客可以任意与这些美女调情、性交，甚至还流行互赠女乐的奢淫风气。诗人宋玉在《招魂》中对帝王们击鼓敲钟、酗酒赌博、怪声呼叫、日以继夜的寻欢场景有所描写。

据《左传》记载，春秋时齐国的齐襄公荒淫无耻，不仅见到美女便占为己有，他甚至还奸淫自己的同父异母妹妹文姜。后来文姜嫁给鲁桓公，齐襄公仍不罢休。鲁桓公十八年（前694），桓公随文姜回齐国归宁，发现了齐襄公的乱伦行为，结果被齐襄公派人杀死。齐国人作诗讽刺，将齐襄公淫妹之举比作鸟兽行径。《诗经·齐风》中的《南山》、《敝笱》、《载驱》等都是痛斥齐襄公兽行的诗歌。其实像齐襄公一样行同禽兽的帝王，在古代封建社会还大有人在。《诗经·鄘风·相鼠》毫不留情地斥责那些荒淫无道、胡作非为的帝王们："相鼠有皮，人而无仪！人而无仪，不死何为？相鼠有齿，人而无止！人而无止，不死何俟？相鼠有体，人而无礼！人而无礼，胡不遄死？"意思就是说：做人不知羞耻、不懂礼法的话，干吗还不快点去死？！

汉代的帝王们更是有了长足的"进步"，他们在宫廷中放纵乱伦，搞同性恋，醉心于房中术，服用房中药，各种丑行举不胜举，即便是被人称赞为"文景之治"的文帝和景帝时期也不例外，以至后人将汉代和后来的唐代一起讥为"烂汉脏唐"。汉景帝刘启的第五个皇子刘非被封为江都王，刘非死后，其长子刘建袭王位。可还未等刘非下葬，刘建便迫不及待地奸淫了父亲生前所宠爱的十几个姬妾美女。妹妹徵臣嫁给了盖侯，闻父去世回家奔丧，也被刘建奸污。刘建甚至还下令要宫女赤身裸体与公羊、公狗交媾，想看看人畜交媾生下来会是什么东西，简直是禽兽不如。东汉灵帝刘宏则别出心裁地"起裸游馆千间，采绿苔而被阶，引渠水以绕砌，周流澄澈，乘船以游漾，使宫人乘之，选玉色轻体，以执篙楫，摇漾于渠中"，让那些"年二七以上，三六以下"的佳丽陪他裸浴和嬉戏，寻求刺激。

汉代男风盛行，汉高祖刘邦首开此风。《汉书·佞幸传》记载："高祖时则有籍孺，孝惠时则有闳孺，此二人非有才能，但以婉佞贵幸，与王同卧起。"事实上，汉代几乎每个皇帝都有一个至几个男妾，正史中有名有姓的就有高祖与籍孺，惠帝刘盈与闳孺，文帝刘恒与邓通、赵谈、北宫伯子，景帝刘启与周仁，武帝刘彻与韩嫣、韩说、李延年，昭帝刘弗陵与金赏，宣帝刘询与张彭祖，元帝刘奭与弘慕、石显，成帝刘骜与张放、淳于长，哀帝刘欣与董贤……据统计，汉代25个刘姓皇帝中，10个皇帝有同性恋记录。这些男妾大多是年轻貌美的宦者，有的人因此而爬上显贵的位置，富比王侯。有意思的是，汉文帝自己的生活非常节俭，连一件穿旧的衣服也舍不得扔掉，但却毫不吝惜地赐给男宠邓通大量钱财，甚至赐予他开矿铸币之权。

汉文帝刘恒

李延年出身于倡优之家，父母和兄弟姐妹都曾在宫中当过乐工。李延年的妹妹有倾国倾城之貌，幸于汉武帝，被立为夫人，李也因此得以接近皇帝。当时武帝正兴建天地祠，李延年奉命为《郊祀歌》十九章配乐，武帝很满意，封其担任乐府协律都尉，自由出入宫中，与武帝如同夫妇一样同起同卧。时间一长，李竟然与皇帝的宫女们发生性关系。而被武帝冷落的陈皇后（即成语"金屋藏娇"中的那个陈阿娇）则与女巫陷入女同性恋。

房中术也在这一时期盛行，帝王们希冀通过房中术中的御女秘术，进一步满足其追求淫乐的需要，同时"还精补脑"，达到长生不老的目的。汉武帝就曾身体力行，据《汉武帝故事》记述：武帝"造神君请术，行之有效，大抵不异容成也"。魏晋时期房中之法已发展至10多个流派，道家、方士个个投皇帝所好，争相向皇帝进献房中术，为帝王们的淫欲助了不少火焰。魏王曹操也是房中术的信奉者，他热衷招募方士，并用大量女子做试验。

海陵王完颜亮以淫乱著称，他自命"才兼文武"、"丰富伟岸"，为天下最有魅力的男子，因此淫乱无度，连怀孕的有夫之妇都不放过。《金史·海陵诸嬖传》通篇记述的都是关于他的淫乱故事，其中提到有个官吏的妻子名辟懒，完颜亮封该官吏为某地县君，将其"调虎离山"，然后趁机调戏辟懒。因辟懒怀有身孕，完颜亮灌以麝香水，还压揉其腹，硬是将其堕胎，然后奸淫了辟懒，差一点将辟懒弄死。南朝宋前废帝刘子业嫌与姐姐山阴公主乱伦还不够刺激，竟想出一个恶虐的主意：他让王妃公主们进宫饮宴，中途武士将宫中各门封住，刘子业命侍臣们随意挑选王妃公主与之行淫。王妃公主们惊恐万状，南平王的妃子江氏不肯就范，刘威胁要杀死她的3个儿子，江氏仍誓死不从，刘竟残忍地将江氏活活鞭打至死，并杀其儿子。

隋炀帝杨广的荒淫无耻也是少有匹敌的，他父皇文帝杨坚病中，杨广便趁机逼辱文帝的宠姬宣华夫人，文帝大为震怒，杨广见势不妙，干脆一不做二不休将父皇害死。他继帝位后，纵情淫乐，建造迷楼，将数千良家女子关在其中，兴头一上来，可以在迷楼中沉湎经月而不出。又有佞臣进御童女车，用机关将女子手足缚住，隋炀帝在里面奸淫处女，无恶不作；又造"任意车"，车上杂缀片玉鸣铃，车内画满男女交合之图，在车中御女时，任意车左右摇动，仿佛逍遥在云中一般。

唐代出了个荒淫不亚于男帝的武则天，使宫廷秽乱达到巅峰。武则天不仅自己广置面首，而且还给男宠"二张"的母亲配"私夫"，甚至不以为耻地在朝堂上与臣下谈论宠男之事，在她的带动下，公主们也一个个蓄养着一群男宠。唐代度道成风，先有武媚娘限于名分不能堂而皇之地嫁给太宗的儿子高宗，于是出宫为尼，然后以尼姑身份还俗入宫，做了高宗的妃子，实际上是庶母做儿子的老婆。后来唐玄宗李隆基也将儿媳杨玉环送入道观出家，道号"太真"，然后再接入宫纳为贵妃，与高宗娶庶母之行如出一辙。自睿宗以后，玄宗、代宗、德宗、顺宗、宪宗、穆宗每朝都有许多公主出家度道，其实无非是贪图宫外自由自在的风流生活，她们修造豪华的道观，时常召集文人雅士宴饮作乐，极尽风流放荡之能事。

唐玄宗除了宠幸杨贵妃，还蓄宫女多达4万人，并且与杨贵妃的3个姐妹之间也发生淫乱关系，而杨贵妃则与玄宗宠臣安禄山关系暧昧，两人在宫中"通宵不出，颇有丑声闻于外"。由于唐代统治阶级生活糜烂腐化，激发了阶级矛盾和社会矛盾，所以自唐玄宗起便开始逐步走向衰落了。

宋代皇帝中狎妓丑闻不断。据资料记载，宋徽宗曾"累至汴京填安坊京妓李师师家，计前后赐金银、钱帛、器用食物等不下十万"；宋礼宗"癸丑元夕呼妓入禁中，有唐安安者，歌色绝伦，帝爱幸之"。清人史梦兰在《宋艳》的诗中说："宋史高标道学名，风流天子却多情。安安唐与师师李，尽得承恩入禁城。"说的就是这两个皇帝的风流艳事。宋徽宗甚至还与词人周邦彦争风吃醋，闹出不少笑话。元代则公然在宫廷中进行密教仪式的性生活，"惟淫戏是乐"。据《元史·哈麻传》载，元顺帝时，"帝诸弟，与其所谓倚纳者，皆在帝前，相与褒狎，甚至男女裸处，君臣宣淫，而群僧出入禁中，无所禁止，丑声秽行，著闻于外"。君臣和密教术士们沆瀣一气，驱使宫女作他们进行令人恐怖的性淫乐的工具。

明代宫廷中则盛行春药。宪宗朱见深时重用平庸之人万安，使其稳坐首辅宝座经年，其实就是因为万安曾进献过春药。说起来，万安年老得了痿疾，而娇妻美妾青春年少，家庭生活很不美满，他的门生倪进贤向他传授房中秘术，用春药洗下身，一洗便灵，竟如壮年一般，倪进贤因此也被讥为"洗屌御史"。寡廉鲜耻的万安又将此药进献给宪宗，于是宪宗对万安宠信有加。世宗朱厚熜拜方士为师，广征少女，围在四面高墙的深宫内，用她们的初潮之经血来炼制春药，然后不顾一切地寻欢作乐。世宗服了这种被称为"热剂"的春药后亢奋不已，不论白天黑夜，下身如烈焰焚烧，始终处于兴奋状态，对女人饥渴难耐，不能自持，有时一次便要幸御数名女子，那些被强征来的少女不胜其苦，有的竟然昏死过去。世宗迷恋春药和御女，以至20多年长居深宫，根本不上朝理政。

清朝由于"祖制家法"较严厉，历代皇帝在宫中或在宫外的性生活受到限制，不敢明目张胆地追求淫乐，荒淫程度比之前朝大为收敛。

古代小皇帝性启蒙之谜

  几乎历代封建王朝的皇帝都耽于声色，终日纵情于美女。那些乳臭未干的小皇帝也毫无例外地置身于男女之欲的熏陶中，宫廷中甚至还专门对其进行青春期前的性教育。古代的宫廷性教育是什么样的呢？

  古代封建王朝，"普天之下，莫非王土"，"朕即天下"，一旦打下江山登上皇帝的宝座，便意味着享尽天下富贵，尝遍人间美欲。在中国几千年的历史中，历代几乎所有的皇帝都荒淫纵欲，沉湎于声色犬马，即使乳臭未干的小皇帝或嗣皇帝，也毫无例外地置身于男女之欲的熏陶中。为了使皇帝将来与后妃性生活"鸾凤和鸣，琴瑟和谐"，尽情享受房帏之欢，古代宫中还专门对这些小皇帝进行性启蒙，用今天的时髦话来讲，就是进行青春期前的性教育。

  古代宫廷中有大量的宦官太监，这些宦官太监虽然自己不能进行性生活（极少数太监也有性生活，这是个别特例），但是他们却担负着教导小皇帝，对小皇帝进行性启蒙的任务。从历代宫中的情形来看，性启蒙的主要方法无非是向尚处懵懂之中的小皇帝展示春宫画，以促其早日了解男女之间的事情。我国古代早就有春宫画的流传，甚至可以追溯到先秦的墓葬，在出土的东汉画像砖中也常有春宫画的影子。事实上，春宫画最早就是起源于古代的宫廷淫乐，它大多描绘男女性爱生活，其中不乏各种交合姿态，由于专以描绘春宵宫帏之事，所以称为春宫画。明人沈德符在《敝帚斋余谈》中讲到春宫画的起源："春画之起，当始于汉广川王画男女交接状于屋，召诸父姐妹饮，令仰视画。"西汉第三代广川王刘去疾淫乱成性，曾命人在屋内四壁画满男女交合图画，狂欢作乐；后来汉成帝刘骜也曾叫人在屏风上画男女交接之图；南齐的东昏侯萧宝卷在其妃子的秀阁画男女私亵之状……到后来，宫廷中春宫画就大肆泛滥，各朝的皇宫里都藏有大量的春宫画，并辟有专殿收藏和展示，宦官太监经常会打开殿门，领着小皇帝在里面观赏，并进行讲解。不可否认，春宫画既是那些淫乱的帝王寻求刺激、满足淫念的道具，也是古代人学习有关性知识的途径，具有一定的性启示作用。春宫画大约在明代时达到了巅峰，大量流传于社会，贻害不浅。

  有的朝代宫廷还在春宫画的基础上加以发展演变，制作了不少两性交合的塑像，以便让小皇帝更加直观地领会。到了明代，宫廷内还出现了一种名叫"欢喜佛"的男女交合模型，不仅显示男女性生活的姿势，而且还会活动，模仿男女交合时的动作。沈德符在《万历野获编》中记述道："余见内庭有欢喜佛，云自外国进者，又有云故元所遗者，两佛各璎珞严妆，互相抱持，两根凑合，有机可动，凡见数处。大珰云，帝王大婚时，必先导入此殿。礼拜毕，令抚摩隐处，默会交接之法，然后行合卺，盖虑睿禀之纯朴也。"按照沈德符的记述，欢喜佛有可能是从国外传进宫的，也有可能是从元代遗留下来的，如果是后者的话，说明它更早在元代就已经出现了。而且欢喜佛的用途是非常明确的，就是供皇帝大婚之前学习男女"交接之法"的。

另一种性启蒙的方法是在宫中豢养小动物，如猫、狗、鸽子等，利用雌雄动物的嬉戏、发情、交尾等天然习性，来启发小皇帝的性意识。明代《禁御秘闻》中称："国初设猫之意，专为子孙生长深宫，恐不知人道，误生育继嗣之事，使见猫之牝牡相逐，感法其生机。又有鸽子房，亦此意也。"这也难怪，小皇帝们从小生长在一个仿佛不食人间烟火的环境里，有的长大后智商低得吓人。例如晋惠帝司马衷闻奏，说因为天下大旱，老百姓没米吃而饿死时，竟然纳闷地问："没米吃为什么不吃肉？"不过，在性关系方面这个晋惠帝倒不是个白痴，大概是从小受到性启蒙的缘故吧。而历代皇帝对于皇子皇孙的性教育这件事情，都是毫不含糊的，因为这关乎"生育继嗣"，关系到自家的江山千秋万代永远传接下去的大问题。

除了以上这些方法之外，古代宫中还采用一种极不道德的方法来对小皇帝进行性启蒙，那就是派宫女"言传身教"，帮助小皇帝掌握性生活知识和一些必要的性技巧。像前面提到的晋惠帝13岁时，其父皇派了一名姓谢的宫女到太子东宫，以身示范，教他床笫之事。结果，等到宫女离开东宫时，已经怀有身孕了。清朝甚至以制度的形式规定：在小皇帝大婚之前，先选八名品貌端正、已谙风月之事的宫女供小皇帝"进御"，她们分别被冠以宫中女官的称号：司帐、司寝、司仪、司门。据说这样做的目的是通过每天侍寝让小皇帝获得一些实际经验，以便将来大婚后面对皇后时不至于慌乱而不知所措。然而，这种做法完全是建立在牺牲女性的权益和人格的基础上的，完全不顾女性的意愿，而且这些宫女在被小皇帝"临幸"之后，往往很快就被抛弃，像清朝那样封个女官之职已经算是对她们极大的恩宠了，这充分显示了封建王朝的愚昧和反动。

由于宫廷中专门对小皇帝进行性启蒙教育，所以他们长大后，在男女风月之事上基本上都不会有什么困惑。相反地，他们个个从容不迫、游刃有余地纵情于美女之间，尽享"人道"给他们带来的欢娱。

皇帝婚前性生活体验之谜

<blockquote>皇帝在举行大婚之前和哪些女子发生性关系？这在中国历代宫廷中都没有规定，因为这实在是无法规定的。对于进入青春期的皇帝来说，最容易受到挑逗产生冲动，与之发生性关系的女子当然是其身边的宫女了。</blockquote>

古代皇帝举行大婚的年龄一般是13岁至18岁，而中国古代男女十三四岁便初涉男女之事，甚至怀孕生子的事例也不胜枚举。作为皇帝或者是将要继承皇位的皇太子来说，身处深宫之中，身边有千百宫女可以任意使役和临幸，在举行大婚之前一直守身如玉，不曾与宫中女子发生过性关系，这是不可想象的。事实上，几乎所有的皇帝、小皇帝、太子在大婚之前都已临幸过女子，有较丰富的性经验，其中不少已经生儿育女。例如西晋的惠帝司马衷13岁尚未继位时大婚，但他正式结婚前就已经令一名宫女怀孕。北魏文成帝拓跋濬（音jùn）17岁大婚，他14岁时已经做了父亲，孩子的生母同样是一名宫女。

皇帝在举行大婚之前和哪些女子发生性关系？这在中国历代宫廷中都没有规定，因为这实在是无法规定的，完全取决于皇帝个人的兴致。如果他已经即位成为少年皇帝，那自然对宫中任何一个女子都有权利临御，并且他也具备这样的条件。而如果他尚未即位，仍是皇太子身份，那么即使宥于礼数，没有皇帝的诏命不可随意出入后宫，但至少在自己居住的东宫他可以为所欲为，挑逗、猥亵任何一个侍女，或者与她们发生性关系。对于进入青春期的皇帝来说，最容易受到挑逗产生冲动，与之发生关系的女子当然是其身边的宫女或侍女了，明宪宗朱见深初次性体验的对象便是其侍女。宪宗小时候，祖母对他非常疼爱，特意派自己身边最宠爱的宫女万氏前往服侍，照顾有加，长此以往互相产生了依恋的感情，宪宗进入青春期后，便与万氏发生了性关系。

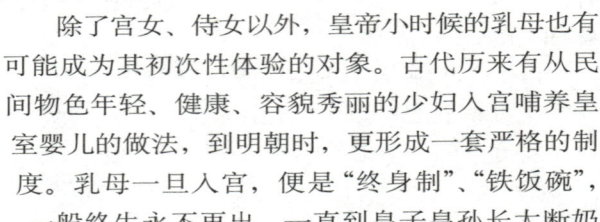

除了宫女、侍女以外，皇帝小时候的乳母也有可能成为其初次性体验的对象。古代历来有从民间物色年轻、健康、容貌秀丽的少妇入宫哺养皇室婴儿的做法，到明朝时，更形成一套严格的制度。乳母一旦入宫，便是"终身制"、"铁饭碗"，一般终生永不再出，一直到皇子皇孙长大断奶后，乳母仍然留在宫里，受其哺养的皇子皇孙会牢记她一辈子。她们年纪轻轻（15岁至20岁）就别夫离子，且已有过性经验但入宫后却不得不压抑住自己的性需求，对她们而言的确是非常残忍的，有的乳母便在宫中任性而为，与人私通，甚至勾引比她年幼许多的皇帝与之发生性关系。明熹宗与其乳母客氏便是这种情况。据说客氏美丽妖冶，风骚妩媚，直到明熹宗23岁死去，客氏夜夜进入熹宗的寝宫乾清宫暖阁侍寝，与熹宗朝夕不离，后来她又同宫中的太监魏忠贤勾搭上了，搞得后宫一片乌烟瘴气。

到了清朝，宫中还专门规定：在皇帝大婚之前，先由宫中挑选八名年龄稍长、品貌端正、懂得风月之事的宫女供小皇帝"进御"，对小皇帝进行性启蒙。由于是侍寝皇帝，不管将来能否被立为妃嫔，都给予她们一个较低的名分，称为司仪、司门、司寝和司帐，这是4个宫中女官的职称，在宫中所有宫女当中，她们的地位高出一截，每月可以领取到俸禄，也不再像其他宫女一样从事劳役。因此，大多数宫女都企盼能得到这份差使，希望借此脱离苦海，一步登天。清朝之所以制定这样的规定，目的是让皇帝在大婚前对于男女房事先获得一些经验，用今天的话来说，就是学习和掌握一些必要的性知识，为大婚做好准备，以便能够与皇后共享和谐美满的性生活。

问题是与皇帝大婚前发生性关系的女子是不是一定可以得到名分，受到册封？答案当然是否定的，正如并不是所有被皇帝临幸的女子都能享此幸运一样，两者的结果是相同的，唯一的区别在于，一是皇帝大婚前，一是皇帝大婚后。明神宗朱翊钧17岁那年时，有一次在宫中偶然遇见一名宫女，一时春心萌动临幸了她，使这名宫女怀孕。但后来神宗却装作没事人一样，不再召幸她，也不记挂她所生的儿子，更谈不上册封她为妃了。而明宪宗则因为宫女万氏替他生了皇子，后来将她册封为贵妃。前面提到的明熹宗时的客氏，尽管她将皇帝牢牢地掌握在手中，但是熹宗到死也没有册封她为妃嫔。这可能与古代人的心理抗拒有关，人们宁可接受一个宫女被皇帝临御后获得尊贵的名分和地位，也不愿意接受一个乳母成为皇帝的妃嫔。

历史上，皇帝的乳母受爵的例子不少，如汉顺帝乳母被封为"山阳君"，汉灵帝的乳母被封为"平氏君"，北魏太武帝生母早死，其乳母被封为"保太后"，太武帝之子文成帝继位后，更将其尊为皇太后，唐玄宗的两位乳母分别被封为"吴国夫人"和"燕国夫人"，元世祖封皇子燕王的乳母为"豳国夫人"，乳母的丈夫也一并沾光被封为"德育公"，元英宗的乳母被封为"定襄郡夫人"，其丈夫则被封为"定襄郡王"，明成祖的乳母被封为"保重贤顺夫人"……仅仅因为哺养了皇帝便被册封为高贵的"公爵夫人"、"郡王夫人"甚至"皇太后"，着实令人羡慕。这一方面是因为皇帝从小喝乳母的乳汁长大，难免对她有感情；另一方面恐怕也是出于封建礼教的规范吧，毕竟有着多年的哺养之恩，册封个虚而不实的一官半职以表孝敬，只需动动嘴皮子的事情，何乐而不为呢？尽管如此，但还没有一例乳母被册封为妃嫔的。

宫女和乳母一样，原本都是地位卑微的女子，但由于侍奉了皇帝，便得以享受较高的礼遇，扬眉吐气，荣耀乡里，从这一点上说，她们的命运是相似的。但乳母往往对小皇帝还多了一层爱抚之情，他们之间的关系更多的时候犹如母子一般，小皇帝依恋乳母，乳母关爱小皇帝，乳母与皇帝发生性关系的事情仅是极少数的。而宫女则无论从皇帝接触的范围和频度来讲，还是从宫女自身的地位来讲，毫无疑问，是皇帝大婚前与之发生性关系几率最高的人。

古代皇帝避孕之谜

不少描写清宫逸事的书中都津津乐道地写道：皇帝临幸过妃嫔后，敬事房太监会跪请皇上：留还是不留？如不留，太监只要在妃嫔的穴位上按一下，就可以不致受孕。如此"点穴"妙招，堪称避孕奇法。古代宫中真的有此避孕法吗？

不少描写清宫逸事的书中都津津乐道地写道：清朝历代宫中都有一本备忘录，专记皇帝御幸之事，以备日后查考。一般情况是：皇帝临幸某妃后，总管太监必跪而请曰：留不留？帝曰不留，总管太监就在妃子后股的穴道上微微用力按之，则"龙精皆流出矣"。如曰留，则记之于册：某月某日某时皇帝幸某某妃嫔。这样一来，哪个妃嫔一旦有孕，对照备忘录一查，便可以有完整的受孕记录。

如此"点穴"妙招，堪称避孕奇法。古代宫中真的有此避孕法吗？

据清人所撰《宫闱记事》描述，敬事房太监负有一项重要使命，就是专门记录皇帝的性生活。一般当皇帝与皇后行周公之礼、夫妇之道时，他们只能在寝房外守候，不得打扰。而当皇帝临幸妃嫔、贵人甚至身份更加低微的女性时，他们便要每隔半个时辰就叫一声："是时候了。"这是自清初传下的"祖制"，表示皇上不可以眷爱留恋时间太久，以免伤伐"龙体"。如是三次，皇帝就必须令妃子退下。这时候，一名太监用大氅裹着妃子退出房，另一名总管太监便手拿一本宫册，跪下请示皇上："留不留？"一般情况下，皇帝多数是回答"不留"。于是，太监驰至妃子处，在妃子股后的穴位上轻按数回，使精液完全流出。如皇帝说"留"，则登记在簿子上："某月某日某时皇帝幸某妃"，以备查考。

其他一些书中也有类似的描述，如《清宫十三朝演义》等，后者写得更为详尽。不过，这些属于小说家言，往往极尽夸张渲染之能，作为史料缺少可信度。民间还曾流传一些据称是清宫秘本的医学册子，里面记录着点穴决定"留与不留"的秘方。但其实是毫无根据的，因为那些压根儿就不是清宫秘本。总之，迄今为止，人们还没有发现任何能够证明上述"留与不留"之说的翔实可靠的证据。

事实上，所谓"留与不留"均是后人一厢情愿的猜测，"点穴"之说更是无稽之谈。据清末民初熟悉宫中情况而又深谙医道的权威人士揭露，留与不留都是骗人的。比如皇帝说不留，但如果妃子日后仍然有孕，太监当然要吃不了兜着走了，所以岂敢大意？一般是用一株药草塞入其阴户，三下两下一捣，便能使妃子不孕。如果这样还不见效的话，太监们便不惜勾结妃子身边的宫女，在照顾妃子起居时使点毒伎俩，包管让其流掉。最简单的，就是在其膳食或服用的方子中下药，或者干脆找个机会，假装不小心将妃子撞倒，宫女大不了挨顿打骂或被赶出宫，但得到的好处费也够她好几年生活不愁了。这种事情都是宫中发生过的。可如果皇帝跟自己喜欢的妃子行事后说要留，而万一没有受孕，生不出，太监也是罪莫大焉。碰到这种情况，太监就会使出种种手段，一定要让这个妃子怀上"龙种"。可巧妇难为无米之炊呀，皇上选的日子不好，妃子根本无法怀上怎么办呢？那就"借米"为炊，太监们会到宫外找来身强力壮的青年男性，让他穿上太监的服装，腰间挂个太监出入的腰牌，由太监趁黑带进宫，然后小心服侍，务必要使妃子的肚子起动静。早年，北京天桥一带摆地摊唱戏练把式的各色人等很多，有不少唱戏的俊美小生，就被太监偷偷领入宫去，供那些常年得不到皇帝眷爱的妃子宫女受用，有时候甚至是好几个人如饿虎擒羊般一起上，弄得唱戏的小生奄奄一息。由于这些太监往往是在宫中做事多年的，上下左右都能摆得平，弄个把人进宫自然不在话下。再说其他太监多条生财之道，何乐而不为，况且保不准日后自己也有事求别人呢，所以明知其人来自宫外，也不会声张。至于妃子就更不用说了，管他是"龙精"还是什么"蛤蟆精"，只要能受孕生出个"皇子皇女"来，照样有享不尽的荣华富贵，唯"天知地知你知我知"而已。历史上，不乏妃子与太监勾结，为图怀孕生子而弄虚作假、树上开花的例子。

古代黄门大内中的妃嫔贵人等若能生育，对她们意味着什么是不言而喻的。因此凡是宫妃，莫不期盼为皇上生下一儿半女的，尤其是生育皇子的，则母以子贵，从此不光自己身价倍增，连三亲六戚也跟着飞黄腾达，甚至他日当上皇太后也未可知。与皇帝行事之后，要是皇帝说声"留"，则宫妃无不心花怒放；要是听见说"不留"，马上就愁眉苦脸、哭哭啼啼的了。因此，从"人之常情"来讲，太监和宫妃这样做，似乎也情有可原。

原来，所谓古代皇帝"避孕"、太监"点穴"之说，统统是无稽之谈。留与不留，全在于太监和宫妃们合伙做手脚而已。

宦官性需求之谜

宦官或称太监，就是被阉割掉了生殖器官的男人，他们毫无性能力，但是还会不会产生性需求呢？科学证明，宦官也有性的需求，因为决定他们性欲的下丘脑并未受损，功能没有消失。

在一般人心目中，宦官被阉割掉了生殖器官，失去了性能力，当然也就没有性的需求了。然而，历史上有不少宦官太监居然也有接近女性、占有女性的欲望，甚至还发生过太监娶妻的咄咄怪事，与正常男人没什么两样。

　　《诗经·小雅·巷伯》中有"萋兮斐兮，成是贝锦"之句，《毛传》云："谓避嫌之不审也。"《郑氏笺注》则云："此寺人被谮在宫中不谨。"意即宦者被揭发在宫中与宫女行为不端。汉武帝时的李延年出入宫廷，也和宫女关系暧昧，《史记·佞幸列传》记述道："李延年……久之，寝于中人乱。"说他甚至与宫女发生性关系。明代宫中太监近万人，关于太监淫行的记载也更多。《万历野获编》"宦寺宣淫"条云："允常为浙之宁海人，举进士，为河南按察全事，微行民间，闻哭声甚悲，廉知其女为阉宦逼奸而死，因闻之朝，捕宦抵罪。""景泰初元……镇守石少监韦力转，恨军妻不与奸宿，杖死其军。又与养子妻淫戏，射死养子。""力转每宴辄命妓，复强娶所部女子为妾。""近日都下有一阉竖比顽，以假阳具入小唱（即雏妓）谷道（肛门）不能出，遂胀死。法官坐以抵偿，人间怪事，何所不有？"太监逼奸民女，杀夫夺妻，变态地玩弄妓女，这些记载都足以说明太监性需求炽盛，有的还具有一定的性能力。此外，明万历年间有个叫高策的太监，听信江湖术士所谓"吃童男脑髓可以恢复性能力"的妄说，杀害无辜男童多名并食其脑髓。天启年间的魏忠贤也曾杀过数名囚犯，将他们的脑髓吃掉，以壮阳道。清朝的李莲英据说曾收受别人进奉的海肾等壮阳药物，这些也间接地证明，他们还是有性欲的。

　　晚清还有一个有名的太监，就是小德张。小德张自小净身后被送到慎刑司学习宫中的规矩、礼仪，不久入宫当差。由于他长得容貌清秀，加上聪明乖巧，善于逢迎，很快便在西太后宫中当上了小太监，取名张兰德。从此，小德张一帆风顺，先后成了慈禧太后及隆裕皇后的心腹，在宫中太监中的地位仅次于李莲英。然而，随着年龄的增长，小德张表现有些异常，常常流露出对女性感兴趣，有时甚至偷偷对宫女动手动脚。由于当时小德张是太后跟前的红人，权势显赫，自然没人敢对他说三道四。隆裕太后死后，小德张也离开了清宫，他花钱在天津某妓院买了一名妓女做老婆，名叫张小仙。据说，小德张未出宫前就纳过妻妾。小德张自幼净身，为何到了青春期会对女性产生兴趣呢？

　　其实此事说起来不难理解，在国外曾发生过一件真实的事情，可以帮助我们更好地解开宦官性需求之谜。

　　有一位男童，幼时因医疗事故失去了阴茎，父母与医生商量后，决定改变孩子的性别，不但连"根"摘除了男性的性腺，并且还定期给他注射大量的雌性激素，促使他出现女性的第二性征，换句话说，比太监净身还要彻底！过了数年，又给他做了人工阴道，用今天的最新医疗科技来说，就是施行变性手术，变成了一个女性，父母也自幼一直将他当作女孩来教养。10多年后，这个男孩长成亭亭玉立的姑娘，父母和主治医师都为这个破天荒的医疗实验即将获得圆满成功而欣慰。就在此时，却发生了出人意料的情况：这位"姑娘"竟然也贪恋女性，只对"同性"感兴趣，并常以"男子汉"自居。变性试验无疑失败了。

为何他本"性"难移？原来，人类的性别主要是由细胞内的遗传物质载体——染色体来决定的，人细胞中的23对同源染色体可分为两类：男女体内均有22对染色体与性别无关，称为常染色体，另一对染色体在男性体内为两条异型染色体ＸＹ，而在女性体内为两条同型染色体ＸＸ，它们才是决定性别的关键，称为性染色体。不同的性染色体决定了男女拥有不同的生殖器官：男性的睾丸、阴茎、精囊、输精管等，女性的阴道、阴蒂、卵巢、输卵管等，这是人的第一性征。随着第一性征而产生的则是外观体态上的第二性征，如两性的阴毛、腋毛，男性到一定年龄长胡须，喉结突出，声音低沉，肌肉发达；女性进入青春期乳房挺起，皮下脂肪丰满等。男女之间差异明显的性感受、性意识、性心理则被定义为人的第三性征，根据美国医疗心理学家乔恩·马奈15年的观察和研究，决定人的第三性征的关键在下丘脑，它受到性基因的调控。一些童年时被切除垂体的病人，失去了基础内分泌腺的调节，定期用激素治疗后，他们仍能保持正常男女的形态，但对异性的兴趣却不复存在。这是因为他们的下丘脑神经通道在某个部位出现了"短路"，而这部位恰好在垂体附近，当进行垂体手术时，这个部位受到牵连，使之永远失去了感受"异性相吸"的能力；反之，即使因某种原因生殖器官受损害，但只要下丘脑完好，该部位的神经就能分泌某种特殊物质，从而使人对性产生感受和欲念。

　　由此可见，前面那名男童变性手术失败的根本原因在于，手术只改变了他的第一性征，激素只能激发和维持其第二性征，但却没有改变他的第三性征，即性意识和性欲，因此，他的本性依旧未改，依然对女性产生反应。宦官也是一样，虽然经过阉割，生殖器官被摘去，以至不能进行性生活，体态滑稽，行动忸怩，声音尖细，但是其下丘脑的结构并未受损，功能未消失，所以仍然具有本能的性欲和性需求。

　　古人云："跛者不忘其行，哑者不忘其言，聋者偏欲听声，盲者偏欲窥光。"绝大多数宦官虽然失去了性功能，但一般不影响其性欲，仍然会有不同程度的性需求，所以古代宫中才会发生那么多宦寺淫乱的事情。事实上，许多宦官虽无法身体力行，但通过手交、口交或借助工具等方法来玩弄妇女，从而满足自己畸形的性欲，甚至对妇女进行性摧残以发泄性需求。

太监娶妻生子之谜

　　历史上发生过不少太监娶妻纳妾的事情。原来，这些太监因为阉割手术做得不彻底，或者有极个别太监干脆就是混入宫中的假太监，所以他们还具有性能力，能够娶妻过性生活；有的是想方设法使"阳具复起"，也有的则纯粹是虚张声势而已。

说太监能娶妻生子恐怕有人会不相信，但历史上确有太监娶妻纳妾甚至生子的事情发生。《后汉书·宦者列传》云："嫔媛侍儿，充备绮室。"《后汉书·刘瑜传》又云："常侍黄门亦广妻娶。"北魏杨衒(xuàn)之撰《洛阳伽蓝记》卷一引萧忻语云："高轩升斗者，尽是阉官之嫠(lí，意为寡妇)妇，胡马鸣珂者，莫非黄门(宦者)之养息也。"五代前蜀主王建的儿子王衍在继承皇位以后，曾经与一个名叫王承休的太监之妻私通，而这个太监也怂恿其妻和皇帝私通以逐宠幸，后来当上了天雄节度使。另据史书记载，唐玄宗时，官至骠骑大将军、渤海郡公的太监高力士，娶吕言晤的女儿国姝为妻。唐代宗时权倾一时的太监李辅国娶元擢的女儿为妻，元擢因此被提拔为梁州刺史。两人都有妻妾数房，儿孙绕膝。由于高力士和李辅国是奉旨娶妻，使得唐代许多太监纷纷仿效，娶妻成风。明太祖时曾严格取缔宫中太监的种种枉法行为，其中对太监娶妻处以残酷的剥皮之刑，这也反证出明代初期存在太监娶妻的现象。清朝也有太监娶妻的事情，如晚清的李莲英，据说他在宫外有妻妾和儿女。李莲英之后的小德张更是荒淫无比，他告老离宫后住在天津英租界，娶了好几房妻妾。

清朝覆灭后，大批太监流入民间，其中一些有钱的太监便开店做起买卖来，当时有不少珠宝店、古玩店、当铺、绸布庄是由太监开设的。此时的太监不再惧怕任何"祖制家规"，竟堂而皇之地娶妻纳妾，甚至老妈子、丫环一应俱全。老舍写的话剧《茶馆》里，就有一幕写一个女子哭诉被骗卖给太监做妻子的戏。

为什么太监能娶妻？当然是因为有的太监还具有一定的性能力，能够进行性生活。至于为什么太监还具有性能力，大致有这么几方面的原因：一是阉割得不彻底，即所谓"净身未净"；二是有的宦者显贵后，想方设法使"阳具复起"，重新变成了正常的男子；三是有可能个别太监是买通关节混入宫廷的假太监。

由于净身手术在当时施行难度较大，因此有可能有的净身者手术进行得不太成功，造成"净身未净"的结果，尤其是不通过专业的牙行净身师而自宫的人，极有可能阉割得不太彻底，从而具备了日后娶妻的生理条件。另外，太监被阉割后，创口处会长出肉芽来，时间久了，仍会形成一突起状的肉瘤，好似重新长出阳具一样。因此，明清时宫中规定，太监入宫后，要"三年一小修，五年一大修"，强制重新净身，为此死去的太监不在少数。太监能够进行性生活大多是由于净身未净，如明代太监魏忠贤就是。魏忠贤是自宫后入宫的，因而阉割得不十分彻底，入了宫便长期与当时皇长孙的乳母客氏私通，还为了客氏与另一名同样阉割得不十分彻底的太监争风吃醋。明人唐甄写过一本《潜书》，里面就记述了两个太监和皇孙乳母之间的三角恋情。

关于"阳具复起"，东汉的栾巴是历史上有记载的第一个"阳具复起"者。《后汉书·杜栾刘李刘谢列传》记载，栾巴"以宦者给事掖庭，补黄门令，非其好也。性质直，学览经典，虽在中官，不与诸常侍交接。后阳气通畅，白上乞退……"至于他是怎样"阳气通畅"的，如今已无法知其术了。《史记·佞幸列传》称，汉代的李延年"坐法腐……与之卧起，其贵幸埒如韩嫣也。久之，寝于中人乱。"李延年即是汉武帝的男宠，又和宫女发生性关系，用今天的话来说，他无疑是双性人。但李延年也是一名宦者，入宫前便遭腐刑（也就是阉割），被去掉了男势，而他居然还能与宫女发生性关系，看来也是通过某种方法使"阳具复起"的。

而假太监混入后宫之事正史虽无记载，但野史中却有晚清太监安德海的一段记述。安德海为慈禧太后跟前的宠宦，据说两人关系暧昧，安经常与慈禧同桌共餐，甚至随意进入慈禧的内室与之耳鬓厮磨。一次，安违反大清御律关于太监不得出宫的规定，受慈禧之派至山东采办同治大婚的龙袍，被山东巡抚丁宝桢捕住，经上报给慈安太后，将其就地正法。在验尸时发现，安德海居然有阳具在，丁宝桢即以别的太监尸体将他调换，以遮慈禧之丑，所以慈禧后来不但不怪罪于丁，反而升了他的官。这类细节在官修史书中当然不见记载，但倘若此事当真，则安德海大概就属于混入宫中的假太监，也难怪他会与慈禧关系暧昧呢。

除了上述几种情况外，还有的时候太监并没有性能力，根本无法进行性生活，但也会装模作样地娶一房妻子。这有两种情形，一是虽不能性交，但用其他方法代替，如手交、口交或借助其他工具进行；二是纯粹装门面而已，因为被阉割之人往往心理扭曲，最怕别人瞧不起，同时太监也希望能享受到家庭的幸福感觉，希望有个女人在身边侍候，因此便娶一房妻子以满足心理上的需求。《后汉书·周策传》云："竖宦之人，亦复虚有形势，威逼良家，取女闭之。"可见，也确有为了虚张声势而娶妻纳妾的。

太监娶妻一般都是花钱从妓院买一名女子，或买那些贫穷人家的女儿，其他人家是没有与之门户相当的。不过在明代，太监更多的却是与后宫的女官结为夫妻。这种现象早在汉朝就存在，当时称为"对食"。明代由于宫廷内太监和女官众多，那些身处禁宫而无法像正常人一样享受性生活的女官，不得不接受与太监结为夫妻的可悲结局，这样的女官被称为"菜户"。明太祖时对这种现象曾严加取缔，但至明朝中叶以后，太监与"菜户"对食已蔚然成风。《明史·懿安后传》中称："宫人无子者，各择内监为侣，谓之'菜户'，具财物相通如一家，相爱如夫妇，既而妃嫔以下，亦颇有之，虽天子亦不之禁，以其宦者，不之嫌也。"这说明当时宫廷已不再禁止此类事情了。

太监塑像　高20厘米。清晚期造，宫廷旧藏。